라마나 마하르쉬와
진아지眞我知의 길

옮긴이 ● 대성(大晟)

선불교와 비이원적 베단타의 내적 동질성에 관심을 가지고 라마나 마하르쉬의 '아루나찰라 총서'와 마하라지 계열의 '마하라지 전서'를 집중 번역하면서, 성엄선사의 『마음의 노래』, 『지혜의 검』, 『선의 지혜』, 『대의단의 타파, 무방법의 방법』, 『부처 마음 얻기』, 『비추는 침묵』 등 '성엄선서' 시리즈와 『눈 속의 발자국』, 『바른 믿음의 불교』를 번역했다. 그 밖에도 중국 허운선사의 『참선요지』와 『방편개시』, 감산대사의 『감산자전』, 혜능대사의 『그대가 부처다: 영어와 함께 보는 육조단경, 금강경구결』 등을 옮겼다.

아루나찰라 총서 1
라마나 마하르쉬와 진아지의 길

지은이 | 아서 오즈본
옮긴이 | 대성(大晟)
펴낸이 | 이효정
펴낸곳 | 도서출판 탐구사

초판 발행일 2000년 8월 1일
개정판 발행일 2018년 12월 24일

등록 | 2007년 5월 25일(제208-90-12722호)
주소 | 04097 서울 마포구 광성로 28, 102동 703호(신수동, 마포벽산 e-솔렌스힐)
전화 | 02-702-3557   Fax | 02-702-3558
e-mail | tamgusa@naver.com

값은 뒤표지에 있습니다. 잘못된 책은 바꾸어 드립니다.

ISBN 978-89-89942-49-8 04270
ISBN 978-89-951146-0-5 (세트)

아루나찰라 총서 1

라마나 마하르쉬와
진아지眞我知의 길

아서 오즈본 Arthur Osborne 지음
대성大晟 옮김

탐구사

Ramana Maharshi and the Path of Self-knowledge

by Arthur Osborne
First edition, 1954 by Rider and Co.
First Ashram edition 1997; Eighth edition 2014

Published by V. S. Ramanan,
President
Sri Ramanasramam, Tiruvannamalai 606 603, Tamil Nadu, India

Copyright © Sri Ramanasramam
Korean translation copyright © 2000, 2018 Tamgusa Publishing

This Korean edition is published by agreement with Sri Ramanasramam.

이 책의 한국어판 저작권은 Sri Ramanasramam과의 계약에 의하여 탐구사에 있습니다.
저작권법에 의해 보호받는 저작물이므로 사전 허락 없이 전재하거나 복사하는 것은 허용되지 않습니다.

차례

간행사 · 9
서문 · 10
서언 · 11

1. 어린 시절 Early Years ... 13
2. 깨달음 Awakening ... 21
3. 여행 The Journey ... 33
4. 외관상의 고행 Seeming Tapas ... 43
5. 귀가歸家의 문제 The Question of Return ... 55
6. 아루나찰라 Arunachala ... 67
7. 무저항 Non-Resistance ... 93
8. 어머니 The Mother ... 105
9. 비이원론 Advaita ... 123
10. 초기의 헌신자들 Some Early Devotees ... 131
11. 동물들 Animals ... 169
12. 스리 라마나스라맘 Sri Ramanashram ... 185
13. 스리 바가반과의 삶 Life with Sri Bhagavan ... 197
14. 가르침 Upadesa ... 219
15. 헌신자들 The Devotees ... 253
16. 쓰신 저작들 The Written Works ... 269
17. 대삼매大三昧 Mahasamadhi ... 281
18. 계속된 친존親存 Continued Presence ... 297

라마나 마하르쉬 연보年譜 · 307
용어 해설 · 310
옮긴이의 말 · 317

일러두기

1. 본문 중 꺾쇠표에 든 말은 개념을 설명하기 위한 저자의 주석 또는 보충문구이다. 본문과 비슷한 크기의 둥근괄호는 원문에 있는 것이고, 작은 괄호에 든 것은 옮긴이가 문맥을 보충하거나, 인용 출처를 밝히거나, 개념을 간략히 설명한 것이다.
2. 원서에서 대문자로 시작하는 핵심단어 일부는 **돋움체**로, 원서에서 이탤릭체로 표기된 단어나 구절들은 약간 굵은 글씨로 표시하였다.
3. 옮긴이의 각주는 *T.*(Translator의 약어)로 표시하였다.

간행사

1997년에 이 저작을 아쉬람 출판물로 간행하기 시작한 이후로, 재간행에 대한 요구가 있었다.

그래서 제2판이 나왔고, 그 기회를 이용하여 내용을 약간 개선했다. 그것은 각 장의 내용에 부합하는 도판들을 덧붙인 것이다.

2002년 2월 15일
띠루반나말라이, 스리 라마나스라맘에서
발행인 V. S. 라마난

서문

나는 이 책을 저술할 때 필요 이상의 외래어는 쓰지 않으면서도 의미를 분명히 하려고 애썼다. 그러나 모든 언어는 다른 언어에 직접 대응하는 말이 없는 단어들이 있기 마련이고, 물리과학이든 정신과학이든 모든 학學은 번역을 좀처럼 용납하지 않는 전문용어들이 있다. 그래서 어느 정도 산스크리트어와 기타 어휘들을 사용할 필요가 있었다. 이런 말들은 본문 내에서 설명되고 있지만, 쉽게 찾아볼 수 있게 하고 그 발음이 대략 어떤지를 알 수 있도록 하기 위해 용어해설을 첨부했다. 이는 일반 독자들이 이 책을 이해하는 데 도움을 주기 위한 것이므로, 나는 단순한 사전적 정의를 제시하기보다 그 단어가 쓰이는 의미와 그것이 지닌 교의적敎義的 함의가 어떤 것인지를 설명했다.

서언

인도 공화국 부통령, S. 라다크리슈난 박사[1]

나는 오즈본 씨가 쓴 스리 라마나 마하르쉬의 생애와 가르침의 이야기에 이 짧은 서언을 쓰게 된 것이 기쁘다. 이 책은 열망을 품은 마지못한 회의주의(wistful reluctant scepticism)[2]가 지배적 분위기인 우리 시대와 특별한 관련성이 있다. 우리는 여기서 우리 자신들을 도그마와 미신, 전례典禮와 의식儀式에서 해방시켜 자유로운 영靈으로서 살아갈 수 있게 하는 영靈의 종교를 만난다. 모든 종교의 핵심은 내면의 사적인 체험이며 신과의 개인적인 관계이다. 그것은 숭배라기보다 하나의 탐구라고 할 수 있다. 그것은 '이루어감(becoming)'의 길이며 해방의 길이다.

잘 알려진 그리스 경구 "너 자신을 알라(Know Thyself)"는 "자기를 알라(atmanam viddhi)"고 하는 우파니샤드의 가르침과 유사하다. 우리는 하나의 추상 과정을 통해 몸, 마음 및 지성의 층을 넘어가서 **보편적 진아**, 즉 "이 세상에 오는 모든 사람을 비추는 참된 빛"[3]에 도달한다. "선善에 도달하려면 우리는 최고의 상태로 올라가서 거기에 우리의 시선을 고정하

---

1) T. 남인도 출신의 철학자(1888-1975). 『인도철학』, 『동양종교와 서양사상』 등 다수의 저술이 있으며, 인도의 부통령을 거쳐 대통령을 역임했다.
2) T. 존 스튜어트 밀(John Stuart Mill) 류의 회의주의를 염두에 둔 표현으로 보인다. 밀은 기독교의 종교적 도그마에 회의를 품으면서도, 과학에 기초해 그 도그마적 교의들을 전적으로 부정하기보다 종교가 갖는 윤리적 효용이나 정서적 가치를 인정했다. 이런 그의 입장을 어떤 학자들은 '마지못한 회의주의(reluctant scepticism)'로 지칭하였다.
3) T. 킹 제임스 성경(흠정역), 「요한복음」 1:9에 나오는 표현. 그 원문은 "That was the true light, which lighteth every man that cometh into the world."이다.

고, 우리가 여기로 내려올 때 걸친 의상들을 벗어버려야 한다. 마치 밀의종교密儀宗敎(Mysteries)에서, 성소聖所의 가장 깊숙한 곳에 들어가는 것이 허용된 사람은 자신의 몸을 깨끗이 한 뒤에 옷을 다 벗고 알몸으로 나아가는 것과 마찬가지로."4) 우리는 한계나 한정이 없는, 측량할 수 없는 존재 속으로 가라앉는다. 그것은 하나가 다른 하나와 대립하지 않는 순수한 존재이다. 주체가 자신을 그에 대립시키는 어떤 존재도 없다. 그는 일어나는 그대로의 모든 사물·사건들을 자신과 동일시한다. **실재가 그 자아를 채우는데, 왜냐하면 그것은 더 이상 선호나 혐오, 좋아하는 것과 싫어하는 것들에 의해 방해받지 않기 때문이다. 그런 것들은 더 이상 (실재를) 왜곡하는 매체로 작용하지 못한다.**

아이는 자기가 보는 것에 훨씬 더 가까이 있다. 우리는 먼저 어린아이들같이 되어야만 진리의 영역에 들어갈 수 있다. 배운 이들의 정교함을 우리가 제쳐두어야 하는 것은 이 때문이다. 그래서 거듭나야 할 필요성을 역설하게 된다. 아기들의 지혜가 학자들의 그것보다 더 위대하다고 한다.

스리 라마나 마하르쉬는, 본질적으로 영적이면서도 늘 합리적이고 윤리적이지 않을 때가 없는 인도 경전들에 기초한, 한 종교의 개요를 우리에게 제시한다.

S. 라다크리슈난(Radhakrishnan)

---

4) 플로티누스, 『엔네아데스(*Enneads*)』, I, vi, 6.

1. 어린 시절

띠루쭐리의 바가반 생가인 '스리 순다라 만디람'(2000년)

아루드라 다르샨(Arudra Darshan), 곧 '시바 친견親見'의 날이었다. 시바 교도들(Saivites)은 큰 신심으로 이날을 맞는다. 시바가 그의 헌신자들에게 자신을 나따라자(Nataraja), 즉 우주의 창조와 해체라는 우주적 춤으로서 드러낸 것을 기리는 날이기 때문이다. 1879년의 그날, 남인도 타밀 지역의 작은 읍 띠루쭐리(Tiruchuzhi)의 시바 헌신자들은 날이 아직 어둑어둑한데도 제각기 집을 나와 맨발로 사원의 저수지(tank)로 향하는 흙먼지 길들을 터벅터벅 걸어갔다. 새벽에 목욕을 해야 하는 전통을 지켜야 했다. 그들이 큰 사각형 저수지의 계단을 내려가 물에 몸을 담글 때, 붉은 햇살이 도띠(dhoti)[허리 아래로 몸을 두르는 흰 면포]만 두른 남자들의 몸뚱이를 비추었고, 여자들의 짙은 주홍색과 황금색 사리(sari)에서 눈부시게 반사되었다. 축제가 12월에 들어 공기는 쌀쌀했으나 그들은 강인한 사람들이었다. 어떤 사람들은 나무 밑이나 저수지 근처의 집들 안에서 옷을 갈아입었지만, 대부분은 떠오르는 햇살에 몸이 마르기를 기다리며 몸에서 물이 뚝뚝 떨어지는 채로 이 작은 마을의 오래된 사원(부미나타 사원)으로 걸어갔다. 오래 전 타밀 지역의 시바파 시인-성자 63인 중 한 사람인 순다라무르띠 스와미(Sundaramurti Swami)가 찬양한 사원이었다.

사원 안의 시바 상像은 화만華鬘(꽃들을 실에 꿰어 만든 꽃줄)으로 장식된 다음 밖으로 모셔져 나와 낮부터 밤까지 북과 나팔소리, 신성한 노래를 읊조리는 소리로 시끄러운 가운데 거리를 행진했다. 행진이 끝난 것은 밤

1시였으나 여전히 아루드라 다르샨 날이었다. 왜냐하면 힌두식 하루는 자정부터 자정까지가 아니라 새벽부터 다음 새벽까지이기 때문이다. 시바의 신상이 사원으로 다시 들어간 바로 그때, **시바가 스리 라마나로 화현하게 되는 아기 벤까따라만**(Venkataraman)이, 순다람 아이야르(Sundaram Ayyar)와 그의 아내 알라감말(Alagammal)의 집에서 태어났다. 힌두 축제는 서양의 부활절처럼 달의 위상位相에 따라 달라지며, 이 해의 아루드라 다르샨은 12월 29일이었다. 그래서 이 아기는 거의 2천 년 전 베들레헴에서 태어난 신성한 아기보다 태어난 날이나 시가 조금 늦었다. 지상에서의 삶을 마감한 때도 비슷하다. 스리 라마나는 4월 14일 저녁에 몸을 벗었는데, 성 금요일 오후보다 날짜나 시가 조금 늦기 때문이다. 두 때가 모두 의미심장하게 적절하다. 한밤중과 동지는 태양이 세상에 다시 빛을 가져오기 시작하는 때이고, 춘분은 낮이 밤과 같아졌다가 더 길어지기 시작하는 때인 것이다.

순다람 아이야르는 한 회계사의 서기로 시작하여 당시에도 쥐꼬리만 한 월급 2루피를 받고 일하다가 법무사로 자리잡았고, 몇 년 후에는 비공인 소송대리인, 즉 일종의 시골 변호사로 개업 허가를 받았다. 그의 사업은 번창했고, 이 아기가 태어난 그 집[1]을 지을 때는, 집 한쪽 편을 손님들이 쓸 수 있도록 널찍하게 지었다. 그가 사교적이고 사람들을 잘 대접해서 그런 것만이 아니라, 읍을 공식적으로 방문한 사람이나 처음 온 사람들까지 자진해서 재워주었기 때문이다. 이런 후의로 인해 그는 공적으로 비중 있는 인물이 되었고, 그것은 분명히 그의 직업 활동에도 유리하게 작용했을 것이다.

---

1) 이 집은 이제 아쉬람에서 사들였고, 여기서 매일 바가반께 예공(*puja*)을 올리고 있다. 이곳은 헌신자들의 순례지로 개방되고 있다.

순다람은 성공한 사람이었지만, 그의 가문에는 어떤 이상한 운명이 드리워져 있었다. 언젠가 한 유랑 수행승이 그들의 한 선조의 집에 와서 음식을 탁발하다가 거절당하자 선언하기를, 이제부터 그의 후손들 각 세대에서 한 명은 유랑하며 탁발하는 사람이 될 거라고 했다는 것이다. 저주였든 축복이었든, 그 선언은 실현되었다. 순다람 아이야르의 숙부들 중 한 사람이 황색 승복을 입고 지팡이와 물주전자를 들고 출가했고, 그의 형은 겉으로는 이웃 마을에 간다고 하더니 거기서 슬그머니 사라져 세속을 등진 산야신(sannyasin-출가수행자)이 되었다.

순다람 아이야르 자신의 가정에는 전혀 이상한 조짐이 없는 듯했다. 벤까따라만은 정상적인 건강한 소년으로 자라났다. 그는 한동안 시골학교를 다니다가 열세 살 때(1891년) 딘디걸(Dindigul)에 있는 한 학교에 들어갔다.2) 그에게는 두 살 위인 나가스와미(Nagaswami)라는 형이 있었다. 그가 태어나고 6년 뒤 3남 나가순다람(Nagasundaram)이 태어났고, 2년 뒤에는 딸 알라멜루(Alamelu)가 태어났다. 행복하고 유복한 중산층 가정이었다.

벤까따라만이 열네 살 때(1892년) 순다람 아이야르가 죽었고, 식구들은 이산가족이 되었다. 아이들은 인근 도시인 마두라(Madura-마두라이)에 살던 숙부 숩바이어의 집으로 들어가 살았다.3) 벤까따라만은 거기서 처음에 스콧스 중학교(Scott's Middle School)를 다녔고, 그 뒤에 미국선교단 고등학

---

2) T. 벤까따라만은 띠루쭐리에서 초등학교를 5학년까지 다닌 다음, 큰 숙부 숩바이어가 살고 있는 딘디걸로 전학을 갔고, 영어를 가르치는 학교에 6학년으로 입학했다.
3) 이 큰숙부의 집은 스리 바가반이 깨달음을 얻은 곳이다. 이 집은 아쉬람이 사들여서 스리 바가반의 사진을 걸어두었으며, 헌신자들의 순례지로 보존되고 있다.
T. 이 집은 '스리 라마나 만디람(Sri Ramana Mandiram)'으로 불린다. 큰숙부집에서 학교를 다닌 사람은 나가스와미와 벤까따라만이었는데, 이 숙부는 벤까따라만이 딘디걸로 온 해인 1891년 마두라로 전근을 가면서 두 조카를 데려갔다. 순다람 아이야르가 죽은 뒤 나머지 가족(어머니와 두 동생)은 작은숙부 넬리압빠이어가 돌보았다.

교(American Mission High School)에 들어갔다. 그가 학자가 될 징후는 전혀 없었다. 그는 운동을 좋아하는 야외형 소년이었고, 축구·레슬링·수영을 좋아했다. 학업과 관련하여 벤까따라만이 가진 한 가지 자산은 놀랍도록 비상한 기억력이었다. 학과를 한 번 읽는 것만 듣고도 그것을 암송할 수 있는 그 능력이 공부의 게으름을 덮어주었다.

소년 시절 그에게서 유일하게 특이한 점은 유난히 깊은 잠이었다. 헌신자인 데바라자 무달리아르(Devaraja Mudaliar)는 그의 일기에서, 여러 해가 지나 당신이 아쉬람에서 한 친척이 회당에 들어오는 것을 보고 나눈 어느 대화에서 그것을 어떻게 묘사했는지를 들려준다.

"자네를 보니 내가 소년일 때 딘디걸에서 있었던 일이 생각나는군. 자네 삼촌인 뻬리압빠 세샤이야르가 당시에 거기 살고 계셨지. 그 집에서 어떤 행사가 치러지고 있었는데 다들 거기 참석하고 나서 밤에 사원으로 갔어. 나만 그 집에 남아 있었지. 나는 거실에서 책을 읽고 있었지만, 얼마 후 현관문을 잠그고 창문을 걸어버린 뒤 잠을 잤어. 그들이 사원에서 돌아와 아무리 소리를 지르고 문이나 창문을 쾅쾅 두드려도 나는 깨어나지 않았지. 결국 그들은 건너편 집에서 가져온 열쇠로 문을 겨우 열고 들어와서는 나를 때려서 깨우려고 했어. 아이들이 모두 나를 실컷 때렸고 자네 삼촌도 그랬지만 소용이 없었어. 다음날 아침에 그들이 그 이야기를 해줄 때까지 나는 아무것도 몰랐어…. 마두라에서도 같은 식의 일이 있었지. 아이들은 내가 깨어 있을 때는 나한테 감히 손도 못 대었지만, 나에게 어떤 앙심이 있을 때는 내가 잠들었을 때 와서 나를 자기들 마음대로 아무 데나 메고 가서 실컷 때려놓고는 다시 침상에 눕혀두곤 했는데, 나는 다음날 아침에 그들이 그 이야기를 할 때까지는 아무것도 몰랐어."4)

이 일에 대해 스리 바가반은 당시 몸이 건강했다는 것 외에는 어떤 의미도 부여하지 않았다. 가끔 벤까따라만은 밤에 일종의 반수면 상태에서 누워 있기도 했다. 이 두 가지 상태는 영적인 깨달음의 전조였는지도 모른다. 즉, 깊은 잠은 비록 깜깜하고 아무것도 모르는 상태이기는 하지만 마음을 내버리고 생각을 넘어 깊이 뛰어들 수 있는 능력의, 그리고 반수면 상태는 한 사람의 주시자(witness)로서 자기 자신을 객관적으로 관찰할 수 있는 능력의 전조였을 수 있다.

우리는 스리 바가반의 소년 시절 사진을 하나도 가지고 있지 않다. 당신은 예의 그 실감나는 말솜씨로, 단체사진 한 장을 찍기는 했는데, 학구적으로 보이도록 큰 책 한 권을 들고 있게 되었지만, 파리 한 마리가 그에게 와서 붙는 바람에 막 사진을 찍는 순간 파리를 쫓으려고 팔을 들어 올린 이야기를 폭소를 터뜨리며 우리에게 들려주신 적이 있다.5) 그러나 그 사진은 찾을래야 찾을 수 없었고, 아마 하나도 남아 있지 않을 것이다.

깨침의 첫 전조는 **아루나찰라**(Arunachala)에서 비쳐 온 서광이었다. 학생 벤까따라만은 어떤 종교적 이론도 읽은 적이 없었다. 그는 **아루나찰라**가 아주 신성한 곳이라는 것밖에 모르고 있었으니, 그를 흔들어 놓은 것은 자신의 운명에 대한 어떤 예감이었음이 틀림없다. 하루는 띠루쭐리에서부터 알던 연로한 친척 한 사람을 만나 어디서 오시느냐고 물었다. 그 노인은 "**아루나찰라**에서"라고 대답했다. 그 성스러운 산이 지상에 실

---

4) T. 데바라자 무달리아르, 『바가반과 함께한 나날(Day by Day with Bhagavan)』, 46-5-31. 그의 '일기'는 곧 이 『나날』을 가리킨다.
5) T. 위의 책, 46-2-6 밤.

재하는 구체적인 장소라는 것을 갑자기 알게 된 벤까따라만은 경외감에 압도되었고, 그래서 더듬거리며 겨우 이렇게 말할 수 있었다. "뭐라고요! **아루나찰라**에서라고요? 그것이 어딘데요?"

그 친척은 오히려 이 경험 없는 소년이 그것도 모르나 싶어 **아루나찰라**가 곧 띠루반나말라이(Tiruvannamalai)라고 설명해 주었다.6)

스리 바가반은 나중에 당신이 지은 「아루나찰라 8연시」의 첫째 연에서 이 일을 이렇게 언급하고 있다.

"들어보라! 그것은 지각력 없는 산으로 서 있으나
그 작용은 불가사의하여 인간의 이해를 넘어서 있다네.
뭘 모르는 순진한 어린 시절부터 **아루나찰라**는
탁월하게 장엄한 어떤 것으로 마음 속에서 빛나고 있었건만,
누군가를 통해 그것이 띠루반나말라이와 같다는 것을
알았을 때도, 나는 그것의 의미를 깨닫지 못했네.
그것이 마음을 매혹하며 그 **자신**에게로 나를 끌어당겼을 때,
나는 가까이 와서, 부동의 산으로 서 있는 그것을 보았다네."

이 일은 1895년 11월, 유럽식 계산법으로 그의 16번째 생일 얼마 전, 힌두식으로는 열일곱 살 때 일어났다.7) 두 번째 전조는 그 직후에 왔다. 이번에는 한 권의 책이 자극제였다. 또다시 그것은 **신**이 지상에 화현될 수 있다는 것을 알고서 느낀 어쩔 줄 모를 기쁨의 물결이었다. 그의 숙부가 『뻬리아뿌라남(Periapuranam)』이라는 책 한 권을 빌려둔 것이 있었

---

6) *T.* Tiruvannamalai에서 'Tiru'는 '신성한'의 의미를 가진 존칭, v는 모음 사이를 연결하는 반자음이며, 'Annamalai'('오를 수 없는 산')는 '아루나찰라'의 타밀식 이름이다.
7) *T.* 힌두식 나이로는 태어나면 한 살이므로 서양식 계산법과는 다르다. 여기서는 힌두식을 따르되, 서기 연도가 확실치 않을 때는 영문 표기대로 '…세'로 표기한다.

는데, 그것은 63인 타밀 성자들의 생애담이었다. 벤까따라만은 그 책을 집어들어 읽다가 그런 믿음, 그런 사랑, 그런 신적 열망이 있을 수 있다는 것과, 인간의 삶에 그런 아름다움이 있었다는 것을 알고 황홀한 경이감에 압도되었다. 세속을 버린 뒤 **신적 합일**(Divine Union)에 이르는 그 이야기들은 그에게 경외감과 함께 자신도 본받을 수 있다는 영감을 고취했다. 모든 이상향, 모든 야망보다 더 위대한 어떤 것이 실재하며 또 가능하다고 이 책에서 선언되고 있었고, 그것을 알게 된 벤까따라만은 감사한 행복감으로 전율했다.

이때부터, 스리 바가반과 당신의 헌신자들이 '명상'이라고 일컫는 자각(awareness)의 흐름이 그의 내면에서 일깨워지기 시작했다. 누가 무엇을 지각하는 것이 아니라 주체와 객체의 이원성을 넘어서 있는, 그러나 신체적·정신적 차원을 공히 초월해 있으면서도 신체적·정신적 기능들을 완전히 다 사용하는 것이 가능한, 어떤 지복스러운 의식의 상태였다.

스리 바가반은 당신이 마두라의 미나끄쉬 사원(Meenakshi Temple)을 찾아갈 때마다 이러한 자각이 내면에서 어떻게 일깨워졌는지를 당신 특유의 단순함으로 말씀하신 적이 있다. 당신은 이렇게 말했다. "처음에 저는 그것이 일종의 열병이라고 생각했지요. 그러나 그렇다 해도 그것은 즐거운 열병이어서, 그냥 내버려두기로 했습니다."[8]

---

[8] *T.* 저자는 이 인용문을 바가반이 깨달음을 얻기 전의 상태로 기술하고 있으나, 그것은 바가반이 (다음 장에 나오는 '죽음의 체험'을 통해) 깨달음을 얻고 난 뒤의 일이었다(『바가반과 함께 한 나날』, 46-10-6, 넷째 문단 참조). 바가반은 깨달음을 얻고 나서 한동안 그 상태가 무엇을 의미하는지 몰랐고, 자신이 어떤 영靈에 씌었거나 열병에 사로잡혔다고 생각했다. 저자는 여기서 사실의 전후관계를 혼동한 것 같고, 그 위 문단에서 "명상이라고 일컫는 자각의 흐름이 그의 내면에서 일깨워지기 시작했다"는 것도 그래서 나온 해석으로 보인다. 그는 바가반이 『뻬리아뿌라남』을 읽은 뒤 그런 자각의 흐름이 내면에서 일어났을 것으로 보고, 당신의 깨달음에 일종의 준비 과정이 있었다고 추론한 듯하다. (바가반이 깨달은 과정과 그 후의 상태에 대해 더 자세한 것은 *The Mountain Path*, 1981 April, 2-4쪽을 보라.)

2. 깨달음

깨달음을 얻은 집—마두라이의 숙부댁

　이런 자각의 흐름을 지속적인 노력으로 배양하면 그것이 갈수록 강해지고 더 부단히 이어져서 마침내 **진아 깨달음**(Self-realization)에 이르고, 순수하고 지복스러운 자각이 상존하여 끊임이 없으면서도 정상적인 지각과 일상생활을 방해하지 않는 상태인 **본연삼매**本然三昧(sahaja samadhi)에 이르게 된다. 이러한 합일슴─(communion)1)을 이승의 삶에서 성취한다는 것은 실로 드문 일이다. 스리 바가반의 경우 그것은 불과 몇 달 뒤에 어떤 탐구도, 어떤 애씀도, 어떤 의식적인 준비 없이도 일어났다. 당신 자신은 그것을 이렇게 묘사했다.

　"내 생애에서 그 큰 변화가 일어난 것은 내가 마두라를 영원히 떠나기 6주 전의 일이었다. 그것은 아주 갑작스럽게 일어났다. 나는 숙부님 댁 2층의 한 방에 앉아 있었다. 나는 어떤 병도 거의 나지 않았고 그날도 내 건강에는 아무 이상이 없었는데, 갑자기 격렬한 죽음의 공포가 엄습해 왔다. 내 건강 상태로는 그것을 설명할 수 없었고, 나는 그것을 설명하려 하거나 그 공포를 느낄 어떤 이유가 있는지 알아내려고 하지 않았다. 단지 '나는 죽겠구나'라고 느꼈고, 그에 대해 어떻게 할지를 생각하기 시작했다. 의사나 윗사람 혹은 친구들과 의논할

---

1) T. 여기서의 '합일'은 일상적 삶을 영위하는 한 인간이면서도 실재와 완전히 하나가 된 것, 곧 완전한 깨달음의 상태라는 의미이다. 단순히 '신과의 연결이나 소통'을 의미하지 않는다.

생각은 일어나지 않았다. 나는 그 문제를 바로 그 자리에서 스스로 풀어야 한다고 느꼈다."

"죽음의 공포가 몰고 온 충격은 내 마음을 내면으로 몰아넣었고, 나는 마음속으로—실제로 그런 말로 표현하지는 않았지만—자신에게 말했다. '자, 죽음이 찾아왔다. 그것이 뭘 의미하지? 죽어가는 것은 뭐지? 이 몸이 죽는다.' 그러고는 즉시 죽음이 일어나는 것을 실연했다. 나는 사지를 뻣뻣이 뻗고 누워서 마치 사후강직死後剛直(rigor mortis-시체가 굳는 현상)이 시작된 것처럼 했다. 그리고 그 탐구에 더 현실감을 부여하기 위해 하나의 시체를 흉내 냈다. 나는 숨을 멈추고 입을 꽉 다물어 아무 소리도 새어나가지 않게, 그래서 '나'라는 말이나 다른 어떤 말도 입 밖으로 나올 수 없게 했다. 나는 자신에게 말했다. '자, 그러면 이 몸은 죽었다. 그것은 뻣뻣하게 화장터로 실려가 거기서 불에 타재가 될 것이다. 그러나 이 몸이 죽으면 내가 죽는가? 몸이 '나'인가? 그것은 말이 없고 지각력이 없지만, 나는 그것과 별개로 내 인격의 온전한 힘과 내 내면의 '나'의 목소리까지 느낀다. 그러니 나는 몸을 초월한 영靈(Spirit)이다. 몸은 죽지만 그것을 초월해 있는 영은 죽음이 건드릴 수 없다. 그것은 내가 불사不死의 영靈임을 뜻한다.' 이 모든 것은 무딘 생각이 아니었다. 그것은 거의 사고 과정 없이 직접적으로 지각된, 살아 있는 진리로서 생생하게 나를 관통하여 번뜩였다. '나'는 아주 실제적인 어떤 것, 나의 현재 상태에 대해 유일하게 실재적인 것이었고, 내 몸과 연관된 모든 의식적인 활동은 그 '나'에 집중되었다. 그 순간부터 '나', 곧 **진아**眞我(Self)는 강력한 매혹으로 그 자신에게 주의를 집중했다. 죽음의 공포는 일거에 사라져 버렸다. 그때부터는 **진아** 안으로의 몰입이 끊임없이 이어졌다. 다른 생각들은 악보의 다양한 음표들

2. 깨달음 23

처럼 오고 갈지라도, 그 '나'는 다른 모든 음표들의 저변을 이루면서 그것들과 어우러지는 근간적 스루띠 음표(sruti note)[2])처럼 계속 이어졌다. 몸이 말을 하거나 책을 읽거나 다른 무엇을 하고 있을 때도, 나는 여전히 '나'에 집중되어 있었다. 그 위기 이전에는 나의 진아에 대한 분명한 지각이 전혀 없었고 의식적으로 그것에 끌리지도 않았다. 그것에 대해 뚜렷한 혹은 직접적인 관심이 없었고, 그 안에 영구적으로 거주하고 싶은 마음은 더더욱 없었다."[3])

겉치레나 장황함 없이 이처럼 단순하게 묘사하면, 당신이 성취한 상태가 자기중심주의(egotism)와 다를 바 없어 보일지 모르지만, 그것은 '나'와 '진아'라는 단어들이 갖는 애매성 때문에 그런 것일 뿐이다. 차이는 죽음에 대한 태도에서 드러난다. 왜냐하면 관심이 에고, 즉 별개의 개인적 존재로서의 '나'에 집중되어 있는 사람은 그 에고를 해체하려고 다가오는 죽음에 대해 두려움을 가지고 있는 반면, 여기서는 그 '나'가 일체에 편재하는 불멸의 진아―모든 사람 각자의 영靈이자 자아(Self)―와 하나라는 깨달음 속에서 죽음의 공포가 영원히 사라져 버렸기 때문이다. 당신이 자신이 영靈과 하나임을 알았다고 말하는 것조차 맞지 않다. 왜냐하면 그것은 이를 안 별개의 '나'가 있다는 것을 암시하기 때문이다. 반면에 당신의 그 '나'는 그 자체가 분명한 의식 하에 영靈이었던 것이다.

후년에 스리 바가반은 그 차이점에 대해 서양인 구도자 폴 브런튼에

---

2) 힌두 음악곡을 일관하는 단음單音(monotone)으로, 염주가 꿰어진 실과 같이 모든 존재 형상들을 일관하는 진아를 나타낸다.
3) T. B.V. Narasimha Swami, *Self-Realization*(First Edition Reprint, 2002), pp.16-18. Narasimha Swami는 각주에서, 바가반은 말씀 중에 '나'나 '너'를 분명하게 지칭하지 않고 보통 "비인격적으로" 이야기하기 때문에 실제로 하신 말씀은 밋밋하고 막연하게 느껴질 수 있어, 여기서는 인칭과 관용적 어법을 써서 독자들이 알기 쉽게 서술한 것이라고 했다.

게 이렇게 설명했다.[4]

브런튼: 당신께서 이야기하시는 이 **진아**(Self)란 정확히 무엇입니까? 만약 당신께서 말씀하시는 것이 옳다면 인간 안에 또 하나의 자아가 있어야 합니다.

바가반: 인간이 두 개의 정체성, 두 개의 자아를 소유할 수 있습니까? 이 문제를 이해하려면 인간이 먼저 자신을 분석할 필요가 있습니다. 인간은 남들이 생각하듯이 생각하는 것[5]이 오랜 습관이 되었기 때문에, 자신의 '나'를 참으로 대면한 적이 한 번도 없습니다. 그는 자신에 대한 올바른 상(像)을 가지고 있지 않고, 너무 오랫동안 자신을 몸과 두뇌(마음)와 동일시해 왔습니다. 그래서 그대에게 이 "나는 누구인가?"라는 탐구를 해보라고 하는 것입니다.

그대는 저에게 이 참된 **자아**를 묘사해 보라고 하지만, 무슨 말을 할 수 있습니까? 그것은 개인적인 '나'라는 느낌이 거기서 일어나고, 또 그 속으로 사라질 수밖에 없는 **그것**(That)입니다.

브: 사라진다고요? 어떻게 우리가 자신의 개인성의 느낌을 잃을 수 있습니까?

바: 모든 생각 중에서 처음이자 으뜸인 것, 모든 인간의 마음속에 있는 원초적 생각은 '나'라는 생각입니다. 이 생각이 탄생한 뒤에야 다른 어떤 생각도 일어날 수 있습니다. 1인칭 대명사인 '나'가 마

---

4) 이 인용문과 본서에 나오는 폴 브런튼의 다른 인용문들은 런던의 Rider & Co.에서 나온 그의 책 *A Search in Secret India*(『비밀 인도에서의 탐색』)에 기초한 것이다. 관련 내용은 그의 허락 하에 아쉬람에서 다시 출판되었다.
 · *T.* 아쉬람에서 다시 출판된 *The Maharshi and His Message*(2012, 12판), p.34 참조.
5) *T.* '남들이 생각하듯이 생각하는 것'이란, 대다수 사람들과 마찬가지로 자신을 하나의 몸·마음으로 여기고, 자신의 참된 본질이 그것을 넘어선 진아임을 알지 못하는 것을 말한다.

음속에 일어난 뒤에야 2인칭 대명사인 '너'가 나타날 수 있습니다. 그 '나'라는 실마리를 마음속으로 따라가서 결국 그 근원에까지 돌아갈 수 있으면, 그것이 최초로 일어나는 생각인 것과 마찬가지로 마지막으로 사라지는 생각이라는 것을 발견하게 될 것입니다. 이것은 우리가 체험해 볼 수 있는 문제입니다.

브: 자기 자신 속으로 그러한 내심의 탐구를 하는 것이 가능하다는 말씀이십니까?

바: 물론이지요. 내면으로 들어가서 결국 마지막 생각인 '나'가 점차 사라지게 할 수 있습니다.

브: 그러면 무엇이 남습니까? 그때는 인간이 거의 의식이 없어집니까, 아니면 백치가 됩니까?

바: 아니지요. 오히려 그는 불멸인 의식을 성취할 것이고, 그가 자신의 참된 **자아**, 곧 사람의 진정한 성품을 깨달았을 때는 진정으로 지혜로워질 것입니다.

브: 그러나 확실히 '나'라는 느낌도 거기에 속해야 하지 않습니까?

바: '나'라는 느낌은 그 사람, 곧 그 몸과 머리에 속합니다. 사람이 자신의 참된 **자아**를 처음으로 알 때, 다른 어떤 것이 그의 존재 깊은 곳에서 일어나 그를 사로잡습니다. 그 어떤 것은 마음의 이면에 있습니다. 그것은 무한하고, 신성하며, 영원합니다. 어떤 사람들은 그것을 **천국**이라 하고, 어떤 사람들은 영혼이라 하고, 또 어떤 사람들은 그것을 **열반**(Nirvana)이라고 하며, 힌두들은 그것을 **해탈**(Liberation)이라고 합니다. 거기에 어떤 이름을 붙여도 좋습니다. 그런 일이 일어날 때 인간은 실은 그 자신을 잃은 것이 아니라, 오히려 그 자신을 발견한 것입니다.

인간이 이 참된 **자아**에 대한 탐구에 착수하지 않으면, 그리고 착수할 때까지는 의심과 불확실성이 평생 뒤를 따라다닐 것입니다. 가장 위대한 왕이나 정치가들이 남들을 다스리려고 할 때, 그들의 마음 깊은 곳에서는 자기가 자신을 다스릴 수 없다는 것을 압니다. 하지만 가장 큰 힘은 자신의 가장 깊은 내면을 뚫고 들어간 사람만이 구사할 수 있습니다…. 그대가 누구인지를 아직 모르면서 다른 모든 것을 아는 것이 무슨 소용 있습니까? 사람들은 참된 **자아**에 대한 이 탐구를 회피하지만, 이만큼 해볼 가치가 있는 일이 달리 뭐가 있습니까?[6]

이 수행修行(sadhana) 전체가 30분도 채 걸리지 않았지만,[7] 우리에게는 그것이 하나의 수행, 즉 빛을 향한 노력이었지, 애씀 없는 깨달음이 아니었다는 것이 더없이 중요하다. 왜냐하면 **스승**(Guru)은 보통 자신이 밟아 온 길로 제자들을 인도하기 때문이다. 스리 바가반이 30분 안에, 평생의 수행인 것은 물론이고 대다수 수행자들(sadhakas)에게는 여러 생이 걸리는 수행을 끝내 버렸다고 해서, 그것이 **자기탐구**(Self-enquiry)에 의한 노력이었다는 사실이 달라지지는 않는다. 훗날 당신은 당신을 따르는 사람들에게 그것을 권장했지만, 그 수행으로 이르게 되는 궁극은 통상 금방 성취되지 않고 오래 애쓴 뒤에야 성취된다는 점을 유념하게 했다. 그러나 그것이 "조건지워지지 않은 절대적 **존재**로서의 진정한 그대 자신을 깨닫는 단 하나의 틀림없는 수단이며 유일한 직접적인 수단"(『마하르쉬의 복음』, 제2권, 1장)이라고 말하기도 했다. 당신은 그것이 완성되기까지는 오랜 시간이 걸릴지 모르지만, 그 탐구는 즉시 변모의 과정을 시발한다고

---

6) T. Paul Brunton, *A Search in Secret India*, pp.158-160.
7) T. 바가반 자신은 그것이 불과 '몇 분' 사이의 일이었다고 했다. Devaraja Mudaliar, *My Recollections of Bhagavan Sri Ramana*(4판), p.137 참조.

말했다. "그러나 에고-자아(ego-self)가 자기 자신을 알려고 하는 순간부터 그것은 자신이 잠겨 있는 몸에 점점 덜 가담하고, 진아의 의식에 점점 더 많이 가담하기 시작합니다."8)

스리 바가반이 수행의 이론이나 실제에 대해 아무것도 모르기는 했으나, 집중의 보조수단으로 사실 조식調息(pranayama), 즉 호흡 제어를 사용했다는 것도 중요하다. 당신도 그것을 생각 제어(thought control)를 성취하기 위한 정식 보조수단이라고 인정했다. 다만 그 목적 외에는 그 방법을 쓰지 말라고 했고, 결코 그것을 실제로 권장하지도 않았다.

"호흡 제어도 하나의 보조 수단입니다. 그것은 우리가 일념집중을 얻는 데 도움을 얻기 위한 여러 가지 방법 중의 하나입니다. 호흡 제어도 헤매는 마음을 제어하여 이 일념집중을 성취하도록 도와줄 수 있고, 따라서 그것을 사용해도 됩니다. 그러나 거기서 멈추면 안 됩니다. 호흡 수련을 통해서 마음 제어를 얻고 나면 거기서 나타날 수 있는 어떤 체험에도 만족하고 있어서는 안 되고, 그 제어된 마음을 활용하여 '나는 누구인가?'라는 질문으로 나아가 마음이 진아 안에 합일되게 해야 합니다."9)

이렇게 변모된 의식의 양상은 자연스럽게 삶의 가치와 습관에 대한 벤까따라만의 느낌에 변화를 가져왔다. 그전까지 가치 있게 여겨졌던 일들에 전혀 마음이 끌리지 않았고, 삶의 전통적 목표들이 비실재적인 것으로 되었으며, 등한시했던 일들에 강한 충동을 느끼게 되었다. 아직 학생이었고 영적인 삶에 대한 이론적 훈련이 전혀 되어 있지 않던 사람에

---

8) T.「해탈요담('Talks' in Sat-Darshana Bhashya and Talks with Maharshi)」, 11장.
9) T. 데바라자 무달리아르,『바가반과 함께 한 나날』, 46-5-5.

게, 이러한 새로운 자각의 상태에 적응해 가는 삶이 쉬울 리가 없었다. 그는 그것에 대해 누구에게도 이야기하지 않았고, 당분간 가정 내에 머물러 있으면서 계속 학교를 다녔다. 사실 가능한 한 외적인 변화를 거의 보이지 않았다. 그럼에도 불구하고 가족들이 그의 행동 변화를 눈치 채고 어떤 면들을 못마땅해 하는 것은 피할 수 없었다. 이 점에 대해서도 당신은 이렇게 묘사했다.

"이 새로운 자각의 결과는 내 삶 속에서 곧 드러났다. 첫째로 나는 친구나 친족들과의 외부적 관계에 대해 그나마 조금 가지고 있던 흥미를 잃어버렸고, 학교 공부는 마지못해 기계적으로 했다. 친족들이 내가 책을 읽고 있다는 데 만족하도록 앞에 책을 펴놓고 있곤 했지만, 실은 내 주의는 그런 어떤 피상적인 문제로부터도 멀리 떨어져 있었다. 사람들을 대할 때는 유순하고 순종적으로 되었다. 그전에는 다른 아이들보다 나에게 일을 더 시키면 불평하기도 했고, 어떤 아이가 나를 약 올리면 보복하기도 했다. 아이들 중 누구도 나를 놀리거나 나에게 함부로 굴지 못했다. 이제는 그 모든 것이 변해버렸다. 어떤 일을 시켜도, 아무리 놀리거나 약을 올려도, 나는 조용히 그것을 인내하곤 했다. 화를 내고 보복을 하던 이전의 에고가 사라지고 없었다. 나는 친구들과 게임 하러 나가는 것을 그만두고 홀로 있는 편을 선호했다. 종종 혼자 앉아 있기도 했는데, 특히 명상에 적합한 자세로 앉아서 진아에, 영靈에—나를 구성하는 힘 또는 흐름에—몰입하곤 했다. 형이 나를 '진인(sage)'이니 '요기'니 하고 빈정거리듯이 부르면서, 고대의 리쉬들(Rishis)처럼 숲속으로 물러나는 것이 어떠냐고 해도 나는 그러기를 계속했다."

"또 다른 변화는 음식에 대해 더 이상 어떤 선호나 혐오도 갖지 않게 된 것이다. 무엇을 주든, 맛이 있든 없든, 좋은 음식이든 나쁜 음식이든, 똑같이 무관심하게 그것을 삼키곤 했다."

"내 새로운 상태의 한 가지 면모는 미나끄쉬 사원에 대한 나의 태도 변화였다. 전에는 친구들과 꽤 자주 그곳에 가서 신상神像들을 보기도 하고 성회聖灰(sacred ash)와 주사朱砂(vermilion)[10]를 이마에 바르고 거의 감흥 없이 집에 돌아오곤 했다. 그러나 그 깨달음 후에는 거의 매일 저녁 그곳에 갔다. 혼자 가서 시바, 미나끄쉬(Minakshi)[11], 나따라자(Nataraja)[12], 혹은 63인 성자들의 상像 앞에 한참 동안 꼼짝 않고 서 있기도 했는데, 거기 서 있는 동안 감정의 물결이 나를 압도하곤 했다. '나는 몸이다'라는 관념을 놓아버린 순간 영혼은 몸을 붙들고 있기를 포기한 터였고, 어떤 새로운 정박지를 찾고 있었다. 그래서 그 사원에 자주 갔고 영혼의 감정이 눈물로 터져 나왔던 것이다. 이는 영혼에 대한 신의 유희였다. 나는 모두의 운명과 우주의 주재자主宰者이자 전지전능자인 이스와라(Iswara)[13] 앞에 서 있곤 했는데, 때로는 내 헌신이 증장되어 63인 성자들의 그것처럼 영원한 것이 될 수 있게 당신의 은총을 내려달라고 기도하기도 했다. 대개는 전혀 기도하지 않고 내면의 깊은 것이 저 너머 깊은 것 속으로 흘러들도록 고요히 내버려 두곤 했다. 영혼의 이런 넘쳐흐름을 보여준 그 눈물은 어떤 특별한 즐거움이나 고통을 나타내는 것이 아니었다. 나는 염세주의자가 아니었

---

10) *T.* '성회'는 소똥을 태운 재를 말린 것으로 '비부띠(*vibhuti*)'라고 하며, 힌두들이 예공에 올렸다가 내려서 이마나 몸에 바르는 흰 가루이다. '주사'는 '꿈꿈(*kumkum*)'이라고 하며 역시 예공에 올렸다가 내려서 이마에 바른다. 이것들은 몸의 정화를 돕기 위한 것이다.
11) *T.* 미나끄쉬는 마두라에서 숭배되는 여신으로, 시바의 반려 빠르바띠의 다른 이름이다.
12) *T.* 나따라자는 '춤의 왕'이란 뜻이며, 우주적 춤을 추는 시바의 형상이다.
13) 지고의 존재인 이스와라는 서양의 인격신(하느님) 개념에 상당한다.
    T. 이스와라는 곧 시바를 가리킨다.

다. 인생에 대해서 아무것도 몰랐고, 그것이 슬픔으로 가득 차 있다는 것을 배운 적도 없었다. 나는 환생을 피하거나 해탈을 구하려는 욕망은 물론이고, 무욕이나 구원을 얻고 싶다는 어떤 욕망에 의해서도 추동되지 않았다. 『뻬리아뿌라남』과 성서, 그리고 단편적으로 본 따유마나바르(Tayumanavar)와 『떼바람(Tevaram)』 외에는 읽은 책도 없었다.14) 이스와라에 대한 내 개념은 뿌라나(Puranas)15)에 나오는 것과 비슷했고, 브라만·윤회(samsara) 등의 말은 들어본 적도 없었다. 나는 만물의 저변을 이루는 어떤 본질 혹은 비인격적 실재가 있다는 것과, 이스와라와 내가 공히 그것과 동일하다는 것을 아직 모르고 있었다. 나중에 띠루반나말라이에서 남들이 『리부 기타(Ribhu Gita)』와 여타 신성한 책들을 읽는 것을 듣고 이런 모든 것을 알게 되었고, 내가 분석이나 이름 없이도 직관적으로 느꼈던 것들을 그 책들이 분석하거나 이름 붙이고 있다는 것을 발견했다. 그 책들의 용어로는, 그 깨달음 이후 내가 들어 있던 상태를 **청정심**(Suddha Manas) 또는 **명지**明知(Vijnana), 곧 깨친 자의 직관(지견知見)이라고 묘사해야 할 것이다."16)

그것은 설명할 수 없는 얼마간의 짧은 시간 동안 황홀경에 빠진 신비가의 상태와는 사뭇 달랐다. 그런 황홀경이 끝났을 때는 마음이라는 음울한 벽이 다시 그 사람을 에워싼다. 스리 바가반은 이미 항상적이고 끊임없는 **진아**의 자각 안에 있었고, 당신 자신이 그 이후로는 더 이상 어떤 수행도, 어떤 영적인 노력도 없었다고 분명하게 이야기해 왔다. 진아

---

14) T. 『떼바람』은 『띠루무라이(Tirumurai)』(12권) 중 냐나삼반다르, 아빠르, 순다라르의 시들을 수록한 앞 7권이고, 따유마나바르(1705-1744)는 영적인 시를 많이 남긴 타밀 성자이다.
15) T. 신화나 설화를 주 내용으로 하는 힌두 경전군.
16) T. B. V. Narasimha Swami, 앞의 책, pp.18-20. 저자는 인용 원문의 단어나 세부적 표현들을 곳에 따라 일부 바꾸어 가며 인용한다.

안주眞我安住(abidance in the Self)를 향한 더 이상의 어떤 노력도 없었다. 왜냐하면 그에 대립하면서 갈등을 야기하는 에고가 해체되어, 분투할 대상이 남아 있지 않았기 때문이다. 더 진보하여 당신이 진아와의 동일성을 지속적으로 완전히 의식하면서 온전히 정상적인 외부적 생활을 확립하고, 당신께 다가오는 사람들에게 은총을 방사하게 된 것은, 그때부터 자연스럽게 애씀 없이 이루어졌다. 그럼에도 그런 진보의 과정이 있었다는 것은, 영혼이 아직도 어떤 새로운 정박지를 찾고 있었다고 한 스리 바가반의 말씀에서도 미루어 알 수 있다. 성자들을 본받으려 했다든가 윗사람들이 어떻게 생각할지 신경을 썼다는 것은, 당신에게 여전히 얼마간의 이원성이 사실상 남아 있었음을—나중에는 사라졌지만—보여준다. 또한 그런 과정이 계속되었다는 신체적 징후도 한 가지 있었다. 깨달음을 얻었을 때부터 몸 안에서 어떤 뜨거운 열감이 부단히 느껴졌는데, 띠루반나말라이에 있는 큰 사원의 내전內殿에 들어선 순간 그것이 사라졌던 것이다.

3. 여행

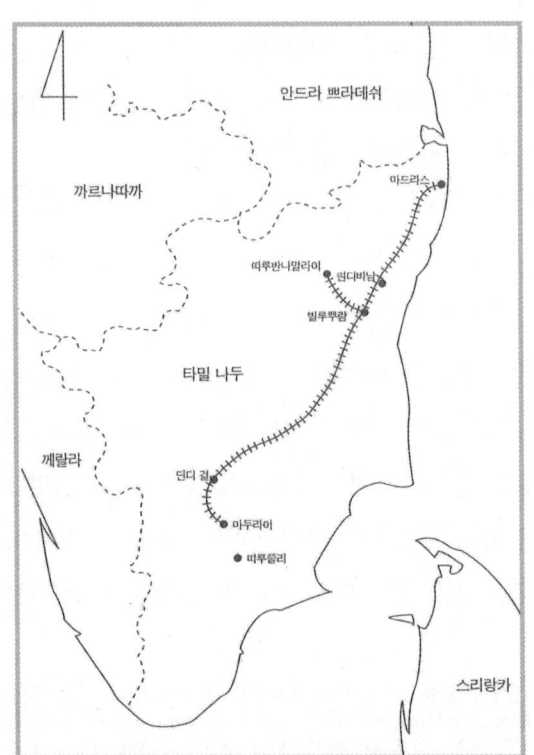

  벤까따라만의 달라진 생활 방식은 갈등을 야기했다. 이제는 친구들과 게임하느라고 그런 것이 아니라, 기도하고 명상하느라고 학교 공부를 그 어느 때보다도 더 등한시했다. 숙부와 형은 현실을 도외시하는 듯이 보이는 이런 태도를 갈수록 더 비판하게 되었다. 그들의 입장에서 볼 때 벤까따라만은 나중에 돈을 벌어 남을 도울 수 있도록 열심히 공부해야 하는 중산층 가정의 사춘기 소년일 뿐이었다.

  위기는 **깨달음**을 얻은 지 두 달쯤 지난 뒤인 8월 29일에 닥쳐왔다. 벤까따라만은 베인의 『영문법』[1] 중 배우지 않는 연습문제 하나를 세 번 베껴 써 오라는 숙제가 있었다. 때는 오전이었고, 그는 형과 함께 2층의 같은 방에 앉아 있었다. 두 번을 베껴 쓴 그는 세 번째 쓰려고 하다가 그것이 얼마나 부질없는 짓인가 하는 생각이 워낙 강하게 들어서, 책과 공책을 밀쳐두고 가부좌한 채 명상(meditation)[2]에 빠져들었다.

  그런 모습을 보고 화가 난 나가스와미가 신랄하게 말했다. "이런 놈에게 이게 다 무슨 소용 있어?" 그 의미는 분명했다. 즉, 사두(sadhu)같이

---

[1] 스코틀랜드의 철학자·교육가였던 Alexander Bain(1818-1903)이 쓴 영어 교과서. 초급의 *A Brief English Grammar*(1872)와 *An English Grammar*(1863) 등 몇 종이 있었다.
[2] 'meditation'이란 단어는 보통 이 말이 생각과 성찰을 뜻하기 때문에 오해의 여지가 있다. 스리 바가반이 이 말을 썼다는 것은 이미 언급했지만, 당신은 그것을 '삼매三昧(*samadhi*)'를 뜻하는 말로 사용했다는 것을 여기서 덧붙여 두겠다. 삼매는 그에 상응하는 정확한 영어 단어가 없지만, 그것은 다분히 무념無念의 상태에서 **영靈**을 내관內觀하거나 거기에 몰입하는 것을 뜻한다. 스리 바가반은 또한 '명상'이란 단어를 **자기탐구**에 의해 삼매를 얻으려는 노력을 뜻하는 말로도 사용했는데, 그것은 생각이라기보다는 생각의 차단이다.

살고 싶어 하는 자는 가정생활의 안락을 누릴 권리가 없다는 것이었다. 벤까따라만은 그 말의 진리성을 인정하고, 진리를 (혹은 응용된 진리인 정의正義를) 가차 없이 수용하는 자세―이것은 그의 특징이기도 했다― 로 일어나서, 바로 그 자리에서 일체를 포기하고 떠나기로 했다. 그것은 그에게 띠루반나말라이와 성산聖山 아루나찰라로 가는 것을 의미했다.

그러나 눈속임이 필요하다는 것을 알았다. 왜냐하면 힌두 가정에서는 윗사람의 권위가 아주 강해서, 숙부와 형이 알면 그를 가지 못하게 할 것이기 때문이었다. 그래서 그는 전기電氣에 관한 특별 수업을 들으러 학교에 다시 가야 한다고 말했다.

그의 형은 무심결에 그에게 여행 경비를 챙겨주면서 이렇게 말했다. "그러면 아래층에 있는 상자에서 5루피를 꺼내어 가는 길에 내 대학 수업료를 좀 내 다오."

벤까따라만이 깨달았다는 것을 가족들이 인식하지 못한 것은 그들이 영적인 눈이 멀어서만은 아니었다. 아무도 그것을 눈치 채지 못했던 것이다. 그의 상태가 지닌 찬연함, 힘 그리고 신성함은 아직 감춰져 있었다. 몇 년 후 띠루반나말라이로 당신을 찾아온 랑가 아이야르라는 학교 친구는 워낙 경외감에 사로잡혀 당신의 발아래 엎드려 절을 했지만, 당시에는 그도 자기가 알던 벤까따라만으로만 보았다. 그는 나중에 사람들이 왜 몰랐던지를 물었고, 스리 바가반은 그들 누구도 자신의 변화를 알아채지 못한 것일 뿐이라고 대답했다.

랑가 아이야르가 또 물었다. "왜 저한테라도 집을 떠난다는 것을 알리지 않았습니까?"

당신이 대답했다. "어떻게 그럴 수 있었겠습니까? 나 자신도 몰랐으니 말입니다."

벤까따라만의 숙모가 아래층에 있었다. 그녀는 그 5루피를 주면서 밥을 차려주었고, 그는 급히 먹었다. 거기에 지도책이 하나 있었다. 그것을 펼쳐본 그는 띠루반나말라이와 가장 가까운 역이 띤디바남(Tindivanam)에 있다는 것을 알았다. 실은 띠루반나말라이로 가는 철도 지선支線이 이미 건설되어 있었지만 그 지도책은 낡은 것이어서 그것이 표시되어 있지 않았다. 그는 3루피면 여비로 족할 것으로 보고 3루피만 가졌다. 그리고 형의 걱정을 덜어주면서 자신을 추적하지 못하게 하려고 형 앞으로 편지 하나를 써서 나머지 2루피와 함께 남겨두었다. 그 편지는 이러했다.

저는 제 아버지의 명에 따라 아버지를 찾으러 떠났습니다. 이것이 시작한 일은 훌륭한 일입니다. 따라서 누구도 이 행동에 대해 슬퍼하지 말고, 이것을 찾느라고 돈 한 푼도 쓰지 마십시오. 형의 대학 수업료는 납부되지 않았습니다. 여기 2루피를 동봉합니다.

───────────

이 전체 사건은, 몸이라는 정박지에서 풀려난 당신의 영혼이—당신이 그것과 **하나임**(Oneness)을 깨닫고 있던—**진아** 안에서 여전히 영구적인 정박지를 찾고 있었다고 한 스리 바가반의 말씀에 그대로 부합한다. 전기 수업을 들으러 간다는 핑계는 무해한 말이기는 했으나, 나중에는 그 말도 할 수 없었을 것이다. '찾는다'고 하는 생각도 마찬가지인데, 왜냐하면 발견한 사람은 찾지 않기 때문이다. 헌신자들이 당신의 발아래 절을 할 때, 당신은 **아버지**와 **하나**였고 더 이상 **아버지**를 찾고 있지 않았다. 그 편지 자체가 이원성의 사랑과 헌신에서 **단일성**의 지복스러운 평온함으로 바뀌는 것을 보여준다. 편지는 "저", "제 **아버지**"라는 이원성과, '명'

과 '찾는다'는 말로 시작한다. 그러나 두 번째 문장에서는 글쓴이를 더 이상 "저"라고 하지 않고 "이것"으로 지칭한다. 그리고 끝에 가서 서명을 해야 할 때가 되자, 그는 자신에게 어떤 에고도 남아 있지 않고 따라서 서명할 아무 이름도 없다는 것을 알고는, 서명할 자리에 줄 하나를 긋고 끝냈다. 이후로는 두 번 다시 편지를 쓰지 않았고, 두 번 다시 이름을 서명하지도 않았다. 다만 과거의 이름을 썼던 적이 두 번 있기는 했다.3) 또 한 번은 여러 해가 지난 뒤 아쉬람에서 어느 중국인 방문객에게 『나는 누구인가?』 책 한 권을 주었을 때, 그가 중국인답게 예의 바르면서도 끈덕지게 스리 바가반에게 서명을 해 달라고 졸랐을 때였다. 스리 바가반은 마침내 그 책을 받아서 책 안에 모든 창조계의 저변에 있는 **태초음**을 나타내는 신성한 단음절 '**옴**(OM)'의 산스크리트 기호를 써주었다.

벤까따라만은 3루피만 갖고 2루피는 남겨두었다. 띠루반나말라이까지 가는 데 필요한 돈 이상을 갖지 않았다는 것이 중요하다.

그가 집을 떠났을 때는 정오 무렵이었다. 역은 800미터쯤 떨어져 있었고 열차가 12시에 떠나게 되어 있었기에 빨리 걸어갔다. 그러나 좀 늦기는 했지만 그가 역에 도착했을 때 열차는 아직 들어오지 않고 있었다. 요금표를 올려다보니 띤디바남까지 가는 3등표는 2루피 13안나였다. 표를 사니 거스름돈 3안나가 남았다.4) 만약 몇 줄 아래를 보았더라면 띠루반나말라이라는 지명과 함께 거기까지의 요금은 정확히 3루피였다는 것을 발견했을 것이다. 그 여행 도중 있었던 일들은 구도자가 목표를 향해 가는 힘든 여정을 상징한다. 먼저 **신의 섭리**는 그에게 여비를 주고,

---

3) *T.* 이름을 쓴 두 번의 경우는 뒤에 나오는 무뚜끄리슈나 바가바따르에게 자기 주소를 써줄 때와, 나중에 구루무르땀 사원에서 벤까따라마 아이어가 그의 이름을 알려 달라고 조르자, 벽에 '띠루쭐리, 벤까따라만'이라고 쓴 것을 말한다.

4) *T.* 안나(anna)는 인도의 구 화폐단위로, 1루피는 16안나였다.

집을 늦게 나섰는데도 기차를 탈 수 있게 해 주었다. 그리고 목적지까지 가는 데 필요한 것을 정확히 제공해 주었지만, 이 여행자가 부주의했던 탓에 여정이 길어져서 도중에 역경과 모험을 겪게 되었다.

벤까따라만은 아버지를 찾아 나선 기쁨에 잠겨 승객들 사이에 말없이 앉아 있었다. 그렇게 몇 개의 역이 지나갔다. 흰 턱수염을 기른 한 마울비(Maulvi)5)가 성자들의 생애와 가르침에 대해 자세히 이야기하고 있다가 그를 돌아보았다.

"그런데 자네는 어디로 가는가, 스와미?"

"띠루반나말라이로 갑니다."

"나도 그래." 마울비가 대답했다.

"뭐라구요! 띠루반나말라이까지요?"

"꼭 거기가 아니라 그 다음 역까지 가지."

"다음 역이 어딘데요?"

"띠루꼬일루르지."6)

그러자 아차 싶었던 벤까따라만이 놀라서 외쳤다. "뭐라구요! 그러면 이 기차가 띠루반나말라이까지 간단 말입니까?"

"자네는 이상한 승객이군 그래!" 마울비가 대답했다. "그러면 자네는 어디까지 표를 끊었나?"

"띤디바남까지요."

"저런! 그렇게 멀리 갈 필요가 없는데. 우리는 빌루뿌람 환승역에서 내려 거기서 띠루반나말라이와 띠루꼬일루르 행으로 갈아탄다네."

신의 섭리가 필요한 정보를 제공해 주었으므로, 벤까따라만은 다시 한

---

5) 무슬림 학자 또는 신학자.
6) *T.* 여기서 띠루꼬일루르를 띠루반나말라이 '다음 역'이라고 한 것은 '한 정거장 앞의 역'이라는 뜻이다. 철도 노선상 띠루꼬일루르가 띠루반나말라이보다 빌루뿌람에 더 가까이 있다.

38 라마나 마하르쉬와 진아지의 길

번 삼매三昧의 지복 속에 잠겼다. 해가 질 무렵 기차는 뜨리찌노뽈리(지금은 띠루찌라빨리로 불린다)에 도착했고, 그는 시장기를 느끼기 시작했다. 그래서 반 안나를 주고 시골 배 두 개를 샀는데, 그것은 남인도 산록지대에서 나는 크고 딱딱한 품종이었다. 놀랍게도 거의 첫 입에 식욕이 채워졌다. 그전까지는 늘 배불리 먹어 왔는데 말이다. 그는 기차가 새벽 3시에 빌루뿌람에 도착할 때까지 '깨어있는 잠(waking sleep)'의 지복스러운 상태에 계속 들어 있었다.

그는 날이 밝을 때까지 그 역에 있다가, 띠루반나말라이로 가는 도로를 찾기 위해 읍내로 슬슬 들어가 보았다. 나머지 길은 걸어갈 생각이었다. 그러나 어느 표지판에도 그 지명이 보이지 않았고, 누구에게 묻고 싶지도 않았다. 돌아다니다 보니 지치고 배가 고파서 한 식당에 들어가 음식을 좀 달라고 했다. 식당 주인은 한낮이 돼야 식사가 준비될 거라고 했다. 그래서 그는 앉아서 기다리기로 하고 즉시 명상에 빠져들었다. 식사가 나오자 그것을 먹은 뒤 식대로 2안나를 내놓았지만, 식당 주인은 이 잘 생기고 긴 머리에 금귀고리를 한 브라민(Brahmin) 소년이 사두처럼 앉아 있는 모습에 강한 인상을 받았음이 분명했다. 그는 벤까따라만에게 돈이 얼마나 있느냐고 묻고, 다 합쳐 2안나 반밖에 가지고 있지 않다는 말을 듣자 식대를 받지 않겠다고 했다. 그는 또 벤까따라만이 한 표지판에서 본 지명인 맘발라빠뚜(Mambalapattu)가 띠루반나말라이로 가는 도중에 있다고 설명해 주었다. 그 말에 벤까따라만은 역으로 돌아가서 맘발라빠뚜까지 가는 표를 샀는데, 그것이 남은 돈으로 갈 수 있는 최대한이었다.

오후에 맘발라빠뚜에 도착한 그는 거기서부터 걷기 시작했다. 밤이 될 때까지 16킬로미터를 걸어가자, 큰 바위 위에 지어진 아라야니날루르

(Arayaninallur) 사원이 눈앞에 있었다. 오래 걸었고, 대부분 한낮의 더위 속에서 걸어 피곤해 있던 그는 사원 옆에 앉아서 쉬었다. 이윽고 누군가가 오더니, 사원의 승려와 다른 사람들이 예공禮供(puja)을 할 수 있게 사원의 문을 열었다. 벤까따라만은 들어가서 열주회당列柱會堂(석조 기둥들이 늘어선 건물) 안에 앉았는데, 그곳만은 아직 별로 어둡지 않았다. 그는 즉시 어떤 찬란한 빛이 사원 전체에 두루 퍼져 있는 것을 보았다. 그 빛이 내전의 성소聖所에 있는 신상에서 퍼져 나오는 것이 분명하다고 생각하고 그것을 보러 갔으나, 그게 아니었다. 그것은 어떤 물리적 빛도 아니었다. 그 빛은 사라졌고, 그는 다시 앉아서 명상에 들었다.

이내 사원의 요리사가 그를 부르면서, 예공이 끝났기 때문에 사원의 문을 닫을 시간이라고 하는 말에 깨어났다. 그 말을 듣고 승려에게 다가가서 뭐 좀 먹을 것이 없느냐고 물어보았으나, 아무것도 없다고 했다. 아침까지 여기 있으면 안 되겠느냐고 물어보았지만 그것 역시 거절당했다. 예공자(pujaris)들은 1.2킬로미터쯤 떨어진 낄루르(Kilur)로 가서 거기 있는 사원에서도 예공을 할 거라면서, 그러고 나면 뭔가 먹을 것을 얻을 수 있을지 모른다고 말했다. 그래서 그들과 동행했다. 그들이 그 사원에 들어가자마자 그는 다시 삼매三昧(samadhi)의 지복스러운 몰입 상태 속으로 뛰어들었다. 예공이 끝나자 9시였고 그들은 앉아서 저녁을 먹었다. 벤까따라만은 다시 음식을 청했다. 처음에는 그가 먹을 것이 아무것도 없을 것 같았으나, 그의 외모와 경건한 태도에 좋은 인상을 받았던 사원의 북치기가 자기 몫을 그에게 주었다. 그는 함께 마실 물이 있었으면 했다. 그들은 밥이 담긴 엽반葉盤(leaf-plate)을 든 그에게, 인근의 샤스프리라는 사람의 집으로 가는 길을 가리키면서 거기 가면 물을 줄 거라고 했다. 그는 그 집 앞에 서서 물을 기다리던 중, 몇 걸음 휘청거린 뒤에 잠이 들거나 기절한 상태로 쓰러졌다. 몇 분 뒤 정신이 돌아와서 보니, 모여든 몇몇 사람이 이상하다는 듯 그를 바라보고 있었다. 그는 물을 받아서 마시고 기운을 차린 다음, 자신이 흘린 밥을 좀 집어먹고는 땅바닥에 누워서 잠을 잤다.

다음날 아침은 8월 31일 월요일, **스리 크리슈나**(Sri Krishna)의 탄신일인 **고꿀라슈따미**(Gokulashtami)로 힌두력에서 가장 길일 중의 하나였다. 띠루반나말라이는 아직도 32킬로미터나 떨어져 있었다. 벤까따라만은 그쪽으로 가는 도로를 찾기 위해 한동안 돌아다녔고, 다시 피곤과 허기를 느꼈다. 오늘날보다 고대의 관습이 여전히 지배적이던 그 당시 대부분의 브라민들처럼 그도 금귀고리를 달고 있었는데, 그의 경우에는 루비가 박힌 것이었다. 그것을 넘겨주고 돈을 받아 기차로 여정을 끝내기 위해서 귀고리들을 떼어냈다. 그러나 문제는 어디서 누구에게 넘겨주느냐였다. 그는 무작위로 한 집을 찾아가서—**무뚜끄리슈나 바가바따르**라는 사람의 집이었다—먹을 것을 좀 청했다. 그 집의 주부는 크리슈나의 탄신일에 문간에 서 있는 아름다운 용모와 빛나는 눈을 한 브라민 소년의 모습을 보고 깊은 인상을 받았음이 분명했다. 그에게 식은 음식이나마 많이 주었기 때문이다. 이틀 전 기차 안에서 그랬듯이 한 입 먹고 나자 식욕이 사라졌으나, 그녀는 정말 어머니가 그렇게 하듯이 그를 지켜보면서 식사를 다 하게 했다.

이제 귀고리 문제가 남아 있었다. 귀고리들은 약 20루피의 가치가 있을 것이 분명했지만, 그는 그것으로 남은 여정에 혹시 더 필요할지 모를 경비에 충당하기 위해서 4루피만 꾸고 싶었다. 의심을 사지 않기 위해 그는 자기가 순례를 나섰는데 짐을 잃어버려서 아무것도 가진 게 없다고 핑계를 댔다. 무뚜끄리슈나 바가바따르는 귀고리를 살펴본 다음 그것이 진짜라고 판단하고 4루피를 내주었다. 그러나 그는 벤까따라만의 주소를 받고 자기 주소도 가르쳐 주겠다고 고집하면서 그래야 언제라도 귀고리를 되찾아갈 수 있지 않겠느냐고 했다. 이 선량한 부부는 낮까지 그를 데리고 있다가 점심을 주었고, 스리 크리슈나에게 예공을 올리려고 준비했으나 아직 올리지 않은 과자 꾸러미도 하나 싸주었다.

그는 그 집을 나서자마자 귀고리를 다시는 찾지 않을 생각으로 적어준 주소를 찢어버렸다. 다음날 아침까지는 띠루반나말라이로 가는 기차가 없다는 것을 알고 그날 밤은 역에서 잤다. 누구도 정해진 시간까지는 자신의 여정을 끝낼 수 없는 법이다. 그가 띠루반나말라이 역에 도착한 것은 집을 떠난 지 사흘째인 1896년 9월 1일 아침이었다.

그는 기쁜 마음에 가슴을 두근거리며, 빠른 걸음으로 서둘러 큰 **사원**으로 향했다. 말없는 환영의 표시로 사원의 경내를 구분하는 세 겹의 높다란 벽에 난 대문들과 모든 출입문, 심지어 내전內殿의 문도 열려 있었다. 안에는 아무도 없었고, 그는 내전에 혼자 들어가서 벅찬 마음으로 **아버지 아루나찰레스와르**(Arunachaleswar)7) 앞에 섰다. 거기서 **합일의 지복** 속에 그의 탐색은 성취되었고, 여정은 끝났다.

---

7) 아루나찰라로 화현한 이스와라.
   T. 아루나찰레스와르는 "이며, 아루나찰라 큰 사원에서 모시는 아루나찰라의 주主이다. 아루나찰라는 시바가 산의 형상을 취한 곳이므로, 아루나찰레스와르는 곧 시바(=이스와라)이다.

4. 외관상의 고행

아루나찰레스와라 사원

　사원을 나온 벤까따라만이 읍내로 들어가 거닐고 있는데, 어떤 사람이 그를 부르더니 뒷머리를 깎고 싶지 않느냐고 물었다.[1] 그 질문은 뭔가 영감을 받은 것이 분명했다. 왜냐하면 이 브라민 젊은이가 세간을 버렸거나 버리려 한다는 어떤 외적인 징표도 없었기 때문이다. 그는 즉시 승낙했고, 아얀꿀람 저수지(읍내에 있는 저수지의 하나)로 따라갔더니 그곳에서는 몇 명의 이발사가 생업을 영위하고 있었다. 거기서 그는 머리를 완전히 삭발했다. 그런 다음, 저수지 계단에 서서 3루피 남짓 남은 돈을 던져버렸다. 그 후 다시는 결코 돈을 만지지 않았다. 그때까지 가지고 있던 과자 꾸러미도 던져버렸다. "이 몸뚱이에 과자를 왜 줘?" 하면서.

　그는 카스트의 한 표지인 성사聖絲(sacred thread)[2]를 벗어 던져버렸다. 왜냐하면 세간을 버리는 사람은 가정과 재산을 포기할 뿐 아니라 카스트와 모든 공민적 지위를 포기하기 때문이다.

　그런 다음 그는 입고 있던 도띠(dhoti)를 벗어서 샅가리개로 할 조각 하나를 찢어낸 다음 나머지도 던져버렸다.

　출가행위를 끝낸 그는 사원으로 돌아갔다. 사원으로 다가갈 때 그는 삭발을 한 뒤에는 목욕을 하라는 경전 말씀이 떠올랐으나, 혼잣말로 이렇게 말했다. "이 몸뚱이에 왜 목욕이라는 호사를 베풀어준단 말인가?"

---

1) 전통적인 카스트 힌두들은 머리 뒤쪽에 작은 머릿술 하나를 기른다. 그것을 제거하고 삭발을 하는 것은 출가의 표시이다.
2) T. 직경 60센티쯤 되는 둥근 실. 옷 안의 맨살에 닿게 왼쪽 어깨에 걸고 허리에 두른다.

그러자 즉시 잠깐 동안의 매서운 소나기가 쏟아졌고, 그래서 사원에 들어가기 전에 목욕을 한 셈이 되었다.

내전에 다시 들어가지는 않았다. 그럴 필요가 없었다. 사실 그는 3년이 지나서 내전에 다시 들어갔다. 그는 천주전千柱殿(thousand-pillared hall) ─높이 돋운 석대石臺 위에, 조각된 수많은 가는 돌기둥들이 숲을 이루어 천장을 받치고 있고, 사방으로 트인 건물─에 거처를 정하고, 거기 앉아서 **존재의 지복** 속으로 잠겨들었다. 여러 날이 가고 밤낮이 바뀌어도 움직이지 않고 앉아 있었다. 그는 더 이상 세상을 필요로 하지 않았다. 그가 **실재**에 몰입해 앉아 있을 때, 세상이라는 그림자 같은 존재는 전혀 관심의 대상이 아니었다. 몇 주일 동안 거의 움직이지 않고, 아무 말도 없이 계속 그렇게 있었다.

그렇게 **진아 깨달음** 이후 그의 생애 중 두 번째 국면이 시작되었다. 첫 번째 국면에서는 그 찬연함이 감추어져 있었다. 이전처럼 같은 삶의 조건들을 받아들였고, 선생님과 웃어른들에게 전과 다름없이 복종하고 있었다. 두 번째 국면에서는 내면으로 들어가 바깥세상을 완전히 등한시했다. 그리고 나중에 보겠지만 이것은 점차 세 번째 국면으로 합일되는데, 이것은 반세기 동안 계속되면서 당신의 광휘光輝가 한낮의 태양처럼, 당신께 다가오는 모든 사람을 비추었다. 그러나 이러한 국면들은 단지 당신이 자리잡고 있던 상태의 외적인 모습에만 해당될 뿐이었다. 당신은 자신의 의식 혹은 영적인 체험의 상태에는 단연코 어떤 변화나 발전도 없었다고 분명하게, 여러 번 선언했기 때문이다.

몇 년 앞서 띠루반나말라이에 왔던 세샤드리 스와미(Seshadri Swami)라는 사두가, 이제 브라마나 스와미(Brahmana Swami)라고 불리기 시작한 벤까따라만에게 돌봄이 필요한 한도에서 자진해 그를 돌봐주었다. 이것은 전적으로 이로운 것만은 아니었다. 세샤드리 스와미 자신이 약간 미친 듯한 인상을 주었고, 그래서 학교 다니는 아이들이 그를 못살게 굴었기 때문이다. 아이들은 이제 그가 돌보는 브라마나 스와미까지 '작은 세샤드리'라고 부르면서 관심의 표적으로 삼았다. 아이들은 그에게 돌을 던지기 시작했는데, 사내아이들의 철없는 잔인함 때문이기도 했지만, 자기들보다 나이가 그리 많지도 않아 보이는 사람이 석상같이 앉아 있는 것을 보고 호기심이 일어났기 때문이기도 했다. 나중에 그들 중 한 명이 표현했듯이, 그가 진짜로 그러는지 알고 싶었던 것이다.

세샤드리 스와미는 아이들을 쫓으려 했으나 별 성과가 없었고, 때로는 역효과를 낳기도 했다. 그래서 브라마나 스와미는 천주전 안의 빠딸라 링감(Patala Lingam)이라고 하는, 햇빛이 전혀 들지 않아 어둡고 습기 찬 지하의 둥근지붕 방으로 피신했다. 누구도 이곳에 거의 들어가지 않았고, 개미·벌레·모기들만 번성하는 곳이었다. 이 곤충들이 그에게 달려들자 허벅지는 상처로 뒤덮이고 거기서 피와 고름이 흘렀다. 그 자국들은 평생 당신에게 남았다. 거기서 보낸 한두 주일은 지옥으로 내려간 것과 같았지만, 그럼에도 **존재의 지복**에 몰입된 그는 그런 고통에 동요되지 않았다. 그에게는 실재하지 않는 일이었다. 라뜨남말이라는 신심 깊은 여성이 그에게 음식을 주러 그 지하방에 들어가서 거기 있지 말고 자기 집으로 가자고 애원했지만, 그는 그 말을 들었다는 어떤 표시도 하지 않았다. 그녀는 깨끗한 천 하나를 놓고는 그 위에 앉고 눕거나 그것으로 해충들을 막으라고 간청했으나, 그는 거기에 손도 대지 않았다.

그를 못살게 굴던 아이들은 그 어두컴컴한 지하방에는 겁이 나서 들어가지 못하고 그 입구에다 돌멩이나 깨진 옹기 조각을 집어던졌고, 그것들이 부서지면서 파편이 튀었다. 세샤드리 스와미가 파수를 보기는 했으나 오히려 아이들을 더 자극할 뿐이었다. 하루는 정오 무렵에 벤까따 짤라 무달리라는 사람이 천주전 가까이 왔다가 아이들이 사원 경내에서 돌을 던지는 것을 보고 화가 나서 막대기를 집어 그들을 쫓아냈다. 돌아오다가 그는 세샤드리 스와미가 천주전의 어둑한 구석에서 나오는 것을 보았다. 그는 일순 깜짝 놀랐으나, 곧 정신을 가다듬고 세샤드리 스와미에게 (아이들의 돌멩이에) 어디 다치신 데는 없느냐고 물었다. "아니네." 그가 대답했다. "하지만 저 안에 있는 작은 스와미에게 한번 가보시게." 그렇게 말하고 그는 가버렸다.

놀란 무달리는 계단을 내려가 그 지하방으로 들어갔다. 밝은 햇빛 아래서 어두운 곳으로 들어가 처음에는 아무것도 볼 수 없었다. 그러나 점차 눈이 적응되자 젊은 스와미의 형상을 알아볼 수 있었다. 그는 눈앞의 광경에 경악하여, 도로 나가 근처의 화원에서 몇 명의 제자들과 함께 일을 하고 있던 한 사두에게 이야기했고, 그들도 함께 보러 왔다. 젊은 스와미는 움직이지도 않고 말도 하지 않았으며, 그들이 와 있는 것도 알지 못하는 듯했다. 그래서 그들은 그를 번쩍 들어 올려 밖으로 운반했다.[3] 그들은 그를 (큰 사원 내의) **주 수브라마니아** 사당 앞에 내려놓았는데, 그는 무슨 일이 일어나고 있는지 의식하는 기미가 전혀 없었다.

약 두 달간 브라마나 스와미는 **주 수브라마니아** 사당에 머물렀다. 그는 삼매에 들어 미동도 없이 앉아 있곤 했고, 어떤 때는 음식물을 내놓아도 전혀 신경을 쓰지 않아 음식을 입에 넣어 주어야 했다. 몇 주일간은 샅가리개조차 제대로 매어 입지 않았다.[4] 그 사당에 살고 있던 한 묵언 스와미(Mouni Swami)[묵언을 하는 스와미]가 그를 돌봐주었다.

---

3) 빠딸라 링감은 스리 바가반이 따빠스를 한 장소로서 얻게 된 신성함을 고려하여 개수改修되었다. 지금은 잘 관리하면서 전등을 켜 두었고, 스리 바가반의 사진들을 모셔두고 있다.
4) *T*. 이것은 처음 입던 샅가리개에 피부가 쓸려 아팠기 때문에 그것을 내버린 뒤의 일이다.

그 사원 안의 우마 여신(Goddess Uma-여신 빠르바띠) 사당은 매일 우유·물·터머릭(turmeric) 가루·설탕·바나나 기타 재료를 섞은 것으로 세척하고 있었는데, 묵언 스와미는 이 기묘한 혼합물을 젊은 스와미에게 매일 한 컵씩 갖다 주곤 했다. 그는 맛에 상관없이 그것을 마셨고, 그것이 그가 받아먹는 영양물의 전부였다. 얼마 후 그 사원 승려가 이것을 발견하고 이제부터는 묵언 스와미에게 순수한 우유를 공급해서 브라마나 스와미에게 전해지도록 하라고 지시했다.

몇 주일 후 브라마나 스와미는 사원의 정원으로 옮겨 나갔다. 정원에는 키 큰 협죽도(oleander) 덤불이 가득했는데, 어떤 것은 높이가 3미터에서 3.6미터나 되었다. 여기서도 그는 지복[삼매]에 잠겨 앉아 있곤 했다. 심지어 황홀경에 빠진 채 돌아다니기도 했다. 깨어나서 세상을 보면 다른 덤불 밑에 와 있곤 했는데, 자신이 어떻게 거기로 왔는지 전혀 기억할 수 없었다. 그 다음으로 그는 성스러운 날에 신상神像들을 싣고 행렬에 나가는 사원의 수레들을 두는 곳으로 옮겨갔다. 여기서도 이따금 깨어나서 세상을 보면 자신의 몸이 다른 데 와 있는데, 의식하지는 못했지만 도중에 여러 장애물을 잘 피해서 다치지 않고 와 있곤 했다.

그 후 한동안은 외벽 안쪽으로 사원 경내 주위를 따라 나 있는, 사원의 행렬에 이용되는 도로 옆의 한 나무 밑에 앉았다. 한동안 이곳과 망가이 삘라야르 사당(큰 사원 내 부속 사당의 하나)에 머물렀다. 제6장에서 말하겠지만, **시바 신이 빛의 기둥으로 나타난 것을 상징하여 아루나찰라의 정상에 횃불이 켜지는 까르띠까이**(Kartikai) 축제는 11월이나 12월에 드는데, 해마다 여기에 참여하기 위해 순례자들이 띠루반나말라이로 대거 몰려든다. 이해(1896)에는 많은 사람들이 이 젊은 스와미를 바라보기 위해, 또는 그의 앞에서 절을 하기 위해 왔다. 최초의 정규 헌신자가 그의 곁을 지키게 된 것이 이 무렵이었다. 웃단디 나이나르(Uddandi Nayinar)는 영적인 공부를 해왔지만 거기서 평안을 찾지 못하고 있었다. 그는 젊은 스와미가 끊임없이 삼매에 몰입하여 외관상 몸을 의식하지 못하고 지내는 것을 보자 그가 깨달은 사람이라고 느꼈고, 그를 통해서 자신도 평안을 찾게 되지 않을까 생각했다. 스와미를 시봉侍奉하는 일은 즐거웠지만 그가 할 수 있는 일은 별로 없었다. 그는 관광객들의 군중이 접근하지 못하게 하고 아이들이 못된 짓을 하지 못하게 했다. 자기 시간의 대부분은 비이원론(Advaita)의 위없는 원리를 설하는 타밀 저작들을 독송하는 데 보냈다. 그는 스와미에게서 우빠데사(upadesa), 즉 영적인 가르침을 받는 것이 소원이었다. 그러나 스와미는 그에게 전혀 말을 하지 않았고, 그 자신도 주제넘게 먼저 말을 걸어 그의 침묵을 방해하지 않았다.

이 무렵 안나말라이 땀비란(Annamalai Tambiran)이라는 사람이 젊은 스와미의 나무 곁을 지나가다가, 근심과 생각이 범접할 수 없이 홀로 그곳에 앉아 있는 스와미의 고요한 아름다움에 큰 감명을 받아 그의 앞에서 얼굴을 땅에 대고 절을 했다. 그때부터 그는 매일 와서 그의 앞에서 절을 했다. 땀비란은 동행인 몇 사람과 함께 헌가獻歌(devotional songs)를 부르면서 읍내를 돌아다니곤 하던 사두였다. 자신이 받은 보시布施로는 가난한 이들을 먹이거나, 읍 외곽에 있는 그의 조사祖師(Adhina Guru)[자기 스승들 계보의 창시자]의 묘소에서 예공을 올렸다.

얼마 후 그는 이 젊은 스와미가 구루무르땀(Gurumurtam) 사원이라는 곳으로 가면 방해를 덜 받을 거라는 생각이 들었다. 이제 서늘한 계절이었고, 거기서 추위를 좀 더 피할 수 있을 것이었다. 그는 그 제안을 하는 것을 망설이다가 먼저 그 문제를 나이나르와 상의했다. 왜냐하면 그들 중 누구도 스와미에게 말을 건네 본 적이 없었기 때문이다. 마침내

4. 외관상의 고행 49

구루무르땀 사원

그는 용기를 내어 그 제안을 했다. 스와미는 동의하고 그와 함께 구루무르땀 사원으로 갔다. 그가 띠루반나말라이에 온 지 반년이 채 되지 않은 1897년 2월의 일이었다.

그곳에 당도했을 때도 그의 생활 방식에는 아무 변화가 없었다. 그 사원의 바닥에는 개미들이 우글거렸지만 스와미는 개미가 몸을 타고 올라와서 물어도 전혀 알지 못하는 듯했다. 얼마 후 그가 앉을 수 있게 등 없는 걸상 하나를 구석에 놓아두고, 개미에 물리지 않게 걸상 다리들을 물에 담가 두었다. 그러기는 했으나 그가 등을 벽에 기대고 있는 바람에 개미들에게 다리를 놓아준 셈이 되었다. 거기 항상 앉아 있었기 때문에 벽에는 그의 등 자국이 영구히 남게 되었다.

순례자들과 관광객들이 구루무르땀 사원으로 몰려들기 시작했다. 많은 사람들이 스와미 앞에서 절을 했는데, 어떤 이들은 은택恩澤을 바라는 기도와 함께 절을 했고, 어떤 이들은 순수한 존경심에서 그렇게 했다. 사람들이 하도 몰려들어, 최소한 그들이 그의 몸에 접촉할 수 없게 하기 위하여 그의 자리 주위로 대나무 울을 세울 필요가 있었다.

처음에는 땀비란이 자기 스승의 사당에 올려진 음식 중에서 스와미에게 필요한 약간의 음식을 가져왔지만, 오래지 않아 그는 띠루반나말라이를 떠났다. 그는 나이나르에게 1주일 안에 돌아오겠다고 했으나 1년이 넘도록 떠나 있게 되었다. 몇 주일 후 나이나르도 자기 정사精舍(math)[개인 사원이나 사당]로 가야 했으므로, 스와미는 시자侍者 없이 혼자 남게 되었다. 음식에 대해서는 아무 어려움이 없었다. 사실 이제는 음식을 정기적으로 가져오고 싶어 한 헌신자들이 몇 사람 있었다. 관광객과 방문객들의 무리가 접근하지 못하게 하는 것이 더 시급한 문제였다.

오래지 않아 또 다른 정규 시자가 왔다. 빨라니스와미(Palaniswami)라고 하는 말라얄람인(Malayali-께랄라 지역 사람) 사두는 **비나야까**(Vinayaka-가네샤) 신을 숭배하는 데 자기 삶을 바치고 있었다. 그는 하루에 한 끼만, 그것도 그 신에게 예공으로 바친 음식만 소금 간도 없이 먹으면서, 대단한 고행을 하며 살았다. 하루는 그의 친구인 스리니바사 라오라는 사람이 그에게 말했다. "왜 이 돌 스와미하고 평생을 보내나? 구루무르땀에는 피와 살을 가진 젊은 스와미가 있다네. 뿌라나(*Puranas*)에 나오는 젊은 드루바(Dhruva)처럼 따빠스(*tapas*)[고행]에 몰두해 있지. 자네가 가서 그를 시봉하면서 그의 곁을 지키면 자네의 삶은 목적을 달성할 거네."

거의 동시에 다른 사람들도 그에게 이 젊은 스와미의 이야기를 하면서, 그에게는 시자가 없으니 그를 시봉하면 얼마나 큰 복이겠느냐는 말을 했다. 그래서 그는 알아보러 구루무르땀으로 갔다. 그는 스와미를 보는 순간 마음 깊은 곳까지 감동을 받았다. 그러고도 한동안 더 비나야까 사원에서 자신이 하던 숭배를 계속했지만 그것은 의무감에서였고, 그의 마음은 살아 있는 스와미에게 가 있었다. 오래지 않아 스와미에 대한 신심이 그를 온통 사로잡았다. 그는 스와미의 시자로 21년간이나 머물러 있으면서 그를 시봉하는 데 자신의 여생을 바쳤다.

그가 할 수 있는 일은 거의 없었다. 그는 헌신자들이 가져온 공양 음식들을 받았지만 스와미는 매일 정오에 단 한 컵의 음식물만 받았고, 나머지는 쁘라사드(*prasadam*)[선물 형식의 은총]로 시주자들에게 되돌아가는 것이었다. 빨라니스와미가 어떤 일로 읍내에 나가야 할 필요가 있으면—보통은 한 친구에게서 영적인 책이나 헌신에 관한 책을 빌리기 위해서였지만—사원의 문을 잠그고 갔는데, 돌아와 보면 스와미는 자기가 떠날 때와 같은 위치에 그대로 앉아 있곤 했다.

스와미는 몸을 전혀 돌보지 않았다. 그는 자기 몸을 완전히 무시했다. 씻지도 않았고, 머리는 다시 자라 숱이 무성하고 헝클어졌으며, 손톱은 길게 자라서 휘어져 있었다. 어떤 사람들은 이것이 나이가 아주 많은 증거라고 보고, 그가 요가적 능력으로 몸을 젊게 유지하고 있는 것이라고 수군대기도 했다. 실은 그의 몸은 인내의 한계까지 약해져 있었다. 밖에 나갈 필요가 있을 때도 겨우 일어설 힘밖에 없어, 몇 치 정도 몸을 일으켰다가 기운이 없고 어지러워 다시 주저앉는 것이었다. 그렇게 몇 번이고 애를 써야 일어설 수가 있었다. 한번은 그런 경우에 그가 문에 다가가서 두 손으로 문을 꼭 붙들고 있을 때, 빨라니스와미가 자신을 부축하고 있다는 것을 알았다. 늘 도움 받는 것을 꺼리던 그가 물었다. "왜 저를 붙잡고 있습니까?" 빨라니스와미가 대답했다. "스와미님이 쓰러지실 것 같아서, 쓰러지지 않게 부축했습니다."

신과의 합일을 성취한 사람에게 사람들은 더러 사원의 신상에게 하듯이 불타는 장뇌樟腦[5]·백단향액白檀香液(sandalpaste)[6]·꽃·헌주獻酒·찬송

---

5) *T*. 사원의 신상이나 성자의 앞에서 장뇌를 태우는 것은 주변을 정화하기 위한 것이다. 또한 장뇌는 불에 타면 찌꺼기가 전혀 남지 않는데, 이는 에고의 소멸을 상징한다.
6) *T*. 백단향 가루를 물에 개어 반죽처럼 만들어 신이나 스승 앞에 올리는 공양물.

등을 바치는 식으로 예배를 올리기도 한다. 땀비란이 구루무르땀에 왔을 때 그는 이런 식으로 스와미를 숭배하기로 했다. 첫 날은 스와미가 갑자기 당한 일이라 그가 목적을 달성했지만, 다음날 땀비란이 스와미에게 올릴 음식 한 컵을 가지고 왔을 때는 스와미 머리 위의 벽에 목탄으로 이런 타밀어 글귀가 쓰여져 있었다. "이것에게는 이런 봉사로 족합니다." 그 말은 이 몸뚱이에는 음식만 주고 말아야 한다는 뜻이었다.

스와미가 세간 교육을 받았고 읽고 쓸 줄 안다는 것은 그의 헌신자들에게 뜻밖의 일이었다. 그들 중의 한 사람이 이 사실을 이용하여 스와미가 어디서 왔고 그의 이름이 무엇이었는지 알아내기로 작정했다. 그는 벤까따라마 아이어라는 이름의 노인으로, 읍내의 읍사무소(Taluq Office) 회계국장이었다. 그는 매일 아침 스와미의 친존親存(presence)에 와서 한동안 앉아 명상을 하다가 출근하곤 했다. 묵언의 맹세는 존중되며, 스와미는 말을 하지 않는 것으로 보아 그러한 맹세를 한 것으로 추정되었다. 그러나 말을 하지 않는 사람도 간간이 메시지를 글로 쓰는데, 이제 스와미가 글을 쓸 줄 안다는 것을 안 벤까따라마는 집요했다. 그는 스와미 앞에 빨라니스와미가 가져온 책들 중 한 권 위에 종이와 연필을 놓고, 그에게 이름과 출신지를 써달라고 간청했다.

스와미가 자신의 간청에 반응을 보이지 않자, 그는 마침내 자신이 원하는 정보를 얻기 전에는 밥도 먹지 않고 사무실에 출근도 하지 않겠다고 선언했다. 그러자 스와미는 영어로 "벤까따라만, 띠루쭐리"라고 썼다. 그가 영어를 안다는 것은 더욱 놀라운 일이었다. 그러나 벤까따라마 아이어는 영어로 옮겨 쓴 'Tiruchuzhi'라는 지명, 특히 'zh'가 궁금했다.

그래서 스와미는 종이를 받치고 있던 책을 집어, 그것이 타밀어 책이라면 'r'과 'l'음의 중간을 나타내는 문자로서 보통 'zh'로 표기하는 것을 가리켜 보이려고 그것을 살펴보았다. 그것이 『뻬리아뿌라남』, 즉 자신이 영적 깨달음을 얻기 전에 매우 심원한 영향을 주었던 그 책인 것을 발견한 그는, 띠루쭐리가 순다라무르띠 스와미의 노래로 영예로워진 읍으로 나오는 구절을 찾아보고 벤까따라마 아이어에게 그것을 보여주었다.

구루무르땀에 머무른 지 1년이 조금 지난 1898년 5월, 스와미는 인근의 망고 과수원으로 옮겨갔다. 과수원 주인 벤까따라마 나이커가 빨라니 스와미에게 그곳은 문을 잠글 수 있어 프라이버시가 더 잘 보호될 거라면서, 거처를 옮겨보는 것이 어떻겠느냐고 했던 것이다. 스와미와 빨라니스와미는 파수꾼 막사를 하나씩 차지했고, 주인은 과수원 관리인에게 빨라니스와미의 허락 없이는 아무도 들여보내지 말라고 엄명을 내렸다.

그는 6개월가량 여기 머물렀는데, 그가 나중에 보유하게 된 방대한 학식은 여기서 축적하기 시작한 것이다. 역시 그답게, 그것은 학식을 얻으려는 어떤 욕망에서 그런 것이 아니라, 순수하게 한 헌신자를 도우려고 하다가 그렇게 된 것이었다. 빨라니스와미는 영적인 철학서들을 가지고 와서 공부하곤 했지만 그가 구해 볼 수 있는 책들은 타밀어로 된 것뿐이었다. 그는 타밀어를 아주 조금밖에 몰랐고, 그래서 엄청난 노력을 기울여야 했다. 그가 이렇게 애쓰는 것을 본 스와미는 책들을 집어 그것을 통독하고 나서 그 핵심적 가르침의 간략한 개요를 그에게 일러주었다. 그는 사전의 영적 체험으로 인해 그 책에서 무엇을 설하고 있는지 한눈에 이해할 수 있었고, 읽었을 때는 그의 놀라운 기억력이 그것을 보존했기 때문에, 거의 노력하지 않고도 박식해졌다. 같은 방식으로 나중에 산스크리트어·텔루구어·말라얄람어[7]도 누가 가져온 이런 언어로 쓰인 책들을 읽으면서 배웠고, 질문에 대한 답변도 그런 언어들로 하게 되었다.

---

7) *T*. 텔루구어는 안드라 쁘라데쉬 주의 언어이고, 말라얄람어는 께랄라 주의 언어이다.

5. 귀가歸家의 문제

빠발라꾼루 사원

젊은 벤까따라만이 집을 떠나 버린 것은 가족들에게 전혀 뜻밖의 놀라운 일이었다. 그의 매너가 달라졌고 집안의 운명이 그렇게 정해져 있었다 하더라도 이런 일은 아무도 예견하지 못했다. 여기저기 찾아도 보고 탐문도 해 보았지만 소용이 없었다. 당시 마나마두라(Manamadura)에서 친척들과 함께 살고 있던 그의 어머니는 누구보다도 더 상심했다. 그녀는 시동생 숩바이어와 넬리압빠이어에게 좀 나가서 찾아봐 달라고 애원했다. 뜨리반드룸(현 띠루바난따뿌람)에서 전통 종교극을 공연하는 어느 극단에 그가 들어갔다는 소문이 들려왔다. 넬리압빠이어는 즉시 거기로 가서 여러 극단을 돌아다니며 물어보았으나, 물론 성과가 없었다. 그래도 알라감말은 포기하지 않고 그에게 다시 한 번 자기와 함께 거기를 가보자고 고집했다. 뜨리반드룸에서 그녀는 사실 나이나 키가 벤까따라만 정도이고 머리 색깔이 비슷한 젊은이가 자신에게 등을 돌리고 저쪽으로 가 버리는 것을 보았다. 그녀는 그가 자기 아들 벤까따라만인데 자신을 피한다고 확신하고 낙심하여 집으로 돌아왔다.

벤까따라만이 마두라에서 함께 살았던 숙부 숩바이어는 1898년 8월에 죽었다. 넬리압빠이어와 그의 가족이 장례식에 참석하러 갔는데, 거기서 그들은 행방이 묘연했던 벤까따라만의 소식을 처음으로 들었다. 장례식에 온 한 젊은이가 그들에게, 자기가 최근 마두라에 있는 어느 정사(精舍)에 갔더니 안나말라이 땀비란이라는 사람이 띠루반나말라이에 있는 한 젊은 스와미에 대해 대단한 존경심을 가지고 이야기하더라고 했다. 그 스와미가 띠루쭐리 출신이라고 하기에 더 자세히 물어 그의 이름이 벤까따라만이라는 것을 알았다는 것이었다. "그가 당신네 벤까따라만이 분명한데, 지금은 존경받는 스와미입니다" 하고 그가 결론지었다.

넬리압빠이어는 마나마두라에서 개업하고 있던 2등 변호사였다. 이 소식을 듣자 그는 확인해 보기 위해 친구 한 명과 함께 즉시 띠루반나말라이로 출발했다. 그들은 스와미가 있다는 곳으로 갔으나, 그는 이미 망고 과수원 안에 머무르고 있었고, 그 주인 벤까따라마 나이커는 그들의 진입을 거부했다. "그는 묵언자(mouni)입니다. 왜 들어가서 방해하려고 합니까?" 그들은 자기들이 친척이라고 호소했지만, 그가 겨우 허락한 것은 쪽지 하나를 들여보내게 한 것이었다. 넬리압빠이어는 자신이 지니고 있던 종이쪽지에 이렇게 썼다. "마나마두라의 변호사 넬리압빠이어가 자네를 보고자 하네."

스와미는 세간사에 대한 그 예리한 인지력과 그에 대한 완전한 초연함을 이때 이미 보여주었는데, 이는 훗날 당신의 특징을 이루게 되고 많은 헌신자들을 놀라게 했다. 그는 그 메모를 쓴 종이가 등기소에서 나온 것이며, 뒷면에 그의 형 나가스와미의 필적으로 몇 가지 사무적 문제가 쓰여 있는 것을 보았다. 그는 거기서 나가스와미가 등기소 서기가 되었다는 것을 추론했다. 마찬가지로 후년에도 당신은 편지가 오면, 뜯기 전에 그것을 뒤집어서 발신 주소와 소인消印을 살펴보곤 했다.

그는 방문객들이 들어오는 것을 허락했으나, 그들이 들어오자 방금 자신이 그 쪽지를 살펴보면서 보여준 그런 관심은 자취도 없이 초연하게 침묵하며 앉아 있었다. 조금이라도 관심을 보여주면 그가 돌아올지 모른다는 헛된 희망만 심어주었을 것이다. 한 사람의 스와미이지만 남루하고 씻지도 않았으며, 헝클어진 머리에 긴 손톱을 하고 있는 그런 상태의 그를 본 넬리압빠이어는 깊은 감동을 받았다. 그가 묵언자라고 생각한 그는 대신 빨라니스와미와 나이커에게 말을 걸어, 자기 집안의 한 사람이 그런 높은 경지를 이룬 것을 보니 무척 기쁘지만, 신체적 복리를 소홀히 해서는 안 된다고 설명했다.

스와미의 친척들은 그를 자기들 가까이 있게 하고 싶다고 했다. 그들은 그의 서원(출가와 묵언의 결심)이나 생활방식을 버리라고 압력을 가하지 않을 것이고, 묵언과 고행을 계속하게 할 것이며, 마나마두라의 넬리압빠이어가 사는 곳 근처에 큰 성자의 사원이 있는데 거기 와서 살면 그를 방해하지 않으면서 그에게 필요한 것들을 돌봐줄 수 있을 거라고 했다. 변호사는 자신의 모든 언변을 동원하여 간청했지만 이 경우에는 아무 소용이 없었다. 스와미는 말을 들었다는 기색도 없이 꼼짝 않고 앉아 있었다. 넬리압빠이어는 실패를 인정할 수밖에 없었다. 그는 알라감말에게 편지를 써서 조카를 찾아냈다는 기쁜 소식과 함께, 그가 완전히 사람이 변해서 자기들에게 돌아오려 하지 않는다는 우울한 소식을 전했다. 띠루반나말라이에서 닷새를 머문 뒤 그는 마나마두라로 돌아갔다.

이 일이 있은 직후에 스와미는 망고 과수원을 떠나 아얀꿀람 저수지 서쪽에 있는 아루나기리나타르(Arunagirinathar)라는 작은 사원으로 갔다. 남들의 시봉에 의지하는 것을 늘 꺼려하던 그는, 이제 빨라니스와미에게 음식을 가져오게 하는 대신 자신이 나가서 매일 음식을 탁발하기로 했다. "당신이 한쪽 길로 가서 음식을 탁발하면 저는 다른 길로 가서 하겠습니다. 우리 같이 살지 맙시다" 하고 그가 명했다. 빨라니스와미에게 그것은 엄청난 충격이었다. 스와미에 대한 헌신이 그의 숭배 방식이었다. 그는 시킨 대로 혼자 나갔지만 밤이 될 무렵 아루나기리나타르 사원으로 돌아오고 말았다. 어떻게 그가 스와미 없이 살 수 있었겠는가? 결국 같이 사는 것을 허락받았다.

스와미는 여전히 묵언을 하고 있었다. 탁발을 할 때는 아무 집이나 찾아가 문간에서 손뼉을 쳤고, 어떤 음식이든 주면 두 손을 오므려 그것을 받아 길바닥에 서서 먹었다. 식사 초대를 받아도 절대 집 안에 들어가지 않았다. 매일 다른 거리로 갔고, 같은 집에서 결코 두 번 탁발하지 않았다. 당신은 나중에 자신이 띠루반나말라이의 거의 모든 거리에서 탁발을 했다고 말했다.

아루나기리나타르 사원에서 한 달을 머문 뒤, 그는 큰 사원의 어느 탑 안과 이 사원의 협죽도(*alari*) 정원에 거처를 정했다. 이제는 어디를 가든 추종자들이 늘 그를 따라다녔다. 그는 여기에 1주일만 머문 뒤 아루나찰라의 동쪽 돌출부 중 하나인 빠발라꾼루(Pavazhakkunru)로 가서 그곳의 사원에 머물렀다. 여기서도 그전처럼 앉아서 삼매[존재의 지복]에 몰입하곤 했다. 그리고 빨라니스와미가 어디 가고 없을 때만 음식을 탁발하러 나갔다. 종종 이 사원의 승려가 예공을 한 뒤 그가 안에 있는지 구태여 확인하지도 않고 그를 안에 둔 채 문을 잠그고 가버리기도 했다.

알라감말이 아들을 발견한 곳이 여기였다. 넬리압빠이어로부터 소식을 들은 그녀는 장남 나가스와미가 자신과 동행할 수 있는 성탄절 연휴 때까지 기다렸다가 띠루반나말라이로 왔다. 벤까따라만이 수척해진 몸에 헝클어진 머리를 하고 있었지만 그녀는 즉시 그를 알아보았다. 어머니는 온갖 모성애를 다 발휘하여 그의 몸 상태를 한탄하면서 자기와 같이 돌아가자고 애원했다. 그러나 그는 꼼짝하지 않고 앉아서 대답이 없었고, 듣고 있다는 표시조차 하지 않았다. 그녀는 매일 맛있는 먹을거리를 가지고 와서 애원도 하고 꾸짖기도 했지만 효과가 없었다. 하루는 자기에 대해 아무 감정도 없는 듯한 그의 태도에 상심한 나머지 눈물을 쏟았다. 그는 여전히 답을 하지 않았지만, 섣불리 자비심을 보였다가 그녀에게 '일어날 수 없는 일'에 대한 헛된 희망을 주지 않기 위해, 일어나서 저쪽으로 가버렸다. 또 어느 날은 그녀가 주위에 모여 있던 헌신자들의 동정을 사기 위해 자신의 슬픔을 쏟아내면서 그들에게 좀 나서서 도와달라고 간청했다. 그들 중 한 사람인 빠짜이야빠 벨라이가 스와미에게 말했다. "어머니가 울면서 빌고 계십니다. 최소한 대답이라도 해주실 수 있지 않습니까? '예'든 '아니오'든 대답은 하실 수 있겠지요. 스와미님이 묵언의 맹세를 깨실 필요는 없습니다. 여기 연필과 종이가 있으니 하실 말씀을 쓰실 수는 있겠지요."

그는 연필과 종이를 집어서 아주 비개인적인 언어로 이렇게 썼다.

"영혼(사람)들의 발현업發現業(prarabdhakarma)[과거생에 한 행위들의 대차 대조표상 금생에 해소되어야 할 업]에 따라 **주재자**主宰者[1])가 그들의 운명을 좌우합니다. 일어나게 되어 있지 않은 일은 아무리 애를 써도 일어나지 않을 것이고, 일어나게 되어 있는 일은 아무리 막으려고 해도 일어날 것입니다. 이것은 확실합니다. 따라서 최선의 길은 침묵하는 것입니다."

본질상 이것은 그리스도가 그의 어머니에게 한 이 말과 같다. "여인이여, 내가 당신과 무슨 관계가 있습니까? 당신은 내가 **아버지**의 일을 해야 한다는 것을 모릅니까?" 형식상 위의 말은 스리 바가반의 아주 전형적인 면모이다. 즉, 우선 당신은 그 답변이 부정적일 수밖에 없을 경우

---

1) T. 우주의 모든 존재들의 운명을 결정하는 자로서의 신, 곧 이스와라를 의미한다. 그러나 엄밀히 말해 존재들의 운명은 업 자체에 의해 결정되며, 신이 보태거나 빼는 것은 없다.

에는 침묵을 지킨다는 것, 그런 다음 침묵이 받아들여지지 않고 계속 압력이 가해지면 대답은 해주지만, 그것이 비인격적 원리의 진술이 되게 하는 동시에 질문자의 필요에 따라서 그 특정한 질문에 대한 답변도 되도록 일반적인 용어로 표현한다는 것이다.

일어날 일은 일어날 것이라고 하는 가르침에서 스리 바가반은 비타협적이었지만, 그러면서도 당신은 일어나는 모든 일이 발현업에—즉, 워낙 엄격한 인과법칙을 따라 작용해서 '정의'라는 말조차 그것을 표현하기에는 너무 감상적으로 보일 정도인 인간 운명의 대차대조표에—기인한다고 가르쳤다. 당신은 자유 의지론과 예정론의 논란에 결코 말려들지 않았다. 왜냐하면 그런 이론들은 마음의 수준에서는 서로 모순되기는 하지만, 둘 다 진리의 어떤 측면을 반영할 수도 있기 때문이다. 당신은 이렇게 말하곤 했다. "예정되어 있거나 자유 의지를 가진 것이 누구인지 알아내십시오."

당신은 분명하게 말했다. "몸이 수행해야 할 모든 행위는 그것이 생겨날 때 이미 결정됩니다. 그대가 가진 유일한 자유는 그대 자신을 몸과 동일시하느냐 여부입니다." 만일 우리가 연극에서 어떤 역을 한다면 전체 배역은 미리 다 정해져 있고, 우리는 칼에 찔리는 시저든 칼을 찌르는 브루투스든, 그에 아무 영향을 받지 않고 충실히 그 역을 한다. 왜냐하면 자기가 그 사람이 아니라는 것을 알고 있기 때문이다. 이와 마찬가지로, 자신이 불사不死의 진아와 동일함을 깨닫고 있는 사람은 인간의 무대 위에서 두려움이나 걱정, 희망이나 후회 없이 자신의 역을 연기하며, 자신이 하는 역에 의해 영향 받지 않는다. 만약 우리의 모든 행위가 결정되어 있을 때 우리가 어떤 실체를 가지고 있느냐고 묻는다면, 그것은 이런 질문으로 이어질 뿐이다. 즉, "그렇다면, 나는 누구인가? 만일 자신이 결정을 한다고 생각하는 에고가 실재하지 않고, 그럼에도 내가 존재한다는 것을 내가 안다면, 나의 실체는 무엇인가?" 이것은 스리 바가반이 제시한 탐구의 한 준비적·심적 버전에 불과하지만, 진정한 탐구를 위한 하나의 탁월한 준비이다.

그렇기는 하나 인간이 자신의 운명을 만든다고 하는, 외관상 이와 상충하는 견해도 그에 못지않게 참되다. 왜냐하면 모든 일은 인과법칙에 의해 일어나며, 모든 생각과 말과 행위는 그 과보果報를 가져오기 때문이다. 스리 바가반은 이 점에 대해 다른 스승들만큼이나 분명한 입장이었다. 당신은 헌신자 시바쁘라까삼 삘라이(Sivaprakasam Pillai)에게, 이 책의 제10장에서 인용되는 답변에서 이렇게 말했다. "존재(중생)들이 신의 법칙에 따라 자기 행위(업)의 열매를 거두므로, 그 책임은 그의 것이 아니라 그들의 것입니다." 당신은 노력의 필요성을 부단히 강조했다. 『마하르쉬의 복음』(제1권 3장)에는 한 헌신자가 이렇게 하소연한 것으로 기록되어 있다. "10월에 이 아쉬람을 떠난 뒤, 저는 스리 바가반의 친존에 편재해 있는 그 **평안**이 약 열흘간 저를 감싸고 있는 것을 자각했습니다. 일을 하면서 바쁜 가운데서도 내내 그 단일성 속의 평안이라는 저변의 흐름이 있었습니다. 그것은 우리가 지루한 강의를 들으면서 반쯤 자고 있을 때 경험하는 이중의식과 거의 비슷했습니다. 그러다가 그것이 완전히 사라졌고, 대신 예전의 어리석은 모습들이 들어왔습니다." 그러자 스리 바가반이 답변했다. "만약 마음을 강화하면 그 평안이 늘 있게 될 것입니다. 그것의 지속시간은 거듭된 수행에 의해 얻어진 마음의 힘에 비례합니다." 『영적인 가르침』에서는 한 헌신자가 운명과 노력 간의 외관상 모순에 대해 분명하게 언급했다. "만약 말씀하신 것처럼 일체가 운명에 따라 일어난다면, 우리가 명상을 성공적으로 수행하는 것을 지연시키거나 가로막는 장애들조차도 그런 돌이킬 수 없는 운명에 의해 설정된 것이므로 극복할 수 없는 것으로 여겨야 할지 모릅니다. 그렇다면, 어떻게 우리가 그것을 극복할 수 있으리라는 희망을 가질 수 있겠습니까?" 이에 대해 스리 바가반은 이렇게 답변했다. "명상을 가로막는 '운명'이라고 하는 것은 밖으로 향하는 마음에게만 존재하며, 안으로 향하는 마음에게는 존재하지 않습니다. 따라서 내면으로 진아를 탐구하면서 있는 그대로 머무르는 사람은 명상 수행을 해 나가는 과정에서 자신을 방해하는 것처럼 보이는 어떠한 장애에도 겁을 먹지 않습니다. 그런 장애라고 하는 생각 자체가 가장 큰 장애입니다."2)

당신이 쓴 메시지의 맺음말―"따라서 최선의 길은 침묵하는 것입니다"―은 특히 어머니에게 해당되는 것이었다. 왜냐하면 그녀는 허락해 줄 수 없는 것을 간청했기 때문이다. 피할 수 없는 운명에 맞서면서 "저항할 수 없는 것에 저항해 봐야 소용없다"는 의미에서, 그것은 일반 사람들에게도 해당된다. 그러나 그것은 아무 노력도 해서는 안 된다는 의미는 아니다. "일체가 예정되어 있다. 따라서 나는 어떤 노력도 하지 않겠다"고 말하는 사람은, "그런데 나는 무엇이 예정되어 있는지 알고 있다"는 그릇된 가정을 들이미는 것이다. 그는 노력을 해야 하는 역役에 배정되어 있을지도 모른다. 『바가바드 기타』에서 스리 크리슈나가 아르주나에게 말했듯이, 그 자신의 성품이 그에게 노력을 하도록 강제할 것이다.3)

어머니는 집으로 돌아갔고, 스와미는 전과 같은 상태로 머물러 있었다. 하지만 아주 그런 것만도 아니었다. 띠루반나말라이의 사원과 사당

---

2) T. 『라마나 마하르쉬 저작 전집』, p.99, 문답 21 참조. 현재의 「영적인 가르침」 판본에는 이 문답이 더 간략한 형태로 나와 있다.
3) T. 『바가바드 기타』, 18:59: "…그대의 성품에 의해, 전투를 하지 않을 수 없게 될 것이다."

들에서 보낸 2년 3개월의 기간 동안, 그가 외견상 정상적인 생활로 돌아오는 첫 징후들이 벌써 나타나고 있었다. 이미 매일 정해진 시간에 식사를 하기 시작했고, 그러다가 남에게 의존하지 않기 위해 밖에 나가서 탁발을 했다. 몇 번인가는 말도 했다. 그는 헌신자들에게 반응하고, 책들을 읽고, 그 가르침들의 핵심을 설명해 주기 시작한 상태였다.

띠루반나말라이에 처음 왔을 때는 그가 세상과 몸을 완전히 무시한 채 존재의 지복에 잠겨 있었다. 음식은 자신의 손이나 입에 들어올 때만, 그것도 간신히 몸을 지탱할 정도만 먹었다. 이것을 '따빠스(*tapas*)'로 묘사하기는 했으나, 따빠스(고행명상)라는 단어는 아주 복잡한 의미를 포괄한다. 그것은 고행에 이를 정도의 집중을 의미하는 것으로, 보통은 (욕망의 대상에 대한) 과거의 탐닉을 참회하고, 그것을 되풀이하고 싶어 하는 모든 욕망을 뿌리뽑으며, 마음과 감각기관에서 출구를 찾는 외향적 에너지를 제어하기 위해서 하는 것이다. 다시 말해서 따빠스란 보통, 참회와 고행에 의해 깨달음을 얻으려고 애쓰는 것을 뜻한다. 스리 바가반의 경우에는 애씀·참회·강제적 제어의 요소가 전혀 없었다. 왜냐하면 '나'와 몸의 그릇된 동일시와 거기서 비롯되는 몸에 대한 집착이 이미 끊어져 있었기 때문이다. 당신의 견지에서는 어떤 고행조차도 없었다. 고행을 감당한 몸과 자신을 더 이상 동일시하지 않고 있었기 때문이다. 당신은 후년에 이 점을 암시하여 이렇게 말했다. "먹지 않으니까 사람들은 저를 단식한다고 했고, 말을 하지 않으니까 저를 묵언자라고 했습니다." 아주 단순하게 표현해서, 그 외관상의 고행은 **깨달음**을 추구한 것이 아니라 **깨달음**의 결과로서의 고행이었던 것이다. 당신은 마두라의 숙부 댁에서 영적인 **깨달음**을 얻은 뒤로는 자신에게 더 이상 어떤 수행(*sadhana*)[탐구나 애씀]도 없었다고 분명하게 말했다.

그래서 스리 바가반은 다른 사람들과의 접촉으로부터 자신을 차단하기 위해 묵언의 맹세를 지킨다는 통상적 의미에서의 묵언자도 아니었다. 아무런 세간적 욕구가 없었기에 말을 할 필요가 없었던 것이다. 더욱이 당신은 한 묵언자를 보고 나서, 말을 하지 않는 것은 번거로운 방해에 대한 좋은 방어수단이 될 거라는 생각이 들었다고 설명했다.

처음 몇 달 동안은 **지복**에 잠겨 있으면 종종 현상계에 대한 지각이 차단되었다. 당신은 특유의 생생한 묘사 방식으로 이에 대해 다음과 같이 언급하고 있다.

"눈을 떠보면 어떤 때는 아침이었고 어떤 때는 저녁이었지요. 저는 해가 언제 뜨는지, 언제 지는지 몰랐습니다." 어느 정도까지는 그것이 계속되었는데, 일상적이기보다는 드문 일이 되었다는 것뿐이었다. 후년에 한 번은 스리 바가반이 말하기를, **빠라야남**(*parayanam*)[경전이나 찬가의 합송]이 시작되는 것을 들었다 싶으면 어느새 그것이 끝나 있을 때가 많은데, 당신이 워낙 몰입해 있었기 때문에 그 사이에 아무것도 듣지 못했고, 어떻게 그들이 그렇게 빨리 끝부분에 이르렀는지, 중간에 뭘 빼먹지는 않았는지 의심할 때도 있었다고 했다. 그러나 띠루반나말라이에 온 처음 몇 달 동안에도 주위에서 일어나는 일들을 온전히 다 지켜보는 때가 종종 있었다. 후년에 당신은 이 시기에 일어났던 일로서 당시 사람들은 당신이 전혀 의식하지 못했으리라고 생각했던 일들을 들려주곤 했다.

진아 안에 완전히 몰입하여 현상계를 잊어버리는 것을 무상삼매無相三昧(*nirvikalpa samadhi*)라고 한다. 이것은 지복스러운 황홀경이지만 영구적이지는 않다. 스리 바가반은 (『마하르쉬의 복음』에서) 그것을 우물 속에 내려둔 두레박의 물에 비유했다. 두레박 안에는 우물 안의 물[진아]과 합일된 물[마음]이 담겨져 있다. 그러나 줄과 두레박[에고]이 여전히 존재하기 때문에 그것을 다시 끌어올릴 수 있다. 완전하고 최종적인 최고의 상태는 제2장의 서두에서 간략히 언급한 본연삼매本然三昧(sahaja samadhi)이다. 이것은 정신적·신체적 차원을 초월하면서도 현상 세계를 완전히 자각하고 있고 정신적·신체적 기능들을 완전히 사용할 수 있는 순수하고 끊임이 없는 의식으로서, 지복마저 넘어선 완전한 평형과 완전한 조화의 상태이다. 당신은 이것을 바닷물에 합일된 강물에 비견했다. 이 상태에서는 온갖 한계를 가진 에고가 진아 안에서 단번에 영원히 해체된다. 이것은 절대적 자유이고 순수한 의식이며, 더 이상 몸이나 개인성에 국한되지 않는 순수한 '내가 있음(I-am-ness)'이다.

외부적인 자각은 아직 지속적이지 않았으나, 스리 바가반은 이미 이런 지고의 상태에 있었다. 나중에 외부적 활동으로 돌아간 것은 외관상으로만 그런 것이었을 뿐 어떤 실질적 변화도 없었다. 당신이 『마하르쉬의 복음』(제1권 5장)에서 이렇게 설명하듯이 말이다.

"진인(Jnani)[깨달은 자]의 경우에 에고가 일어나고 존재하는 것은 외관상으로만 그런 것일 뿐이고, 그는 에고의 그런 외관상 일어남이나 존재에도 불구하고, 자신의 주의를 늘 근원에 두면서 끊임없는 초월적 체험을 즐기고 있습니다. 이 에고는 무해합니다. 그것은 불에 타버린 노끈의 잔해와 같습니다. 그것은 노끈의 형태를 하고 있기는 하지만 무엇을 묶는 데는 아무 쓸모가 없습니다."

6. 아루나찰라

아루나찰라(남쪽에서 바라본 모습)

산의 모습에는 울퉁불퉁한 면이 있다. 어떤 거대한 손이 흩어놓은 것처럼 바위들이 널려 있다. 건조한 가시나무와 선인장 울타리들, 햇볕에 바짝 마른 평지와, 황량하게 침식된 작은 구릉들이 있고, 그러면서도 흙먼지 길을 따라서 그늘을 드리우는 거대한 나무들과, 여기저기 저수지나 우물 근처에 싱그러운 푸른 논들도 있다. 그리고 이런 거친 아름다움 속에 **아루나찰라** 산이 우뚝 솟아 있다. 높이는 약 817미터밖에 되지 않지만, 이 산은 이 지역 일대를 굽어본다. 아쉬람이 있는 남쪽에서 보면 거짓말처럼 단순한 모습이어서, 거의 비슷한 작은 봉우리 두 개를 양쪽에 하나씩 거느린 대칭 모양을 이루고 있을 뿐이다. 그 대칭형을 보다 완벽하게 하느라고, 아침에는 대개 정상 주위에 흰 구름이나 엷은 안개를 왕관같이 쓰고 있다. 그러나 산 주위로 난 8마일(약 13km)의 도로를 걸어보면—산을 돌 때는 정해진 방식대로, 자신의 몸 오른쪽을 산을 향하게 하고 남쪽에서부터 서쪽으로 돈다—산의 모습이 얼마나 달라지는지 놀랍기 그지없는데, 그 각각의 모습이 그 나름의 특성과 상징적 의미를 갖는다. 이를테면 메아리를 반향하는 곳, 두 생각 사이의 틈에서 **진아**가 드러나듯 두 개의 작은 봉우리 사이에서 정상이 겨우 조금 드러나는 곳, 다섯 봉우리, **시바**와 **샥띠**(Shakti) 등이 그러하다.[1]

---

1) *T.* 아루나찰라 북서쪽에서 산을 바라보면 크고 작은 다섯 봉우리가 눈에 들어오는데, 이를 '빤짜무카(다섯 얼굴)'라고 한다. 서쪽 줄기 끝에 있는 작은 봉우리 두 개는 시바봉과 샥띠봉이다. 시바는 절대자로서의 본질, 샥띠(=빠르바띠)는 그것의 현상적 작용인 힘을 상징한다.

성수지聖水池(sacred tanks)2)들이 공간의 여덟 방위를 나타내고 있고, 만따빰(mantapams)[단순한 석주 전당]들이 중요한 여러 지점에 서 있다. 그 중에서도 남쪽 지점에 있는 다끄쉬나무르띠 만따빰이 두드러지는데, 왜냐하면 다끄쉬나무르띠(Dakshinamurthi-고대의 스승)는 침묵 속에서 가르치는 **시바**이며, 바로 **아루나찰라**이기 때문이다.

보는 자는 누구인가? 내면에서 찾았더니, 보는 자가 사라지고 그 뒤에 남아 있는 것을 보았습니다. "내가 보았다"는 어떤 생각도 일어나지 않았는데, "보지 않았다"는 마음이 어찌 일어날 수 있겠습니까? 누가 이것을 말로 전달할 힘을 가졌겠습니까? 당신조차도 옛적에 (다끄쉬나무르띠로 나타나시어) 침묵으로써만 그렇게 하실 수 있었는데 말입니다. 오직 침묵으로 **당신의 상태**를 전달하시려고 당신은 하늘부터 땅까지 빛나는 산으로 서 계십니다.3)

스리 바가반은 늘 이 산의 오른돌이(*pradakshina*)[산을 한 바퀴 돌기]를 권장했다. 연로하고 허약한 이들의 경우에도 그것을 말리지 않았고, 다만 그들에게는 천천히 걸으라고 했다. 실로 오른돌이는 "아홉 달째의 만삭인 왕비처럼" 천천히 하게 되어 있다. 말없이 명상하며 돌든 노래를 부르거나 소라나팔을 불면서 돌든, 어떤 탈것도 타지 않고 걸어서, 그리고 실은 맨발로 해야 한다. 가장 길한 때는 시바라뜨리(Sivarathri), 곧 **시바의 밤**과, 까르띠까이[플레이아데스] 성단이 보름달과 만나는—보통 11월에 드는—까르띠까이(Kartikai) 날이다. 이런 때에는 오른돌이 하는 헌신자들의 끊임없는 흐름이, 산 주위로 화환을 두른 것에 비유된다.

---

2) *T*. 종교적 용도로 만들어진, 보통 사각형이고 수면으로 내려가는 계단이 있는 저수지.
3) 스리 바가반, 「아루나찰라 8연시(*Arunachala Ashtakam*)」, 제2연.

한번은 나이 든 불구자가 산 둘레로 난 길을 따라 목발을 짚고 절뚝거리며 가고 있었다. 그는 오른돌이를 종종 그렇게 했는데, 이번에는 띠루반나말라이를 떠나기 위해서였다. 자신이 가족들에게 거추장스런 존재라고 느꼈고, 집안에서 말다툼이 일어나자 그들을 떠나 다른 마을에서 어떻게든 생계를 꾸려가야겠다고 결심한 차였다. 그런데 갑자기 한 젊은 브라민이 앞에 나타나 목발을 잡아채면서 말했다. "당신은 이런 걸 짚을 자격이 없어요." 그는 치민 분노를 말로 표현해 보기도 전에, 자신의 다리가 곧게 펴졌고 목발이 필요 없다는 것을 깨달았다. 그는 띠루반나말라이를 떠나지 않았고, 여기서 유명한 사람이 되었다. 스리 바가반은 일부 헌신자들에게 이 이야기를 아주 자세히 해주면서 『아루나찰라 스탈라 뿌라나』(뿌라나 경전의 하나)에 나오는 이야기와 비슷하다고 말했다. 당신은 당시 산 위에 살던 젊은 스와미였지만, 그 브라민 젊은이로 나타난 사람이 바로 당신이었다는 것은 결코 말하지 않았다.

아루나찰라는 인도의 모든 성지들 중에서도 가장 오래되고 가장 신성한 곳 중의 하나이다. 스리 바가반은 이곳이 지구의 심장이며 세계의 영적 중심이라고 선언했다. 스리 샹까라(Sri Shankara)[4]는 이곳을 수미산須彌山(Mount Meru)으로 이야기했다. 『스깐다 뿌라나(Skanda Purana)』에서는 이렇게 선언한다. "그 산은 성스러운 곳이다. 모든 곳 중에서도 **아루나찰라**가 가장 신성하다. 그것은 세계의 심장이다. 그것이 **시바**의 비밀스럽고 신성한 **심장중심**(Heart-centre)이라는 것을 알라." 많은 성자들이 여기에 살면서 그들의 신성함을 이 산의 신성함에 합일시켜 왔다. 오늘날까지도 싯다(Siddhas)[초능력을 가진 현자]들이 이 산의 동혈洞穴 안에 살고 있다고 하며, 스리 바가반도 그것을 사실이라고 확인해 주었다. 그들은 물질적

---

4) T. 비이원적 베단타 사상으로 힌두교를 부흥시킨 스승(788-820). 시바의 화신으로 간주된다.

몸을 가졌을 수도 있고 그렇지 않을 수도 있는데, 어떤 사람들은 그들이 밤에 빛으로 산 위를 다니는 것을 보았다고 한다.

이 산의 기원에 관하여 뿌라나에 나오는 이야기가 있다. 한번은 **비슈누**와 **브라마**가 그들 중 누가 더 위대한지를 놓고 다투기 시작했다. 그들의 다툼이 지구상에 혼란을 야기하자, 천신들이 **시바**에게 가서 그 분쟁을 해결해 달라고 간청했다. 그러자 **시바**는 자신을 빛의 기둥으로 나투고, 거기서 나오는 목소리로 누구든지 이 기둥의 위나 아래의 끝을 발견하는 자가 더 위대하다고 선언했다. **비슈누**는 멧돼지 형상을 하고 그 뿌리 끝을 찾기 위해 땅 속으로 굴을 파 내려갔고, **브라마**는 백조 형상을 하고 그 꼭대기를 찾기 위해 날아올랐다. **비슈누**는 기둥의 뿌리에 도달하지 못했지만 "자신의 내면에서 모든 존재들의 **심장** 안에 거주하는 **지고의 빛**을 보기 시작하자 명상에 들어 육신을 잊었고, 찾아 나섰던 자기 자신마저 의식하지 못하게 되었다." **브라마**는 어느 산의 판다누스(screw pine)[5] 꽃 한 송이가 공중에 떨어지는 것을 보자, 속임수로 이길 생각을 하고 그것을 가지고 돌아와 그것을 꼭대기에서 따왔다고 선언했다.

비슈누는 자신의 실패를 인정하고 **하느님**(시바)을 돌아보면서 그를 찬양하고 기도했다. "당신은 **진아지**(Self-knowledge)이십니다. 당신은 **옴**(OM)이십니다. 당신은 모든 것의 시작이요 중간이며 끝이십니다. 당신이 모든 것이며, 모든 것을 비추십니다." 그러자 **시바**는 그를 위대하다고 선언했고, **브라마**는 부끄러워하면서 자신의 잘못을 고백했다.

이 전설에서 **비슈누**는 에고, 즉 개인성을 나타내고, **브라마**는 마음의 태도를, 그리고 **시바**는 **진아**(Atma), 곧 **영**靈을 나타낸다.

---

5) *T.* 산스크리트어로 *ketaki*로 불리는 판다누스속 식물(*Pandanus odoratissimus*)을 가리킨다. 그 꽃은 향기가 뛰어나다고 한다.

그 이야기를 계속하자면, 그 링감(lingam), 즉 빛의 기둥이 너무 눈부셔서 바라볼 수 없자, 시바는 그 대신 **아루나찰라** 산으로 자신을 나타내면서 이렇게 선언했다. "달이 해로부터 빛을 받듯이, 다른 성지들은 **아루나찰라**로부터 신성함을 받게 될 것이다. 이곳은 나를 숭배하여 깨달음을 얻기를 원하는 사람들을 이익되게 하기 위해 내가 이 형상을 취한 유일한 곳이다. **아루나찰라**는 옴 그 자체다. 나는 해마다 까르띠까이 날에 이 산의 정상에 평안을 주는 횃불의 형상으로 나타날 것이다." 이것은 **아루나찰라** 자체의 신성함을 말하고 있을 뿐 아니라, **아루나찰라**가 그 중심지인 **비이원론**(Advaita)의 원리와 **자기탐구**(Self-enquiry)의 길이 수승殊勝함을 말해주는 것이다. 우리는 이런 의미를, "결국에는 누구나 **아루나찰라**로 와야 한다"고 한 스리 바가반의 말씀에서 이해할 수 있다.

스리 바가반이 이 산 위에서 살기 시작한 것은 띠루반나말라이에 온 지 2년여가 지난 뒤였다. 그때까지는 몇 군데 사당이나 사원에 부단히 머물렀다. 1898년 끝 무렵이 되어서야, 수천 년 전 위대한 성자 가우따마 리쉬(Gautama Rishi)가 여기 있음으로써 성스럽게 된 **빠발라꾼루**라는 작은 사원에 거처를 정했고, 당신의 어머니는 여기서 당신을 만났다. 당신은 결코 다시는 **아루나찰라**를 떠나지 않았다. 이듬해 초에는 산 위의 한 산굴山窟(cave)로 옮겨갔고, 그 후 이곳저곳의 산굴에 살다가 1922년에 산기슭으로 이주했다. 거기서 현재의 아쉬람이 성장했고, 이곳에서 당신은 지상에서의 여생을 보냈다.

당신이 산 위에서 살 때는 거의 내내 동쪽 사면에서 살았다. 지금의 아쉬람은 남쪽, 다끄쉬나무르띠 만따빰(Dakshinamurti Mantapam) 바로 곁에 자리 잡고 있다. '남쪽을 향하고 계신 분'이라는 것은 지금도 매일 당신의 삼매당三昧堂에서 불려지는 바가반의 108명호名號(이름) 중 하나이다.

그것은 영적인 권위 일반을 상징하는 하나의 이름이지만—왜냐하면 **참스승**(Sad-Guru)은 세계가 그를 중심으로 회전하는 **극점**(Pole)이므로—특히 다끄쉬나무르띠의 한 이름이기도 하다. 다끄쉬나무르띠는 침묵 속에서 가르치는 **시바**이다. 이 장章의 서두에 인용한 시에서 스리 바가반은 **아루나찰라**를 다끄쉬나무르띠와 동일시한다. 다음 시에서는 당신이 라마나와 **아루나찰라**를 하나로 이야기한다.

> 비슈누 이하 모든 이들의 연꽃 모양의 심장 깊숙한 곳에, 아루나찰라 라마나와 동일한 **빠라마뜨만**(*Paramatman*)[지고의 영靈]이 절대적 의식으로서 빛나고 있다네. 그에 대한 사랑으로 마음이 녹아, 그분이 **사랑하는** 님으로서 거주하시는 심장의 가장 깊숙한 곳에 도달하면, 절대적 의식의 영묘한 눈이 열리고, 그가 자신을 순수한 **지**知로서 드러낸다네. (「아루나찰라 라마나」, 전문)

스리 바가반이 처음 찾아갔고, 가장 오래 머물렀던 산굴은 동남쪽 사면에 있었다. 그 산굴은 이곳에 살다가 여기에 묻힌—아마도 16세기의 인물일—한 성자의 이름을 따서 비루팍샤(Virupaksha)로 불린다. 이 산굴은 희한하게도 신성한 단음절 **옴** 자를 닮은 형태이고, 무덤은 안쪽 후미진 곳에 있는데, 그 안에서는 바로 그 **옴** 소리를 들을 수 있다고 한다.

읍내에 살고 있는 비루팍샤 정사의 재산관리인들은 이 산굴의 소유권도 가지고 있어서, 매년 까르띠까이 축제 때 이곳을 찾는 순례자들로부터 소액의 입장료를 징수하곤 했다. 스리 바가반이 거기 갔을 때는 그 관행이 중단되어 있었다. 두 당사자가 소유권을 놓고 다투고 있었고 그들 사이에 소송이 계류 중이었기 때문이다. 판결이 나자 승소한 당사자가 입장료 징수를 다시 시작했는데, 이제는 방문객들의 수효가 훨씬 늘었고 까르띠까이 때뿐만 아니라 연중 계속 찾아왔다. 스리 바가반이 그곳에 계셨기 때문에 그들이 찾아온 것이니, 그 입장료는 사실상 당신에게 다가가는 세금인 셈이었다. 당신은 그것을 승인하지 않기 위해 산굴 앞의 평탄한 땅바닥으로 나와서 거기 있는 한 나무의 그늘 아래 앉았다. 그러자 징수원은 징수하는 자리를 바깥쪽 주변으로 옮겨 그 나무에 다가가는 것도 포함시켰다. 그래서 스리 바가반은 여기를 떠나 더 아래쪽의 사드구루스와미 산굴(Sadguruswami Cave)로 갔고, 거기서 잠시 머무른 다음 또 다른 산굴로 갔다. 비루팍샤 산굴을 찾는 방문객들이 뚝 끊겼고, 소유자들은 자신들에게 이익되는 것도 없이 스와미만 불편하게 했다는 것을 알고, 당신에게 돌아오시라고 청하면서 당신이 계신 동안은 입장료를 징수하지 않겠다고 했다. 이런 조건에 당신은 돌아왔다.

여름철에 비루팍샤 산굴은 숨 막히게 더워진다. 산기슭의 물라이빨 띠르타(Mulaipal Tirtha) 저수지 근처에 산굴 하나가 있는데, 그곳이 더 시원하고 마실 수 있는 깨끗한 물도 나온다. 그 위로 망고나무 한 그루가 서 있어 그늘을 드리우기 때문에 이곳은 망고나무 산굴(Mango Tree Cave)이라는 이름이 붙었다. 스리 바가반의 헌신자들인 어느 형제가 위로 튀어나온 바위를 날려버리고 그 앞에 벽을 세워 문을 냈다. 당신은 더운 철을 여기서 지냈다.

스리 바가반이 산 위로 이주한 직후인 1900년에, 꿈바꼬남 출신의 날라 삘라이(Nalla Pillai)라는 헌신자가 띠루반나말라이에 와서 당신의 사진 한 장을 찍었는데, 이것이 우리가 가지고 있는 가장 이른 시기의 사진이다. 사진의 모습은 거의 아이 같은 한 아름다운 젊은이의 얼굴이지만, 바가반의 힘과 심오함이 있다.

청년 라마나(1900년, 21세)

산 위에 살던 초기에 스리 바가반은 여전히 침묵을 지켰다. 당신의 광휘光輝는 이미 일군一群의 헌신자들을 당신 주위로 끌어당긴 터였고, 하나의 아쉬람(Ashram)이 생겨나 있었다. 당신에게 이끌린 사람들 중에는 진리 추구자들뿐만 아니라 단순한 사람들, 아이들, 심지어 동물들도 있었다. 읍내의 어린아이들은 산 위의 비루팍샤 산굴로 올라와 당신 가까이에 앉아 있기도 하고, 당신 주위에서 놀기도 하다가 행복을 느끼며 돌아가곤 했다. 다람쥐와 원숭이들도 다가와서 당신의 손에서 음식을 곧잘 받아먹었다.

당신은 이따금 제자들을 위해 설명이나 교시敎示를 글로 썼다. 그러나 당신이 말을 하지 않는다고 해서 그들을 훈련시키는 데에 실제로 지장이 있는 것은 아니었다. 왜냐하면 그때나, 훗날 말을 하게 된 뒤에나, 당신의 진정한 가르침은 침묵을 통해 이루어졌기 때문이다. 이는 다끄쉬나무르띠의 전통을 이어받은 것이며, 이러한 전통은 중국에서도 노자老子와 초기 도가道家의 진인眞人들에 의해 잘 드러난 것이었다. "도를 도라고 말할 수 있으면 도가 아니다(道可道非常道道)"(『도덕경』, 제1장), 즉 말로 표현할 수 있는 지知는 참된 지知가 아니라는 것이다. 이 침묵의 가르침은 하나의 직접적인 영적 감화력으로서, 각자의 마음이 그것을 흡수했다가 나중에 자신의 역량에 따라 해석하게 되는 것이었다. 최초의 유럽인 방문객은 그것을 이렇게 묘사했다.

"우리는 산굴에 도착하자 그분 앞에, 그분의 발아래 앉아서 아무 말도 하지 않았습니다. 우리는 오랜 시간 그렇게 앉아 있었고, 저는 저 자신에게서 들려져 나온 것처럼 느꼈습니다. 반시간 동안 저는 마하르쉬님의 눈을 들여다보았는데, 그 눈의 깊이 관조하는 모습은 전혀 변하지 않았습니다. 저는 그 육신이 성령의 사원이라는 것을 얼마간 깨닫기 시작했습니다. 그분의 몸이 곧 그분이 아니라는 것만은 느낄 수 있었습니다. 그것은 신의 도구였고, 단지 앉아 있는 움직임 없는 시체인데, 거기서부터 신이 엄청나게 방사되고 있었습니다. 저 자신의 느낌은 형언할 수 없었습니다."6)

또 한 사람 폴 브런튼은 믿는 사람이라기보다는 의심하는 사람으로서 찾아왔는데, 스리 바가반의 침묵이 그의 마음에 미친 최초의 충격에 대해 다음과 같이 이야기하고 있다.

"내가 예전부터 가지고 있는 지론은, 사람의 눈을 보면 그의 영혼을 가늠할 수 있다는 것이다. 그러나 마하르쉬의 눈 앞에서 나는 주저하고, 어리둥절하며, 당혹스럽다…."

"나는 그에게서 시선을 돌릴 수 없다. 이 이상한 매력이 나를 더욱 확고히 사로잡기 시작하면서, 처음의 당황함, 곧 전적으로 무시당하고 있다는 데서 온 당혹감이 서서히 사라진다. 그러나 내 마음속에서 일어나고 있는 어떤 고요한, 저항감 없는 변화를 자각하기 시작한 것은 이 이례적 상황이 두 시간째로 접어든 뒤부터의 일이다. 내가 기차 안에서 그토록 공들여 정밀하게 준비했던 질문들이 하나하나 떨어져 나간다. 왜냐하면 그런 질문을 하든 하지 않든, 그리고 지금까지 나를 괴롭혀 온 문제들을 풀든 풀지 못하든, 이제는 그런 것이 중요하지 않아 보이기 때문이다. 나는 단지 내 가까이 어떤 고요함의 강물이 부단히 흘러가고 있는 것 같고, 어떤 큰 평안이 내 존재 내면의 영역을 뚫

---

6) 프랭크 험프리스(Frank H. Humpreys)가 런던의 친구에게 보낸 편지에서. 이 편지는 그녀(친구)에 의해 런던의 「국제심령학보(International Psychic Gazette)」에 게재되었다.

고 들어오고 있다는 것, 그리고 생각에 시달려 온 나의 뇌가 어떤 휴식에 도달하기 시작했다는 것을 알 뿐이다."7)

바가반의 은총(Grace)은 지적인 사람들의 가만히 있지 못하는 마음뿐만 아니라, 슬픔에 사로잡힌 사람들의 마음에도 평안을 가져다주었다. 아쉬람에서 에짬말(Echammal)이라고 불린 헌신자(그녀의 이전 이름은 락슈미 암말이었다)는 만다꼴라투르라는 마을에 사는 행복한 아내요 어머니였지만, 25살이 채 되지 않아서 남편을 잃었고, 이어서 외아들과 외동딸을 차례로 잃었다. 가족들이 다 죽자 충격을 받은 그녀는 지난 일을 생각하면 너무 괴로워서 안식을 찾을 수 없었다. 행복하게 살았던 그 마을과, 행복하게 어울려 살던 마을 사람들 사이에 더 이상 있을 수가 없었다. 그래서 다른 데로 가면 쓰라린 기억을 잊을까 하고 봄베이 주州의 고까르남(Gokarnam)에 있는 성자를 시봉하러 찾아갔으나, 갈 때와 마찬가지로 슬픔에 잠긴 상태로 돌아오고 말았다. 몇몇 친구들이 그녀에게, 찾아오는 사람들의 마음에 평안을 주는 띠루반나말라이의 젊은 스와미 이야기를 해주었다. 그녀는 즉시 길을 나섰다. 띠루반나말라이 읍내에 친척들이 있었지만, 그들을 찾아가 봐야 괴로운 기억만 되살아날 것 같아서 가지 않고, 친구 한 사람과 같이 산을 올라 스와미에게 갔다. 그녀는 당신의 앞에 서 있으면서, 자신의 슬픔을 말하지 않았다. 그럴 필요가 없었다. 당신의 눈에서 빛나는 자비가 치유해 주고 있었다. 그녀는 꼬박 한 시간 동안 한 마디 말도 없이 서 있다가 돌아서서 산을 내려가 읍내로 갔다. 발걸음은 가벼웠고, 슬픔이란 짐은 덜어지고 없었다.

---

7) T. Paul Brunton, *A Search in Secret India*, pp.139-40. 또한 *The Maharshi and His Message*, pp.9-10.

비루팍샤 산굴

그 뒤로 에짬말은 매일 스와미를 찾아갔다. 당신은 그녀의 구름을 걷어준 태양이었다. 이제는 심지어 사랑하던 가족들을 회상해도 가슴이 아리지 않았다. 그녀는 여생을 띠루반나말라이에서 보냈다. 읍내에서 작은 집 하나를 구할 수 있었고―아버지가 돈을 조금 남겨주었고 형제들도 도와주었다―스와미를 찾아온 많은 헌신자들을 자기 집에 따뜻이 맞아주었다. 에짬말은 스리 바가반을 위해 매일 음식을 준비했는데, 그것은 아쉬람 식구 전체를 위한 것이기도 했다. 바가반은 모두에게 평등하게 분배되지 않는 것은 아무것도 받지 않으려 했기 때문이다. 에짬말은 늙어서 건강이 허락하지 않을 때까지는 직접 음식을 가지고 산을 올라오곤 했고, 그들에게 배식하기 전에는 결코 먼저 먹지 않았다. 아쉬람 사람들이 늘어나자 그녀가 가져오는 것은 대중이 먹는 음식의 작은 일부에 불과하게 되었지만, 만약 그녀가 늦기라도 하면 스리 바가반은 그녀를 실망시키지 않기 위해 그녀가 올 때까지 기다려 주곤 했다.

모든 슬픔을 겪어내고 마음의 평안을 되찾은 뒤에도 그녀는 여전히 어머니로서 새로 정을 붙일 대상을 찾았고, 바가반의 허락을 받아 딸을 하나 입양했다. 때가 되어 양녀를 시집보냈고, 외손자가 태어나자 기뻐하면서 아이 이름을 라마나라고 지어 주었다. 그러던 어느 날 전혀 뜻밖에도 양녀가 죽었다는 전보를 받았다. 예전의 슬픔이 다시 엄습했다. 그녀는 전보를 들고 산 위로 쫓아 올라가 스리 바가반에게 갔다. 당신은 전보를 읽으며 눈에 눈물이 고였고, 그녀는 슬프기는 해도 한결 진정되어 딸의 장례식에 갔다. 그리고 손자 라마나를 데리고 돌아와서 아이를 스리 라마나의 팔에 안겨드렸다. 아이를 안은 당신의 눈에는 다시 한 번 눈물이 고였고, 당신의 자비는 그녀에게 평안을 가져다주었다.

에짬말은 북인도의 한 스승이 가르쳐 준 요가적 집중법을 수련하곤 했다. 그녀는 시선을 코끝에 고정하고 자기 앞에 나타나는 빛을 황홀한 상태에서 관觀하곤 했는데, 어떤 때는 몸을 잊은 채 몇 시간씩 꼼짝없이 앉아 있기도 했다. 스리 바가반은 그 이야기를 듣기는 했으나 답변을 하지 않았다. 결국 그녀가 말씀을 드리자 당신은 그 수련을 만류했다. "그대 자신의 밖에서 보는 빛은 그대의 진정한 목표가 아닙니다. 진아를 깨닫는 것을 목표해야지 그 이하의 어떤 것도 목표로 하면 안 됩니다." 그 말씀에 그녀는 종전의 방법을 중단하고 스리 바가반에게만 의지했다.

한번은 북인도에서 온 한 샤스뜨리(Sastri-산스크리트어 문헌에 정통한 학자)가 비루팍샤 산굴에서 스리 바가반과 이야기하고 있는데, 에짬말이 음식을 가지고 왔다. 그녀는 흥분한 표정으로 몸을 떨고 있었다. 무슨 일이냐고 물으니 그녀의 말인즉, 자기가 사드구루스와미 산굴을 지나오는데 스리 바가반과 낯선 사람 하나가 길가에 서 있는 것을 본 듯하다는 것이었다.

그녀는 길을 계속 갔지만 어떤 목소리가 "내가 여기 있는데 왜 계속 올라가는가요?" 하는 것이었다. 다시 돌아보자 거기에는 아무도 없었다. 그녀는 겁에 질려 아쉬람으로 서둘러 온 것이었다.

"아니, 스와미님!" 샤스뜨리가 외쳤다. "당신께서는 여기서 저와 이야기하시면서 이리로 오고 있던 이 여사님에게는 당신의 모습을 나투시고, 저에게는 그런 어떤 은총의 표시도 안 보여주시는군요." 그러자 스리 바가반은 에짬말이 본 환영幻影(visions)은 당신에 대한 그녀의 부단한 집중 때문이라고 설명했다.

스리 바가반의 환영을 본 사람은 결코 그녀 혼자만은 아니었지만, 그 환영이 두려움을 야기한 다른 사례는 내가 알지 못한다. 세월이 흐른 뒤 연로한 신사인 한 서양인 방문객이 산기슭의 아쉬람(스리 라마나스라맘)을 찾아왔다. 그는 점심 식사 후 산을 살펴보러 나섰는데, 그러다가 길을 잃었다. 더위 속에서 힘들게 산을 오르느라 지친 데다가 어느 길로 가야 할지 몰라 절망적인 곤경에 빠져 있었다. 이때 스리 바가반이 지나가면서 그에게 아쉬람으로 돌아가는 길을 가리켜주었다. 사람들은 걱정하다가 그가 돌아오자 어떻게 된 일인지를 물었다. 그가 말했다. "그냥 산 위로 산책을 하러 나갔다가 길을 잃었지요. 더위 속에 힘들게 걷는 것이 저에게 좀 무리였고, 저는 심각한 상태에 있었습니다. 바가반께서 그쪽으로 오셔서 아쉬람으로 가는 길을 가리켜 주시지 않았다면, 제가 어떻게 했어야 할지 모르겠습니다." 그들은 깜짝 놀랐다. 왜냐하면 바가반이 그 시간에 결코 회당을 떠난 적이 없기 때문이다.

네팔 카트만두의 트리-찬드라대학(Tri-Chandra College) 학장이던 루드라 라즈 빤데는 띠루반나말라이를 떠나기 전에 친구 한 사람과 함께 읍내의 큰 사원에 예배하러 갔다.

"내전內殿의 문들이 활짝 열려 있었고, 안내인이 우리를 안으로 데리고 들어갔는데 안쪽은 상당히 어두웠다. 기름 먹은 작은 심지 불꽃이 우리의 몇 미터 앞에서 가물거리고 있었다. 내 친구가 젊은 목소리로 '아루나찰라' 하고 외쳤다. 나의 모든 주의는 지성소至聖所(Sanctum Sanctorum) 안의 신상神像이나 (영원하고 드러나지 않은 지고의 주를 상징하는) 링감(Lingam)을 보려는 단 하나의 목적에 쏠려 있었다. 그러나 이상한 말 같지만, 링감을 보는 대신 나는 마하르쉬 바가반 스리 라마나의 모습을, 당신의 미소 짓는 얼굴, 당신의 찬연히 빛나는 두 눈이 나를 바라보고 계신 것을 본다. 더 이상한 것은 내가 마하르쉬님의 모습을 하나가 아니고, 둘도 셋도 아니고, 수백의 똑같이 미소 짓는 얼굴, 그 빛나는 눈들을 보는데, 그 지성소 안에서 내가 어디를 보든 그것을 보는 것이다. 내 눈에 마하르쉬님의 전신은 보이지 않고, 단지 턱 위의 미소 짓는 얼굴만 보인다. 나는 환희로움 속에 있고, 형언할 수 없는 기쁨에 제 정신이 아니다. 그때 내가 느꼈던 그 지복과 마음의 고요함을 어떻게 말로 묘사할 수 있으랴? 기쁨의 눈물이 뺨을 타고 내렸다. 나는 주 아루나찰라를 뵈러 그 사원에 갔다가, 자비롭게 당신을 나투시는 살아 계신 주님을 발견한 것이다. 나는 그 오래된 사원에서 가졌던 그 깊고 친밀한 체험을 결코 잊을 수 없다."[8]

그렇지만 스리 바가반은 환영에 대한 관심이나 그에 대한 욕망을 결코 권장하지 않았고, 그런 것이 모든 헌신자나 제자들에게 나타난 것도 아니다.

---

8) *Golden Jubilee Souvenir*(『50주년 기념집』), 제2판, p.166.

이 무렵 스리 바가반에게 가장 헌신적인 친근자親近者 중 한 사람은 세샤드리 스와미, 즉 바가반이 처음 띠루반나말라이에 왔을 때 아이들을 쫓아준 바로 그 세샤드리였다. 그는 이제 산 위에, 비루팍샤 산굴보다 낮은 곳에 살면서 그곳을 자주 찾아왔다. 그는 높은 영적인 경지를 성취해 있었고 기품과 아름다움을 간직하고 있었는데, 남아 있는 사진들에서 그것이 드러난다. 그에게는 새 같은 어떤 발랄함과 초연함이 있었다. 그는 자주 가까이할 수 있는 사람이 아니었다. 항상 말을 하지는 않았고, 말을 할 때도 그의 말은 종종 수수께끼 같았다. 열일곱 살에 출가한 그는 신비한 능력을 계발하는 만트라(mantras)[신성한 어구]와 염송念誦(japa)을 전수받았는데, 이따금 한 묘지에 앉아 (만트라 염송으로) **샥띠**(Shakti)[창조력]를 부르면서 밤을 새우기도 했다.

그는 헌신자들에게 늘 라마나스와미—그는 바가반을 그렇게 불렀다—에게 가라고 권했을 뿐만 아니라, 때에 따라 자신을 라마나와 동일시하기도 하였다. 그는 남의 생각을 읽을 수 있었고, 스리 바가반이 어떤 헌신자에게 무엇을 말해주었을 때는 자신이 "내가 자네에게 이렇게 저렇게 말해주었는데 왜 또 묻나?" 혹은 "왜 그걸 하지 않지?"라고 말하기도 했다. 그는 아주 드물게만 어떤 만트라에 남을 입문시켰고, 만일 입문을 요청하는 사람이 이미 라마나스와미의 헌신자라면 그런 요청을 늘 거절하면서, 그에게 최고의 우빠데사(upadesa-가르침), 곧 침묵의 인도가 있는 곳에 머물러 있으라고 명하곤 했다.

드문 경우지만 한번은 한 헌신자에게 적극적인 수행(sadhana), 곧 깨달음에 대한 추구를 해보라고 실제로 권하기도 했다. 그는 수브라마니아 무달리라는 사람으로, 자기 아내·어머니와 함께 자신의 수입 대부분을 출가한 사두들에게 음식을 공양하는 데 쓰곤 하던 이였다. 에짬말처럼

세샤드리 스와미

　그들도 매일 음식을 스리 바가반과 당신의 아쉬람에 가져갔고, 세샤드리 스와미를 발견할 수 있는 날은 그에게도 가져갔다. 그러면서도 수브라마니아는 땅 소유주로서 소송을 벌이고 있었고, 재산을 늘리려고 애썼다. 세샤드리 스와미는 그토록 헌신적인 사람이 그렇게 집착이 많은 것이 안타까워, 그에게 그런 근심거리를 포기하고 전적으로 신에게 봉사하는 데 전념하고 영적인 발전을 위해 노력하라고 충고했다. "이보게, 내 아우는 수입이 만 루피이고, 나는 수입이 천 루피라네. 왜 자네는 최소한 100루피 수입이라도 얻으려고 애써 보지 않나?" '아우'란 라마나스와미였고, '수입'은 영적인 성취를 말하는 것이었다. 수브라마니아가 여전히 망설이자, 그는 계속 설득하면서 그가 브라민을 살해하는 끔직한 죄를 범하고 있다고 경고했다. 스리 바가반을 더 신뢰하던 수브라마니아는 당신께 그것이 맞느냐고 여쭈었고, 바가반은 이렇게 해석해 주었다. "예,

당신이 브라만이라는 것을 깨닫지 못하면 브라만에 대한 살인을 범한다고 할 수 있지요."

세샤드리 스와미가 한번은 망고나무 산굴에 앉아서 스리 바가반의 생각을 읽기 위해 당신을 뚫어지게 응시했다. 그러나 스리 바가반의 마음은 영靈의 고요함에 합일되어 어떤 생각의 물결도 보이지 않았다. 그러자 그는 난감해하며 말했다. "이 사람이 무슨 생각을 하는지 잘 모르겠군."

스리 바가반은 침묵하고 있었다. 잠시 멈추었다가 세샤드리 스와미가 덧붙였다. "만약 누가 주 아루나찰라를 숭배하면 그가 구원을 베푸리라."

그러자 바가반이 물었다. "그것을 숭배하는 자는 누구며, 숭배받는 자는 누구입니까?"

세샤드리 스와미는 웃음을 터뜨렸다. "그것이 내가 잘 모르는 거라네."

그러자 스리 바가반은 우주의 모든 형상들로 현현해 있으면서도 미현현 상태이고 (우주의) 현현에 의해 전혀 변하지 않는 **하나인 진아**(One Self), 곧 단 하나의 **실재**이자 숭배하는 그 사람의 **진아**이기도 한 것의 원리를 자세히 설해 주었다. 세샤드리 스와미는 인내심 있게 경청하더니 설명이 끝나자 일어서서 말했다. "뭐라고 말 못하겠네. 이런 이야기는 도무지 모르겠다니까. 어쨌든 나는 숭배하네."

그렇게 말하면서 그는 산 능선 쪽으로 돌아서서 산을 향해 몇 번이고 엎드려 절을 한 다음 떠났다.

그래도 세샤드리 스와미는 가끔 만물을 영靈의 현현으로 보는 **단일성**(Unity)의 견지에서 말을 하기도 했다. 그러나 그가 어떤 관점에서 말을 하든, 그것은 건조하고 당혹스런 유머를 수반하기 일쑤였다. 하루는 나라야나스와미라고 하는 사람이, 스와미가 서서 물소 한 마리를 응시하고 있는 것을 보고 물었다. "스와미께서는 무엇을 보고 계십니까?"

"나는 이것을 보고 있다네."

"스와미께서 보고 계신 것은 그 물소입니까?" 그가 또 물었다.

그러자 세샤드리 스와미는 물소를 가리키면서 그에게 다그쳤다. "이것이 무엇인지 말해 보게."

"물소입니다." 그가 순진하게 대답했다. 그러자 세샤드리 스와미가 소리 질렀다. "물소라고? 물소? 물소 같으니라고! 저건 브라만이라고 해야지!" 그렇게 말하고 그는 돌아서서 가버렸다.

세샤드리 스와미는 1929년 1월에 죽었다. 성자의 경우에 인정되는 관습대로, 그의 시신은 화장되지 않고 땅에 묻혔다. 스리 바가반은 옆에 서서 말없이 지켜보았다. 그는 지금도 띠루반나말라이에서 존경받으며, 그의 서거 기념일에는 사람들이 그의 사진을 싣고 읍내를 행진한다.

스리 바가반이 산 위에서 살던 초년에 당신이 (정상적인) 외부 활동으로 돌아오는 과정이 점진적으로 진행되고 있었다. 산 주위를 돌거나 산을 여기저기 다녀보았고, 책도 읽고 번역도 했다. 헝클어진 머리 때문에 자따이 스와미(Jatai Swami)라고도 알려진 빠드마나바 스와미라는 사람이 산 위에 아쉬람을 가지고 있었는데, 영적 지식에 관한 산스크리트어 책과, 아유르베다(ayurveda)[힌두 전통의학]와 같이 영적 기반의 응용 학문에 관한 책들을 거기에 다수 보관하고 있었다. 스리 바가반은 그를 찾아가서 그 책들을 훑어보곤 했다. 그러면서 즉시 그 내용을 통달하고 그것을 기억 속에 고정시켰는데, 그 내용을 기억할 뿐만 아니라 몇 장 몇 절인지까지 말할 수 있을 정도였다. 빠드마나바 스와미는 종종 어떤 이론적 논점이 제기되면 당신을 권위자로 여겨 설명을 간청하곤 했다.

뿌라나(Puranas)에 의하면, 아루나찰라의 북쪽 사면 정상 근처에 아루나기리 요기로 알려진 한 싯다 뿌루샤(Siddha Purusha)[신통력이 있는 진인]가,

사람이 거의 접근할 수 없는 곳의 한 그루 반얀나무 아래 앉아 침묵 속에서 가르침을 베풀고 있다고 한다. 띠루반나말라이의 큰 사원에는 그에게 바쳐진 사당, 곧 만따빰이 하나 있다. 그 이야기는, **자기탐구의 길을 걷는 사람들을 침묵전수**(*mouna diksha*)**를 통해 해탈로 이끄는 아루나찰라의 은총**이 늘 강력하기는 하지만, 영적으로 어두운 이 시대 사람들은 그것에 접근하기 어려워졌음을 말해준다. 그렇기는 하나, 그 이야기의 상징적 의미가 그렇다고 해서 그 이야기가 문자 그대로 사실은 아니라는 것은 전혀 아니다. 1906년 무렵, 하루는 스리 바가반이 산의 북쪽 사면을 거닐다가 말라버린 물길에서 엄청나게 큰 반얀나무 잎 하나를 발견했다. 그것은 워낙 커서 그 위에 음식을 놓아먹을 수 있을 정도였다. 그것이 물을 따라 내려왔을 거라고 짐작한 당신은 그런 잎들을 달고 있는 나무를 보고 싶었다. 그래서 그 뒤에 한 번 그 물길을 따라 산의 측면을 올라갔다. 산의 가파르고 울퉁불퉁한 구간을 올라 한 곳에 도달하자, 저쪽에 큰 너럭바위가 하나 있고 그 위에 당신이 찾던 반얀나무가 서 있는 것을 볼 수 있었다. 그 나무는 엄청나게 크고 짙은 녹색이었다. 당신은 그런 나무가 맨 바위로 보이는 데서 자라고 있는 것을 보고 놀랐다. 당신은 계속 올라갔지만, 가까이 다가가다가 다리로 말벌집을 건드리고 말았다. 말벌들이 쏟아져 나와 그들을 건드린 다리를 복수하듯이 맹렬히 공격했다. 스리 바가반은 그들의 집을 파괴한 데 대한 응분의 벌을 순순히 받으면서 벌들이 쏘기를 끝낼 때까지 가만히 서 있었다. 그러면서 당신은 이것을 더 이상 올라가지 말라는 신호로 받아들이고 산굴로 돌아갔다. 헌신자들은 당신이 너무 오래 나가 계시자 걱정이 되던 참이었다. 그들은 당신을 맞았을 때, 퉁퉁 붓고 화끈거리는 당신의 다리를 보고 기겁을 했다. 그때 이후로 당신은 거의 접근 불가능한 그 반얀나무의 위치가 어디라고 말하기는 했으나 다시는 그곳에 가려고 나서지 않았고, 헌신자들 중의 누가 가려고 해도 만류했다.

일단의 헌신자들이 한때 그 나무를 찾고야 말겠다고 길을 나선 적이 있기는 했다. 그 중에는 톰슨이라는 영국인도 있었다. 그들은 한동안 상당히 무모하게 산을 오른 후, 너무나 위태로운 지점에 당도하여 감히 올라가지도 못하고 내려올 수도 없게 되었다. 그들은 바가반께 도와달라고 기도했고, 어찌어찌 무사히 아쉬람으로 돌아왔다. 그들은 다시는 그곳을 찾아 나설 엄두를 내지 않았다. 다른 사람들도 시도해 보았지만 성공하지 못했다.

스리 바가반은 어떤 행위를 승인하지 않는다 하더라도 명시적으로 금지하는 일은 아주 드물었다. 무엇이 적절하고 적절하지 않는지에 대한 이해는 내면에서 나와야 하는 것이었다. 이 사안의 경우, 헌신자들이 그들의 스승이 삼가한 일을 시도한 것은 분명 적절치 않았다.

스리 바가반이 산 정상에 오르거나 오른돌이(pradakshina)를 하는 것은 물론이고, 산 일대를 빈번히 돌아다니던 때가 있었다. 그래서 당신은 산의 구석구석을 잘 알았다. 그러던 중 하루는 혼자 이리저리 다니다가 산허리에서 땔감을 모으는 한 노파를 지나쳤다. 그녀는 보통의 계급외인(불가촉천민) 여성으로 보였지만, 젊은 스와미에게 대등한 사람으로 겁 없이 말을 걸었다. 그런 사람들이 흔히 하듯이 그녀는 거친 욕설로 시작하여 이렇게 말했다. "당신은 화장터 장작 위에나 올라가야겠네! 그런 햇볕 아래서 왜 돌아다녀? 왜 가만히 앉아 있지 못해?"

스리 바가반은 그에 관해 헌신자들에게 이렇게 말했다. "그것이 보통 여자였을 리가 없지요. 그녀가 누구였는지 누가 알겠습니까?" 분명히 어떤 계급외인 여자도 스와미에게 감히 그런 식으로 말하지는 않았을 것이다. 헌신자들은 그것을 **아루나기리 싯다**, 곧 아루나찰라의 **영**이 화현한 것으로 받아들였다. 그때부터 스리 바가반은 산허리를 돌아다니는 것을 그만두었다.

스리 바가반이 띠루반나말라이에 처음 왔을 때, 이미 묘사한 대로 가끔 황홀경의 상태에서 이동하곤 했다. 이런 일이 완전히 끝나지 않고 있다가 결국 1912년 무렵 마지막으로 온전한 죽음의 체험이 있었다. 어느 날 아침 당신은 빨라니스와미, 바수데바 샤스뜨리 등 몇 사람과 함께 비루빡샤 산굴을 나서 빠짜이암만 사원(Pachaiamman Koil)으로 갔다. 거기서 당신이 기름 목욕(몸에 기름을 바르고 하는 목욕)을 하고 돌아오는 길에 거북바위(Tortoise Rock) 근처에 왔을 때, 갑자기 몸이 약해진다는 느낌이 엄습했다. 당신은 나중에 그것을 이와 같이 온전히 묘사했다.

"밝은 흰색 커튼이 시야를 가로질러 쳐지면서 시야를 차단하자 눈앞의 경치가 사라졌습니다. 그 점진적인 과정을 또렷이 볼 수 있었지요. 아직 경치의 일부를 분명히 볼 수 있고, 나머지는 점점 가려오는 커튼에 덮인 단계가 있었습니다. 그것은 마치 입체경立體鏡(stereoscope)을 보고 있는데 슬라이드로 시야를 가리는 것과 꼭 같았습니다. 이것을 경험하자 저는 쓰러지지 않기 위해 걸음을 멈추었고, 그것이 걷혔을 때 계속 걸었습니다. 어둠과 어지러움이 두 번째로 엄습하자 저는 그것이 걷힐 때까지 한 바위에 기대었습니다. 세 번째로 그랬을 때는 앉아 있는 것이 더 안전할 것 같았고, 그래서 바위 근처에 앉았습니다. 그러자 그 밝은 흰색 커튼이 시야를 완전히 가렸고, 머리가 빙빙 돌면서 혈액 순환과 호흡이 멈추었습니다. 피부는 검푸른 색으로 변했습니다. 그것은 죽었을 때 보통 나타나는 색이었고, 그것이 점점 더

검어졌습니다. 바수데바 샤스뜨리는 사실 제가 죽었다고 생각하고, 저를 끌어안고 엉엉 울면서 저의 죽음을 애통해 하기 시작했습니다."

"저는 그가 저를 꽉 끌어안고 몸을 떠는 것을 분명히 느꼈고, 그가 애통해 하는 말을 듣고 그 의미를 이해했습니다. 저는 또 제 피부색이 변한 것을 보았고, 혈액 순환과 호흡이 멈추는 것과, 제 몸의 사지가 점점 차갑게 식어 가는 것을 느꼈습니다. 제 평상시의 자각의 흐름은 그 상태에서도 여전히 지속되었습니다. 저는 조금도 두렵지 않았고, 몸의 상태에 대해 어떤 슬픔도 느끼지 않았습니다. 저는 그 바위 가까이 평소의 자세로 앉아서 눈을 감고 있었고, 바위에 기대고 있지는 않았습니다. 혈액 순환과 호흡이 없는 상태인데도 몸은 여전히 그 자세를 유지했습니다. 이 상태가 약 10분 내지 15분간 지속되었지요. 그때 갑자기 하나의 충격이 전신을 뚫고 지나가자 엄청난 힘으로 혈액 순환이 되살아났고, 호흡도 돌아왔으며, 몸은 모든 모공에서 땀이 났습니다. 피부에도 생기의 색깔이 다시 나타났습니다. 그때 저는 눈을 뜨고 일어나서 '갑시다' 했지요. 우리는 다른 어려움 없이 비루팍샤 산굴에 당도했습니다. 이것은 혈액 순환과 호흡 둘 다가 멈추어버린 유일한 사태였습니다."

나중에 그릇된 이야기가 퍼지기 시작하자, 그것을 바로잡기 위해 당신은 이렇게 덧붙였다.

"저는 일부러 그 사태를 일으키지는 않았고, 죽은 뒤에 이 몸이 어떻게 보이는지 알려고 하지도 않았으며, 남들에게 알리지 않고는 이 몸을 떠나지 않겠다고 말하지도 않았습니다. 그것은 제가 가끔 겪는 사태 중의 하나였는데, 단지 이번에는 그것이 아주 심각한 형태를 띠었던 것뿐입니다."9)

이 체험에서 아마 더없이 두드러진 것은, 스리 바가반의 영적인 깨달음을 이루었던 저 죽음을 관통하는 지속의 확실성이 실제적인 신체적 변화에 의해 부각되면서 또 한 번 반복되었다는 점일 것이다. 그것은 스리 바가반이 종종 인용한 타밀 고전인 따유마나바르(Thayumanavar)의 이러한 시구를 생각나게 한다. "처음도 끝도 중간도 없는 광대무변함에 의해 압도될 때, 비이원적 지복의 깨달음이 있다네."

이것은 스리 바가반이 외적인 정상 상태로 완전히 돌아오는 과정의 최종적 마무리였다고 할 수 있을 것이다. 당신이 생활 방식 면에서 얼마나 정상적이었고 인간적이었는지를 표현하기는 어렵지만, 그럴 필요가 있다. 왜냐하면 앞서 당신이 한 고행에 대한 묘사로 인해 당신이 엄격하고 말도 붙이기 어려운 사람이라는 인상을 받을 수 있기 때문이다. 그 반대로 당신의 거동은 자연스럽고 모든 제약에서 벗어나 있었으며, 새로 온 사람도 당신과 함께 있으면 즉시 편안함을 느꼈다. 당신의 대화는 유머가 넘쳤고, 당신의 웃음은 워낙 전염성이 강하고 어린아이 웃음 같아서, 무슨 말인지 이해하지 못하는 사람들도 따라 웃곤 했다. 당신의 모든 것과 아쉬람의 모든 것이 청결하고 정돈되어 있었다. 정규적인 아쉬람이 확립되고 나자 그 안에서의 생활은 사무실 업무같이 정확하게 시간표대로 움직였다. 시계들은 분까지 정확히 맞추어져 있었고, 달력들은 늘 새로웠다. 그리고 무엇 하나 낭비되는 것이 없었다. 나는 한 시자(侍者

---

9) *T*. 저자는 이 두 인용문의 출처를 밝히지 않았으나, 세부적 표현이 약간 다를 뿐 이와 거의 비슷한 서술을 『라마나스라맘에서 보낸 편지(*Letters from Sri Ramanasramam*)』, '1947년 1월 25일'자 각주에서 찾아볼 수 있다.

가 책을 장정할 때 이미 잘라둔 종이를 이용할 수 있는데도 새 종이를 가지고 나온다고 질책당하는 것을 본 적이 있다. 음식도 마찬가지였다. 당신이 식사를 끝냈을 때 당신의 엽반葉盤 위에는 쌀 한 톨도 남아 있지 않았다. 벗겨낸 채소 껍질도 버리지 않고 소들을 위해 남겨 두었다.

당신에게는 자연발로적인 단순함과 겸허함이 있었다. 당신이 화내는 모습을 보이게 만드는 몇 안 되는 일 중의 하나는, 음식을 배식하는 사람들이 어떤 맛난 것을 남보다 당신에게 더 많이 드리는 것이었다. 당신은 회당(hall)에 들어설 때 사람들이 일어나는 것을 좋아하지 않았고, 그냥 앉아 있으라는 손짓을 하곤 했다. 어느 날 오후, 당신이 산자락에서 아쉬람 쪽으로 천천히 걸어 내려오고 있었다. 훤칠한 황금빛 몸매에 머리는 이미 백발이었고, 약하고 약간 구부정한데다가 류머티즘 증세로 인해 지팡이에 무겁게 의지한 상태였고, 곁에는 키가 작고 거무스름한 피부의 시자 한 명이 있었다. 한 헌신자가 뒤에 오고 있었기에 당신은 길옆으로 비켜서며 말했다. "자네는 젊고 걸음이 빠르니 먼저 가시게." 다소 자상한 언행이지만, 다분히 스승이 제자에게 하는 것이었다.

이야기하자면 끝이 없을 것이다. 이런 논점들 중 어떤 것은 나중에 더 적절한 곳에서 언급되겠지만, 이제 당신이 정상적인 생활 방식으로 완전히 돌아온 이야기를 하고 있으므로, 그 생활 방식이 얼마나 정상적이고, 얼마나 강렬히 인간적이며, 얼마나 자애로웠는지 이야기할 수밖에 없다.

7. 무저항

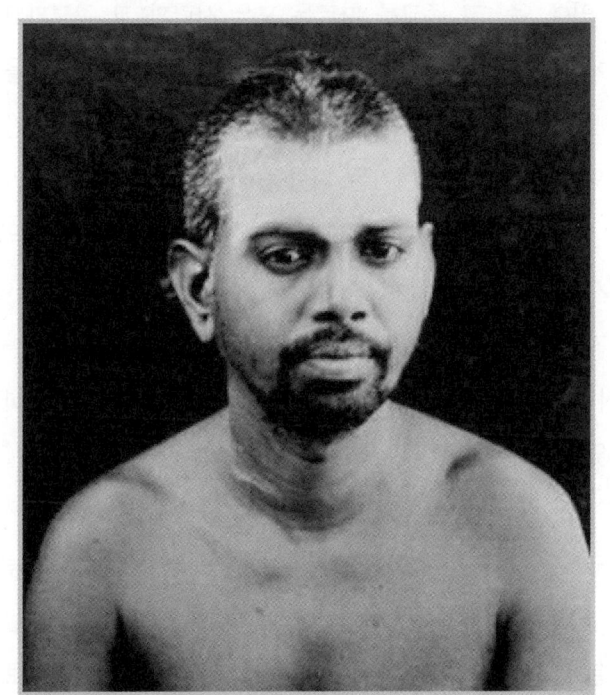

　무저항은 기성 종교에서는 실천 불가능한 것으로 보일지 모른다. 왜냐하면 모든 나라는 사법 제도와 경찰, 그리고 최소한 근대적 조건 하에서는 군대를 보유하고 있기 때문이다. 그러나 종교는 두 가지 수준의 의무를 가지고 있다. 즉, 그 종교를 따르는 모든 사람과 그 종교가 확립되어 있는 국가에 대해 지는 최소한의 의무와, 그 종교가 제시한 길을 따르는 데 자신의 삶을 바치면서, 지복스러움의 추구 속에서 모든 세간적 이익을 아무것도 아닌 것으로 여기는 사람들에 대해서 지는 전적인 의무가 있다. 스리 바가반이 하나의 길을 확립했다는 것은 이 두 번째의, 더 높은 의미에서만 그렇다. 그래서 당신은 자신과 당신의 추종자들에게 "악에 저항하지 말라"고 말할 수 있었다. 당신의 이런 선언은 공동체 전체를 위한 사회적 법규가 아니라, 당신을 따르는 사람들을 위한 하나의 생활 방식이었다. 그것은 오직 **신의 뜻**에 **순복**順服한 사람들, 즉 그들에게 어떤 일이 닥쳐와도—비록 그것이 세간적 기준에서는 불운일지라도—그것을 정당하고 필요한 것으로 받아들이는 사람들에게만 가능한 것이다. 스리 바가반은 언젠가 한 헌신자에게 이렇게 말했다. "그대는 자신에게 다가오는 좋은 일들에 대해서는 신에게 감사하고, 그대가 보기에 나쁜 일들에 대해서는 신에게 감사하지 않습니다. 그것이 그대가 잘못하는 점입니다."

　이런 단순한 믿음은 스리 바가반이 가르친 **단일성**(Oneness)의 교의와는 아주 다르다는 반론이 있을지 모르나, 그런 이론들이 상충될 수 있는 것은 마음의 차원에서 그러할 뿐이다. 당신은 말했다. "신, 스승 또는 **진아**에 대한 **순복**順服(submission)이 필요한 전부입니다." 뒤에 나오는 한 장章에서 보겠지만, 이 세 가지 순복 양식은 사실 서로 다르지 않다. 여기서는, **하나인 진아**만이 있다는 견해를 고수할 수 있는 사람에게는 모든 외부적 활동이 진아라는 바탕 위에서 펼쳐지는 하나의 꿈 혹은 영화로 보이므로, (어떤 상황에서도) 그는 차분한 주시자로 남을 것이라고 말하는 것으로 족하다. 어쩌다 해악이나 괴롭힘의 위협을 받을 경우 스리 바가반이 취한 태도가 이런 것이었다.

구루무르땀 바깥에는 타마린드 나무들이 있었는데, 당신이 거기 살고 있을 때는 가끔 그 나무들 밑에 앉곤 했다. 하루는 주위에 아무도 없을 때, 한 무리의 도둑이 다 익은 타마린드 꼬투리들을 따가려고 왔다. 젊은 스와미가 한 나무 아래 말없이 앉아 있는 것을 보자 그 중의 한 명이 말했다. "신 수액을 내어 저 친구 눈에 집어넣어. 그렇게 하면 말을 할지 어디 보자고." 그것은 극심한 통증을 야기하는 것과는 별개로, 사람의 눈을 멀게 할 수 있는 수액이었다. 그러나 당신은 자신의 눈이나 타마린드 열매에 대해 똑같이 무관심하게 꼼짝 않고 앉아 있었다. 그 무리의 다른 사람이 대답했다. "오, 그에 대해 신경 쓰지 마. 그가 무슨 해를 끼치겠어? 관두자."

산 위에서 살던 초년에는 가끔 당신을 방해하거나 반대하는 사람들이 있었다. 사두들의 세계는 좀 묘해서, 어떤 이들은 사기꾼이고, 어떤 이들은 나름대로 열심히 노력하여 심령적 능력(psychic powers)을 얻기는 했어도 저급한 욕망을 소진하지 못한 사람들도 있기 마련이다. 그러니 그렇게 젊은 나이에 헌신자들이 알아볼 정도로 **신성**神性의 광채를 발하는 이가 있다면, 대다수 사람들은 절을 하고 당신의 **은총**을 구하겠지만, 소수의 사람들은 못마땅해 하리라는 것도 예상할 수 있는 일이었다.

산 위의 한 산굴에 살던 연로한 사두가 있었는데, 그는 스리 바가반이 구루무르땀에 계실 때까지는 당신에게 큰 존경심을 보였다. 스리 바가반은 비루팍샤 산굴로 올라온 뒤에 가끔 그를 찾아가서 그와 함께 침묵하며 앉아 있곤 했다. 그 사두는 고행 생활을 하고 있었고 추종자들도 있었다. 그럼에도 불구하고 인간적 욕망을 극복한 것과는 거리가 멀어서, 젊은 스와미의 추종자들은 늘어나는 반면, 자신의 추종자들은 줄어드는 것을 보고 견딜 수가 없었다. 그는 스리 바가반을 죽이거나 아니면 겁을 주어 산에서 내쫓기로 마음먹고, 해가 진 뒤에 비루팍샤 산굴 위쪽의 산비탈에 숨어서 바위와 돌들을 움직여 비루팍샤 산굴로 굴러 떨어지게 했다. 돌 하나가 아주 가까이까지 굴러왔지만 스리 바가반은 동요되지 않고 앉아 있었다. 늘 관찰력이 있던 당신은 무슨 일이 벌어지고 있는지 잘 알고 있었고, 한번은 얼른 소리 없이 산을 올라가서 그 노인을 현장에서 적발했다. 그런데도 노인은 그것을 하나의 장난으로 웃어넘기려고 했다.

이 시도가 실패하자 그 사두는 발라난다라고 하는, 말주변이 좋은 한 악당의 도움을 청했다. 그는 잘 생기고 유식하며 사두 행세를 하면서 사람들을 이용해 먹던 자였다. 이 사람은 스리 바가반을 이용하여 이익을 얻고 위신을 세우려고 마음먹었다. 젊은 스와미는 너무나 성자다워서 해악에 저항하지 않을 거라고 정확히 짐작한 그는 스와미의 스승 행세를 하기 시작했다. 그는 방문객들에게 "이 젊은 스와미는 내 제자입니다", "예, 이 아이에게 과자를 좀 주십시오"라고 말하기도 하고, 스리 바가반에게는 "이봐, 내 자식 벤까따라만아, 과자 받아라"고 하는 식이었다. 아니면 소위 자기 제자에게 준다면서 읍내에 내려가 물건을 사는 등의 허튼 짓을 계속했다. 그는 워낙 뻔뻔스러워서 스리 바가반과 단둘이 있을 때는 노골적으로 이렇게 말하곤 했다. "나는 네 스승이라고 하면서 방문객들에게서 돈을 받겠다. 너야 손해 볼 거 없으니 나를 반박하지 마라."

이 사람의 오만함과 공격적 태도는 도를 넘었고, 어느 날 밤에는 산굴의 베란다에 용변을 보기까지 했다. 다음날 아침 일찍 그는 자신의 여분의 옷—어떤 것들은 가장자리가 레이스로 된 비단이었다—을 남겨두고 나갔다. 스리 바가반은 아무 말도 하지 않았다. 당신은 그날 아침 빨라니스와미와 함께 한 성수지(sacred tank)까지 멀리 산책을 나갔는데, 출발하기 전에 빨라니스와미가 베란다를 씻고 발라난다의 옷들을 치워버린 뒤 산굴을 잠가 버렸다.

발라난다는 돌아와서 성을 냈다. 그는 빨라니스와미에게 감히 자기 옷에 손댔다고 호통을 쳤고, 스리 바가반에게 그를 즉시 보내버리라고 명령했다. 두 사람 다 대답을 하지 않고 전혀 거들떠보지 않았다. 발라난다는 홧김에 스리 바가반에게 침을 뱉었다. 그래도 스리 바가반은 차분하게 앉아 있었다. 당신과 함께 있던 제자들도 반응하지 않고 조용히 앉아 있었다. 그러나 좀 아래쪽 산굴에서 온 한 헌신자가 그 이야기를 듣고 쫓아 올라와서 소리쳤다. "너! 너 감히 우리 스와미님께 침을 뱉어!" 그러면서 그 악당을 덮치는 것을 사람들이 간신히 제지할 수 있었다. 발라난다는 자기가 도가 지나쳐 무사하기 어려우니 띠루반나말라이를 떠나는 것이 좋겠다고 판단했다. 그는 이 산은 있을 곳이 못 된다고 선언하고 예의 그 오만한 태도로 떠났다. 역으로 간 그는 차표도 없이 2등 칸에 들어갔다. 젊은 남녀가 같은 칸에 타고 있었다. 그는 젊은 남자에게 설교하면서 이래라 저래라 명령하기 시작했고, 젊은이가 거들떠보지 않자 공격적으로 이렇게 말했다. "뭐야! 내 말을 안 들어? 너는 이 여자한테 빠져서 나에게 경의를 표하지 않는군." 그러자 화가 난 젊은이가 자기 샌들을 벗어서, 오래 전에 진작 맞아야 했을 그를 두들겨 팼다.

몇 달 뒤에 발라난다가 돌아와서 다시 성가신 존재가 되었다. 한번은 그가 스리 바가반에게 무상삼매를 전수해 주겠다고 공언하고는 앉아서 당신의 눈을 계속 응시하겠다고 억지를 부렸지만, 그 자신이 잠에 떨어져 버렸다. 스리 바가반과 당신의 제자들은 일어나서 가 버렸다. 이 일이 있은 직후 그에 대한 사람들의 태도가 심상치 않자, 그는 다시 한 번 떠나는 것이 더 안전하겠다고 생각했다.

젊은 스와미의 스승 행세를 하여 위신을 세워보려 한 또 한 명의 '사두'가 있었다. 그는 깔라하스띠(Kalahasti)에서 돌아오자 이렇게 말했다. "나는 오직 네가 공부를 잘 해나가고 있는지 보려고 이렇게 먼 길을 왔다. 너에게 닷따뜨레야(Dattatreya) 만트라를 전수해 주마."

스리 바가반은 움직이지도 않고 말도 하지 않았다. 그래서 그가 말을 계속했다. "신께서 꿈에 나타나서 나에게 명하시기를, 너에게 이 가르침(upadesa)을 주라 하셨다."

"정 그렇다면, 신이 내 꿈에도 나타나서 나에게 그 가르침을 받으라고 명하라 하시오. 그러면 그것을 받겠소." 스리 바가반이 응수했다.

"아니, 이건 아주 짧아. 몇 자밖에 안 돼. 너는 지금 시작할 수 있어."

"내가 그 염송(japa)을 하지 않으면 당신의 그 가르침이 나에게 무슨 소용 있겠소? 그걸 받을 만한 제자를 찾아보시오. 나는 아니오."

얼마 후 이 사두가 명상을 하고 있을 때, 스리 바가반의 환영이 그의 앞에 나타나서 말했다. "속지 마시오!" 겁을 먹은 사두는 스리 바가반이 어떤 능력이 있어서 그것을 자신에게 사용하고 있다고 생각하고, 급히 비루팍샤 산굴로 가서 스리 바가반에게 용서를 빌면서 자기를 그 환영에서 벗어나게 해달라고 사정했다. 스리 바가반은 자신이 어떤 능력도 사용하지 않았다고 그를 안심시켰고, 사두가 보기에도 스리 바가반은 전혀 화를 내거나 언짢아하지 않았다.

또 한 번 그런 훼방을 놓으려 한 것은 한 무리의 술 취한 사두들이었다. 하루는 그들이 비루팍샤 산굴에 나타나서 엄숙하게 선언했다. "우리는 뽀디까이산(Podikai Hill)[1])에서 온 사두들이네. 고대의 아가스띠야 리쉬(Agastya Rishi)[2])께서 수천 년 동안 그렇게 하셨듯이 아직도 따빠스를 하고 계신 신성한 산 말일세. 진인께서는 우리에게 자네를 먼저 스리랑감(Srirangam)[3])에서 열리는 싯다 회의에 데려갔다가, 다시 거기서 뽀디까이로 데려가 자네 몸에서 자네가 높은 능력을 얻는 것을 가로막는 염분을 빼낸 다음, 자네에게 정식으로 전수를 해 주라고 하셨네."

스리 바가반은 그런 경우에 늘 그랬듯이 반응하지 않았다. 그러나 이번에는 당신의 헌신자인 뻬루말스와미가 공갈치는 자들보다 더 큰 공갈을 쳤다. 그가 말했다. "우리는 이미 당신들이 온다는 귀뜸을 받고, 당신들의 몸뚱이를 여러 가마솥에 집어넣고 불을 때 달라는 의뢰를 받았지." 그리고 다른 헌신자를 돌아보며 지시했다. "가서 이 사람들을 삶게 불을 땔 구덩이를 파시오." 방문객들은 황급히 떠나버렸다.

1924년, 스리 바가반이 이미 산기슭에 있는 지금의 아쉬람에 내려와 살고 있을 때, 당시 당신 어머니의 삼매지(samadhi-무덤) 위에 지은 움막집에 몇 명의 도둑이 들어 몇 가지 물건들을 가져갔다. 몇 주일 후에는 세 명의 도둑이 아쉬람 자체를 털었다.

---

1) *T.* 남인도 타밀나두 주와 께랄라 주의 남쪽 접경지대에 걸쳐 있는 뽀디까이 산지(Pothigai Hills), 특히 그 주봉인 아가스띠야 산(Agastya Malai)을 가리킨다.
2) *T.* 고대의 진인. 남인도에서는 타밀어 문법을 확립한 '타밀어의 아버지'로 추앙 받는다.
3) *T.* 타밀나두 주 띠루찌라빨리의 순례지인 스리 랑가나타스와미 사원을 가리킨다.

그것은 6월 26일 밤 11시 반경이었다. 그날 밤은 어두웠다. 스리 바가반은 이미 물러나서 어머니 삼매지 앞의 회당 안에 있는 돋운 대臺 위에서 쉬고 있었다. 네 명의 헌신자들이 창가 근처의 바닥에서 자고 있었다. 그들 중 꾼주스와미(Kunjuswami)와 마스딴(Mastan)―꾼주는 시자였다―두 사람이, 누군가 밖에서 "안에 여섯 명이 누워 있군" 하고 말하는 소리를 들었다.

꾼주가 소리쳤다. "거기 누구요?"

도둑들은 창문 하나를 깨는 것으로 대답했는데, 안에 있는 사람들에게 겁을 주려는 것인 듯했다. 꾼주스와미와 마스딴은 일어나 스리 바가반이 계신 자리 쪽으로 갔다. 그러자 도둑들이 그쪽 창문 하나를 깼지만, 스리 바가반은 동요되지 않고 앉아 있었다. 그때 꾼주스와미는 도둑들이 남쪽에 있었기 때문에 북쪽 문으로 회당을 나가, 다른 오두막에서 자고 있던 헌신자인 라마크리슈나스와미의 도움을 받기 위해 그를 데려왔다. 그가 문을 열자 아쉬람의 두 마리의 개, 재키(Jackie)와 까루빤(Karuppan)이 뛰어나갔다. 도둑들이 개들을 때리자 재키는 달아났고 까루빤은 피난처를 찾아 회당으로 도로 달려왔다.

스리 바가반은 도둑들에게, 그들이 가져갈 만한 것은 거의 없지만 들어와서 뭐든 얼마든지 가져가도 좋다고 말했다. 이것을 함정으로 여겼든, 아니면 늘 하던 방식을 탈피하기에는 너무 어리석었든, 그들은 귀담아 듣지 않은 채 창틀 하나를 뜯어내려고 계속 애쓰고 있었다. 그쪽으로 들어오기 위해서였다. (인도의 통상적 관행에 따라, 그 창문들은 누가 들어오는 것을 막기 위한 쇠막대들이 달려 있었다.) 그들이 창문을 마구 부수는 것을 보자 화가 치민 라마크리슈나스와미는 그들에게 대항하겠다고 바가반의 허락을 구했다. 그러나 바가반은 그를 제지하면서 이렇게 말했다. "그들은 그들의 다르마(*dharma*)[역할]가 있고, 우리는 우리의 다르마가 있네. 우리가 할 일은 참고 견디는 것이지. 우리는 그들에게 간섭하지 말도록 하세."

스리 바가반이 그들에게 문으로 들어오라고 했는데도 도둑들은 그들이 하는 난폭한 방법을 계속했다. 그들은 마치 총기를 휴대한 것처럼 보이려고 창문에다 폭죽을 터뜨렸다. 들어와서 가져가고 싶은 것을 가져가라고 다시 말해주었으나 그들은 위협으로 응답할 뿐이었다. 한편 꾼주스와미는 회당을 나가서 도움을 청하러 읍내로 떠난 뒤였다.

라마크리슈나스와미는 다시 도둑들에게 불필요한 난리를 피우지 말고 원하는 것을 그냥 가져가라고 말했다. 그들은 대답으로, 그 초가집 방에 불을 지르겠다고 위협했다. 스리 바가반은 그들에게 그러면 안 된다고 말하고, 그러면 우리가 회당을 나갈 테니 알아서 하라고 했다. 그것은 바로 그들이 바라던 바였는데, 아마도 그들은 자기들이 작업하는 동안 누가 자기들을 덮치지 않을까 여전히 두려웠을 것이다. 스리 바가반은 먼저 라마크리슈나스와미에게, 까루빤이 거기 남아 있으면 도둑들이 개를 때릴지 모르니 다른 오두막의 안전한 곳으로 데려가라고 했다. 그런 다음 당신은 다른 세 사람, 곧 마스딴, 탕가벨루 벨라이, 그리고 아쉬람에서 예공(puja)을 맡아보던 소년인 무니사미를 데리고 북쪽 문으로 해서 회당을 나갔다. 도둑들은 막대기를 들고 문간에 서 있다가 그들이 나오자 마구 때렸는데, 이는 그들이 힘을 못 쓰게 하거나 겁을 주어 저항할 생각을 못하게 하려 한 것이다. 왼쪽 허벅지에 한 대 맞은 스리 바가반이 말했다. "만약 자네 성에 차지 않으면 다른 쪽 다리도 때려도 되네." 그러나 라마크리슈나스와미가 제때 돌아와서 더 맞는 것을 막아주었다.

스리 바가반과 헌신자들은 회당의 북쪽에 있던(나중에 철거된) 초가 오두막에 들어가 앉았다. 도둑들은 그들을 거기 머물러 있으라고 소리를 질렀다. "만약 나왔다 하면 머리를 박살내겠다!"

스리 바가반이 그들에게 말했다. "자네들이 회당을 다 차지했으니, 하고 싶은 대로 하게."

도둑들 중 한 명이 와서 내풍등耐風燈(바람에 잘 꺼지지 않게 만든 석유등)을 달라고 했다. 라마크리슈나스와미가 스리 바가반의 지시에 따라 불 켠 등 하나를 건네주었다. 다시 그 중의 한 명이 와서 찬장 열쇠들을 요구했지만, 열쇠는 꾼주스와미가 가지고 가버렸으므로 그렇다고 말해주었다. 그들은 찬장을 깨트려 열고 거기 있는 신상神像 장식용의 가는 은줄 몇 가닥과 망고 몇 개, 그리고 쌀을 조금 찾아냈는데, 다 합쳐야 10루피 어치 가량 될 것이었다. 합계 6루피의 탕가벨루 삘라이 돈도 집어갔다.

뺏은 것이 너무 적은 데 실망한 그들 중 한 명이 다시 와서 막대기를 휘두르며 물었다. "돈은 어디 있나? 그건 어디 두었지?"

스리 바가반이 그에게 말씀하셨다. "우리는 시주물로 살아가는 가난한 사두들이고, 현금은 결코 갖지 않네." 그 도둑은 계속 공갈을 쳤지만, 그걸로 만족할 수밖에 없었다.

스리 바가반은 라마크리슈나스와미와 다른 사람들에게 가서 타박상에 연고를 바르라고 했다.

"그럼 스와미님은 어떻습니까?" 라마크리슈나스와미가 여쭈었다.

스리 바가반은 웃으면서 "나도 뿌자(puja)를 좀 받기는 했지."라고 대답했는데, 이는 '예공'을 뜻할 수도 있고 '때림'을 뜻할 수도 있는 그 단어로 말놀이를 한 것이었다.

당신 허벅지의 멍 자국을 보자 라마크리슈나스와미는 문득 분노가 치밀어 오르는 것을 느꼈다. 그는 거기 있던 쇠막대기를 집어들고 쫓아가서 도둑들이 무엇을 하고 있는지 보겠다고 허락을 구했지만, 스리 바가반은 그를 만류했다. "우리는 사두일세. 우리는 우리의 다르마를 포기하면 안 되네. 만약 자네가 가서 그들을 때리면 어떤 사람은 죽을 수도 있는데, 그렇게 되면 세상 사람들은 당연히 저들이 아니라 우리를 비난할 것이네. 저들은 생각을 잘못한 사람들일 뿐이고 무지로 눈이 멀어 있지만, 우리는 무엇이 올바른지를 유념하고 그것을 고수하세. 자네 이빨이 갑자기 혀를 깨물면, 그렇다고 이빨을 뽑아 버리나?"

도둑들이 떠난 것은 새벽 2시가 되어서였다. 조금 뒤 꾼주스와미가 마을 공무원 한 사람과 순경 두 사람을 데리고 돌아왔다. 스리 바가반은 그때까지도 북쪽 오두막에 앉아서 헌신자들에게 영적인 문제들에 관해 이야기하고 있었다. 순경들은 바가반에게 사건 경과를 물었고, 당신은 그냥 어떤 어리석은 사람들이 아쉬람에 침입했다가 그들이 애쓴 데 비해 가치 있는 것은 아무것도 찾지 못하자 실망해서 돌아갔다고 말했다. 순경들은 그러한 취지로 조서를 작성한 뒤 마을 공무원과 함께 떠났다. 무니사미는 그들을 쫓아가서 스와미님과 다른 사람들이 도둑들에게 구타당했다고 말했다. 아침에 지역 경감, 차감次監 및 지서장이 조사하러 왔고, 나중에는 부副경찰서장이 왔다. 스리 바가반은 그들이 물을 때 외에는 당신의 부상이나 절도 사건에 대해 누구에게도 말을 하지 않았다. 며칠 후 도난당한 재물 중 일부가 회수되었고, 도둑들은 체포되어 징역형을 선고 받았다.

8. 어머니

바가반과 어머니(1914년 경)

스리 바가반의 어머니는 아들을 데려가려고 왔다가 실패하고 돌아간 지 얼마 되지 않은 1900년에 맏아들을 잃었다. 2년 뒤, 아직 열일곱 살밖에 되지 않았던 막내아들 나가순다람이 스와미인 형을 보기 위해 처음으로 띠루반나말라이에 갔다. 그는 너무 감정이 북받쳐 스리 바가반을 끌어안고 엉엉 울었고, 당신은 동요 없이 말없이 앉아 있었다. (1913년에) 어머니는 베나레스(바라나시)로 순례를 갔다가 돌아오는 길에 잠시 들렀다. 1914년에는 띠루빠띠(Tirupati-남인도의 순례지)의 벤까따라마나스와미 사당으로 순례를 갔다가 돌아오는 길에 다시 띠루반나말라이에 머물렀다. 이번에는 여기서 그녀가 병이 났고, 장티푸스 증세로 몇 주일간 심하게 앓았다. 스리 바가반은 어머니를 극진히 돌보았다. 그녀가 병을 앓는 동안 바가반이 지은 시들은 사건의 흐름에 영향을 주기 위해 당신이 한 기도로는 유일한 사례로 알려져 있다.

오, 주이시여! 되풀이되는 탄생의 병을 치유하시는, 저의 피난처인 산이시여, 제 어머니의 열병을 치유하실 분은 **당신**이십니다.

오, 죽음을 살해하는 신이시여! 저를 낳아 **당신**의 **연꽃발** 아래 피난하게 해준 그녀의 **심장연꽃**(Heart-Lotus) 안에서 **당신**의 두 발을 드러내시어, 그녀를 죽음으로부터 막아주소서. 자세히 살펴본다면 죽음이 무엇입니까?

타오르는 지知의 불길이신 **아루나찰라시여**! 제 어머니를 당신의 빛 안에 품으시어 그녀가 당신과 하나 되게 하소서. 그러면 화장火葬이 무슨 필요 있겠습니까?

환幻을 쫓아버리는 분이신 **아루나찰라시여**! 왜 제 어머니의 착란 상태를 쫓아버리는 것을 미루십니까? 당신께 피난처를 구한 자를 **어머니**로서 지켜보시고 업(karma)의 폭정에서 구해내실 분이, 당신 외에 누가 있습니까?

외관상으로는 어머니를 열병에서 구해달라는 기도지만, 실은 이것은 그녀를 환幻이라고 하는 더 크나큰 열병에서도 구해내고 삶이라는 착란 상태에서 해탈시켜 진아와의 **하나됨** 속으로 도로 거두어가 달라는 기도이기도 하다.

말할 것도 없이 알라감말은 회복되었다. 그녀는 마나마두라로 돌아갔지만, 이 기도를 한 뒤에는 인연들이 어우러져 그녀를 세간의 삶에서 물러나 아쉬람의 삶으로 들어오게 끌어당겼다.

띠루쭐리에 있던 집은 빚을 갚고 필요한 경비를 마련하기 위해 팔았다(1900년). 그녀의 시동생인 넬리압빠이어는 죽었고(1914년), 그의 가족은 결코 유복한 형편이 아니었다. 1915년에 그녀의 막내아들 나가순다람의 처가 어린 아들 하나를 남겨놓고 죽었는데, 이 아이는 결혼한 고모 알라멜루(바가반의 누이동생)가 입양했다. 알라감말은 나이 든 자신이 갈 곳이라고는 스와미 아들뿐이라고 느꼈다. 1916년 초에 그녀는 띠루반나말라이로 갔다.

처음에 그녀는 에짬말과 함께 며칠을 머물렀다. 헌신자들 중 몇 사람은 스리 바가반이 1896년에 집을 떠날 때처럼 말없는 항의로 당신의 처소를 떠날지 모른다고 우려하여, 그녀가 스리 바가반과 함께 머무르는 것에 반대했다.1) 그러나 큰 차이가 있었다. 이번에는 집을 포기한 사람이 그녀였지, 그곳(아루나찰라)에 붙들려 있는 바가반이 아니었기 때문이다. 스리 바가반의 위엄은 워낙 경외스러워서, 당신의 자비로운 언행에도 불구하고 이런 경우에 당신이 바라시는 것이 뭘까 하는 의문이 일어나도 아무도 감히 직접 여쭈지 못했다. 설사 누가 물어도 아마 당신은 대답하지 않고 꼼짝없이 앉아 터였다. 왜냐하면 당신께는 어떤 바람도 없었기 때문이다. 당신의 시에서 표현된 어머니의 회복에 대한 바람은 상당히 예외적인 것이다.

어머니가 함께 살려고 온 직후에, 스리 바가반은 비루팍샤 산굴에서 그보다 조금 더 산 위쪽, 바로 그 산굴 위의 스깐다쉬람(Skandashram)2)으로 옮겨갔다. 이것은 훨씬 널찍한 산굴인데, (한 헌신자가) 당신을 사시게 하려고 지은 것이었다. 그곳의 바위 한 쪽이 축축한 것을 발견한 당신은 거기에 샘이 숨겨져 있을 거라고 추측했는데, 과연 그랬다. 땅을 파자 샘이 흘러나왔고, 물줄기가 끊임없이 나와 아쉬람의 모든 용도에 쓰기에 충분했다. 심지어 그 산굴 앞에 만든 작은 채원에도 물을 줄 수 있을 정도였다. 어머니는 식사를 준비하기 시작했고, 그리하여 아쉬람 생활의 새로운 한 시대가 시작되었다.

작은아들도 아쉬람으로 데려오고 싶었던 알라감말은 한 헌신자를 보

---

1) T. 이 때문에 알라감말은 잠시 집으로 돌아갔다가 아들(나가순다람)과 손자(어린 벵까따라만)를 데리고 다시 띠루빠띠로 순례를 떠났고, 돌아오는 길에 아루나찰라로 와서 이후 바가반 곁에 아주 정착했다. (나가순다람과 벵까따라만은 집으로 돌아갔다.)
2) T. 바가반은 당신을 위해 이곳에 터를 닦고 건물을 지은 깐다스와미(Kandaswami)를 기려 이 아쉬람을 '스깐다스라맘'(=스깐다쉬람)이라고 명명했다.

내어 그를 이곳으로 불렀다. 그는 띠루벤가두에서 가지고 있던 직업을 포기하고 띠루반나말라이로 살러 왔다. 처음에 그는 읍내에 머무르면서 이런저런 친구의 집에서 식사를 하고 매일 아쉬람을 찾아갔다. 오래지 않아 그는 출가 서원을 하고 니란자나난다 스와미(Niranjanananda Swami)라는 이름으로 황색 승복을 입었다(1918년). 다만 스와미의 아우이다 보니, 친숙하게 '찐나스와미(Chinnaswami)', 즉 '작은 스와미'로 더 많이 알려졌다. 그는 한동안 여전히 읍내로 매일 음식을 탁발하러 다녔다. 그러나 아쉬람 사람들 모두가 먹을 만큼 음식이 있는데 스와미의 친동생이 탁발을 하러 간다는 것이 헌신자들에게는 경우에 맞지 않는 일로 보였다. 그래서 그를 설득하여 아쉬람에 정주하게 했다.

그것은 거의 마치 스리 바가반이 가족생활로 돌아간 것 같았다. 다만 당신의 모든 헌신자들을 포함하는 확장된 가족이었지만 말이다. 아닌 게 아니라 당신은 가끔 그들을 가족이라고 말하기도 했다. 처음에 당신의 어머니와 동생이 당신 곁으로 살러 오지 못한 것도, 이처럼 그것이 외관상 부적절했기 때문이다. 세샤드리 스와미도 언젠가 그것을 예의 익살스러운 방식으로 말했다. 자신을 만나려고 들렀던 한 방문객이 산을 계속 올라가 라마나스와미를 만나보고 싶어 하자 그가 말했다. "그래, 가 봐. 거기 재가자가 한 사람 있어. 거기서 과자(laddus)를 받게 될 거야."

세샤드리 스와미가 한 농담의 포인트는, 재가자의 상태는 사두의 상태보다 낮다고 보는 것이 통례였다는 것이다. 왜냐하면 사두는 (신이나 진리에 대한) 추구에 전적으로 몰두할 수 있는 반면, 재가자는 세간적인 일들을 돌봐야 하기 때문이다. 가정과 재산을 포기하는 행위 자체가 앞으로 크게 한 걸음 내딛는 일로 간주된다. 그래서 많은 헌신자들이 스리 바가반에게 자신이 출가를 해야 하는지 여쭈었다. 스리 바가반은 늘 그것을 만류했다. 아래에 나오는 사안에서 당신은, 출가란 물러나기가 아니라 사랑의 확장이라고 설명했다.

헌신자: 저는 직업을 포기하고 늘 스리 바가반과 함께 있고 싶습니다.
바가반: 바가반은 늘 그대와 함께, 그대의 안에 있습니다. 그대 안의 진아가 바가반입니다. 그것이 그대가 깨달아야 할 것입니다.
헌: 그러나 저는 모든 집착을 포기하고 산야신(출가수행자)으로서 세간을 떠나고 싶은 충동을 느낍니다.
바: 출가(renunciation-포기)란 외적으로 옷을 벗어버리는 것 등이나 가정을 버리는 것을 뜻하지 않습니다. 참된 출가는 욕망, 애욕과 집착을 버리는 것입니다.
헌: 그러나 우리가 세간을 떠나지 않으면 신에 대한 오롯한 헌신을 할 수 없을지 모릅니다.
바: 아닙니다. 참으로 포기(출가)하는 자는 실은 세상에 합일되면서 그의 사랑을 확산시켜 온 세상을 포용합니다. 그 헌신자의 태도는 황색 승복을 입기 위해 가정을 버리는 것이라기보다 보편적인 사랑이라고 묘사하는 것이 더 정확할 것입니다.
헌: 집에서는 애정의 속박이 너무 강합니다.
바: 아직 그럴 만큼 성숙되지 않았는데 출가하는 사람은 새로운 속박들만 만들어냅니다.
헌: 출가는 집착을 끊는 최상의 수단 아닙니까?
바: 마음이 이미 얽매임에서 자유로운 사람에게는 그럴지도 모르지요. 그러나 그대는 출가의 더 깊은 의미를 이해하지 못했습니다. 세간의 삶을 버린 위대한 영혼들은 가정생활이 싫어서 그런 것이 아

니라, 모든 인류와 모든 생명체들을 위한 그들의 너그럽고 일체를 포용하는 사랑 때문에 그렇게 한 것입니다.

헌: 가족 유대는 언젠가 사라질 수밖에 없는데, 왜 제가 지금 선제적으로 그것을 끊어서 저의 사랑이 모든 이들에게 평등할 수 있도록 하면 안 됩니까?

바: 그대가 정말 모두에게 평등한 그런 사랑을 느낄 때, 그대의 심장이 확장되어 창조계 전체를 포용할 만큼 되었을 때는, 분명 이것이나 저것을 포기하고 싶다는 마음도 없을 것입니다. 그대는 마치 다 익은 과일이 나뭇가지에서 떨어지듯, 세속적 삶에서 그냥 떨어져 나갈 것입니다. 전 세계가 그대의 집이라고 느낄 것입니다.

그런 질문들이 빈번히 나왔는데, 많은 사람들이 그런 답변을 얻고 놀란 것도 무리가 아니었다. 왜냐하면 스리 바가반의 태도는 전통적으로 받아들여지던 관점과 상반되었기 때문이다. 오랜 세월 전해져 내려온 영적인 진리들은 결코 변하지 않지만, **스승들은 진리의 깨달음으로 이끄는 훈련 방식들을 그 시대의 변화된 여건에 맞게 변용한다.** 현대 세계에서는, 출가는 말할 것도 없고 전통교법敎法(orthodoxy)을 완전히 준수하는 것조차도 어려운 사람들이 많다. 실업가·사무직원·의사·법률가·엔지니어 등 이런저런 방식으로 현대 도시의 삶과 풍습에 속박되어 있는, 그러면서도 해탈을 구하는 헌신자들이 있다.

스리 바가반이 가장 빈번하게 해준 설명은, 참된 출가는 마음에 있는 것이며, 그것은 몸이 출가한다고 해서 이루어지는 것이 아니고, 몸이 출가하지 않는다고 해서 이루지 못하는 것도 아니라는 것이었다.

"왜 그대가 재가자라고 생각합니까? 설사 그대가 출가자(sannyasin)로 나선다 해도, 자신이 출가자라는 생각이 그대를 따라다닐 것입니다. 가정생활을 계속하든, 가정을 버리고 숲속으로 들어가든, 그대의 마음은 그대를 따라다닙니다. 에고가 생각의 근원입니다. 그것이 몸과 세계를 만들어내고, 그대가 재가자라는 생각을 하게 만듭니다. 만약 출가를 한다면, 재가라는 생각을 출가라는 생각으로, 가정이라는 환경을 밀림이라는 환경으로 대체할 뿐입니다. 그러나 마음의 장애들은 그대에게 늘 있을 것입니다. 심지어 그것이 새로운 환경에서 크게 늘어날 수도 있습니다. 환경을 바꾸는 것은 아무 도움이 되지 않습니다. 단 하나의 장애물은 마음인데, 집에서든 숲속에서든 그것을 극복해야 합니다. 숲속에서 그렇게 할 수 있다면, 집에서는 왜 못하겠습니까? 그러니 환경을 왜 바꿉니까? 환경이 어떠하든, 바로 지금 그대가 노력할 수 있습니다."(『마하르쉬의 복음』, 제1장).

당신은 또한 우리가 하는 일이 아니라 그 일을 하는 마음 자세가 수행의 장애일 뿐이며, 집착만 없으면 우리의 정상적인 직업 활동을 계속해 나갈 수 있다고 설명하기도 했다. 당신은 『마하르쉬의 복음』에서 이렇게 말했다. "'내가 일한다'는 느낌이 장애물입니다. 누가 일하는지를 자문해 보십시오. 그대가 누구인지를 기억하십시오. 그러면 일이 그대를 속박하지 않을 것이고, 그것이 자동적으로 진행될 것입니다." 데바라자 무달리아르의 『바가반과 함께한 나날(Day by Day with Bhagavan)』에는 더 온전한 설명이 기록되어 있다.

"삶의 모든 활동을 초연하게 수행하면서 오직 **진아**만이 실재한다고 여기는 것이 가능합니다. 그대가 진아 안에 고정되어 있으면 삶 속에서의 임무가 제대로 수행되지 않을 거라고 생각하는 것은 잘못입니다. 그것은 배우와 마찬가지입니다. 배우는 분장을 하고 연기를 하면서 심지어 자신이 연기하는 배역을 (자기로) 느낄 수도 있지만, 실은 자신이 그 인물은 아니며 실생활에서는 다른 사람이라는 것을 알고 있습니다. 그와 마찬가지로, 그대가 몸이 아니라 진아라는 것을 확실히 알고 있다면, 몸-의식, 곧 '나는 몸이다(I-am-the-body)' 하는 느낌이 왜 그대를 방해하겠습니까? 몸이 하는 어떤 일도 그대를 진아안주眞我安住에서 동요시켜서는 안 됩니다. 그러한 안주는 몸이 해야 하는 어떤 임무도 그대가 제대로, 효과적으로 수행하는 것을 결코 방해하지 않을 것입니다. 마치 배우가 삶 속에서의 자신의 실제 지위를 자각하고 있는 것이, 무대 위에서 그가 어떤 배역을 연기하는 것을 방해하지 않듯이 말입니다."(『바가반과 함께 한 나날』, 46-6-1).

명상 혹은 기억이—그것을 어떻게 부르든—우리가 하는 일을 저해하지 않듯이, 우리가 하는 일도 명상을 저해하지 않는다. 스리 바가반은 폴 브런튼과 나눈 한 대화에서 이것을 분명히 설명했다.

> **바가반**: 행위의 삶을 포기할 필요는 없습니다. 매일 한두 시간만 명상해도 그대의 일을 계속해 나갈 수 있습니다. 올바르게 명상하면, 이때 유도된 마음의 흐름이 그대가 한창 일을 하는 중에도 계속 흐를 것입니다. 이는 마치 하나의 생각을 두 가지 방식으로 표현할 수 있는 것과 같습니다. 명상 중에 그대가 취하는 그 행로가 그대의 활동 속에서 표현될 것입니다.

브런튼: 그렇게 하면 어떤 결과가 나오겠습니까?

바: 계속해 나가면 사람들, 사건들 그리고 사물들에 대한 그대의 태도가 점차 바뀌는 것을 발견할 것입니다. 그대의 행위들은 저절로 그대의 명상을 따르는 경향을 띠게 됩니다.

인간은 자신을 이 세상에 속박하는 개인적 이기심을 내맡겨야 합니다. 거짓 자아를 포기하는 것이 참된 포기(출가)입니다.

브: 세간적 활동의 삶을 영위하면서 이기적으로 되지 않는 것이 어떻게 가능합니까?

바: 일과 지혜 사이에는 어떤 갈등도 없습니다.

브: 예전의 모든 활동, 예컨대 직업상의 활동을 계속하면서도 동시에 깨달음을 얻을 수 있다는 말씀이십니까?

바: 왜 안 되겠습니까? 그러나 그 경우, 그대는 그 일을 하고 있는 것이 예전의 그 인격이라고 생각하지 않을 것입니다. 왜냐하면 그대의 의식이 점차 변화되어, 결국 소아小我를 넘어서 있는 그것 속으로 들어갈 것이기 때문입니다.

많은 사람들은 초연하게 일하라는 권고를 듣고 처음에는 의아해 하면서, 그런 식으로 해서 그들의 일이 실제로 효율적으로 진행될 수 있을지를 의심했다. 그렇지만 그들은 눈앞에서 스리 바가반 자신의 모범을 보고 있었다. 당신은 책의 교정을 보거나 장정을 하든, 음식을 만들거나 코코넛 껍질을 잘라 숟가락을 만들어 매끈하게 다듬든, 당신이 하는 어떤 일도 세심하고 정확했기 때문이다. 사실 '내가 행위자다(I-am-the-doer)'라는 환상이 사라지기 전이라도, 일에 대해 초연한 태도는 그것이 양심적인 자세와 결합하는 한 효율을 저해하지 않고 증대시킨다. 왜냐하면 그것은 그 일의 질에 무관심하다는 것이 아니라, 단지 거기에 에고가 끼어들지 않게 한다는 것을 의미하기 때문이다. 갈등과 비효율을 야기하는 것은 에고가 끼어들기 때문이다. 만약 모든 사람이 그들의 일을 허영이나 자기잇속 없이 단지 그것이 자기 일이기 때문에 한다면, 착취가 그칠 것이고, 노력이 올바른 방향을 잡을 것이며, 협력이 경쟁을 대체할 것이고, 세상의 문제들 대부분이 해결될 것이다. 어느 종교에서나 신심이 깊던 시대에는, 자신을 도구로 간주하고 익명으로 남기를 선호한 예술가들이—고딕 성당에서든 모스크에서든, 힌두 조각이든 도교의 회화繪畫든—가장 정교한 예술품을 산출했다는 사실을 기억한다면, 그렇게 하는 일의 효율에는 지장이 없으리라는 것이 분명하다. 다른 직종에서도 그런 예를 들 수 있다. 의사는 감정에 빠지지 않을 때 더 능률적으로 일하며, 실로 그런 이유 때문에 흔히 자기 가족은 치료하지 않는 편을 선호한다. 금융인은 그 자신의 이해가 걸려 있지 않을 때 더 냉정하고 효율적으로 일한다. 게임에서도 행운은 무심한 사람을 편든다.

가정생활을 계속하라는 권고는 가끔 스리 바가반 자신은 출가하지 않았느냐는 반론으로 이어졌다. 이 점에 대해 당신은, 모든 사람은 각자의 발현업發現業(prarabdha)[운명]에 따라 행위한다고 무뚝뚝하게 답변했다. 그러나 스리 바가반이 후년에 그토록 완벽하게 모범적으로 보여주었고 당신의 추종자들에게 권유한 온전한 외부적 정상 상태와 삶의 일과日課에의 참여는, 당신 자신도 마두라의 숙부 댁에서 그 깨달음을 얻은 직후에는 불가능했다는 사실을 고려할 필요가 있다. 그 답은, 스리 바가반은 당신에게 가능했던 것을 당신의 추종자들에게도 당신의 은총에 의해 가능케 해 준다는 것이다.

어머니 이야기로 돌아가자면, 그녀는 엄격한 훈련을 받았다. 바가반은 다른 사람들에게는 주의를 기울여주면서도 어머니가 무슨 말을 하면 대답하지 않고 무시할 경우가 많았다. 어머니가 불평하면 이렇게 말하곤 했다. "모든 여자가 내 어머니지 당신만 어머니가 아닙니다." 그리스도가 그의 어머니와 형제들이 군중의 가장자리에 서서 그에게 이야기하려고 기다리고 있다는 말을 듣고 "하늘에 계신 내 **아버지**의 뜻을 행하는 이가 내 형제 자매요 어머니다"라고 말한 것이 연상된다. 처음에 스리 바가반의 어머니는 안달이 나서 종종 울기도 했지만, 점차 내면에서 이해력이 계발되었다. 스와미의 어머니라는 우월감이 떨어져 나가고 에고가 약화되자, 그녀는 헌신자들에 대한 봉사에 전념하게 되었다.

그렇게 된 뒤에도 당신은 그녀의 전통 힌두적 엄숙성을 놀려대곤 했다. 만약 그녀의 사리(sari)가 어쩌다 브라민 아닌 사람의 몸에 닿을라치면 당신은 깜짝 놀라는 척하며 외치는 것이었다. "저런! 순수성이 사라졌어요! 종교가 사라졌군요!" 아쉬람 음식은 엄격한 채식이었지만, 알라감말은 아주 독실한 일부 브라민들처럼 한 걸음 더 나아가 어떤 채소들도 불순수하다(unsattvic)[3]고 생각했다. 그러면 스리 바가반은 놀리듯이 이렇게 말하곤 했다. "저 양파 조심해요! 해탈에 큰 장애물이니까!"

여기서 스리 바가반이 전통교법 일반을 승인하지 않은 것은 아니라는 것을 말해 두어야겠다. 어머니의 경우 전통교법의 형식에 과도하게 집착하는 면이 있었기 때문에 당신이 그것을 공격한 것이다. 일반적으로 당신은 순수성 식품(sattvic food)의 중요성을 강조했지만, 외적인 행위에 관해서는 어떤 금지도 전혀 하지 않을 때가 많았다. 당신의 통상적 방법은 사람들의 심장 속에 영적인 씨앗을 뿌려놓고, 그것이 자라면서 외적인

---

[3] 용어 해설의 순수성/불순수성 항을 보라.
   T. 양파, 마늘 등의 자극성 식품은 마음을 지나치게 활동적으로 만드는 성질이 있어, 순수성 식품이 아닌 것으로 간주된다.

스깐다쉬람 시절의 바가반

삶을 만들어 나가게 내버려두는 것이었다. 금지는 내면에서부터 우러나왔다. 한 서양인 헌신자는 아쉬람에 왔을 때 철저한 육식가였는데, 고기를 가장 맛있는 부분으로 여겼을 뿐 아니라 식사의 실질적 알맹이로 간주하고 있었다. 그런데 그 문제에 관해 아무 말이 없었는데도, 때가 되자 고기를 먹는다는 생각 자체에 혐오감을 느끼게 되었다.[4]

비非힌두 독자들을 위해 괄호에 넣어 설명해야겠지만, 채식주의를 실천하는 것은 단순히 살생을 하거나 고기를 먹는 것이 내키지 않아서만은 아니다. 그것도 이유의 하나이기는 하지만 말이다. 채식을 하는 것은 또한 비순수성 식품(unsattvic food)(고기뿐만 아니라 일부 채소도 포함된다)이 동물적 정념을 키우고 영적인 노력을 장애하는 경향이 있기 때문이다.

어머니는 자신의 아들로 태어난 사람이 **신의 화신**이라는 것을 다른 방식으로도 깨닫게 되었다. 한번은 스리 바가반의 앞에 앉아 있는데 당신이 사라져버리고 대신 순수한 빛의 링감(lingam)[기둥]이 보이는 것이었다. 그녀는 이것을 보자 바가반이 사람 몸을 벗어버린 것이라고 생각하고 눈물을 쏟았지만, 이내 그 링감은 사라지고 당신이 앞서와 같이 다시 나타났다. 또 한번은 그녀가 당신을 보니 전통적으로 묘사되는 **시바**의 모습처럼 뱀들이 당신의 목에 둘려져 있고 당신 주위도 에워싸고 있었다. 그녀가 당신에게 소리쳤다. "저것들을 보내버려요! 나는 저들이 무서워!"

그 후 어머니는 앞으로는 인간의 모습만 자신에게 보이게 해 달라고 간청했다. 그 환영幻影들의 목적은 달성되었다. 그녀는 자기 아들로 알고 사랑했던 그 형상이, 당신이 취할 수 있는 다른 어떤 형상과 마찬가지로 하나의 환幻이라는 것을 깨달았던 것이다.

---

[4] *T*. 이것은 저자 자신의 경우를 두고 하는 말이다. 육식가였던 그는 명상이 진전되면서 자연스럽게 고기를 끊게 되었다. 그의 자서전 *My Life and Quest*(2001), pp.117-8 참조.

1920년에 어머니의 건강이 나빠지기 시작했다. 그녀는 아쉬람을 위해서 봉사하는 일을 덜하게 되었고, 더 많이 쉬지 않으면 안 되었다. 어머니가 병이 난 동안 스리 바가반은 부단히 그녀를 보살폈고, 종종 밤에도 그녀 곁에 앉아 있었다. 침묵과 명상 속에서 그녀의 이해가 성숙했다.

임종은 1922년 바훌라 나바미(Bahula Navami) 축제날5)에 왔다. 이 해에 그날은 5월 19일이었다. 스리 바가반과 다른 사람 몇 명은 하루 종일 먹지도 않고 그녀를 돌보았다. 해질 무렵에 식사가 준비되자 스리 바가반은 다른 사람들에게 가서 식사를 하라고 했지만, 당신은 식사를 하지 않았다. 저녁에 일단의 헌신자들이 그녀의 곁에 앉아서 베다를 찬송했고, 다른 사람들은 람(Ram-라마)의 명호를 염했다. 두 시간이 넘도록 그녀는 가슴을 들썩거리고 숨을 소리 높이 가쁘게 들이쉬며 거기 누워 있었다. 그러는 동안 내내 스리 바가반은 어머니 곁에 앉아서 오른손은 그녀의 심장에, 왼손은 그녀의 머리에 대고 있었다. 이번에는 생명을 연장하려는 것이 아니라 단지 마음을 고요하게 하여 그 죽음이 대삼매大三昧(Mahasamadhi)가 될 수 있게, 즉 진아에 합일되게 하려는 것이었다.

저녁 8시에 그녀는 마침내 몸을 벗어났다. 스리 바가반은 즉시 일어나서 아주 쾌활하게 말했다. "이제 우리 먹어도 됩니다. 갑시다. 오염은 없어요."

이 말에는 깊은 뜻이 있었다. 힌두교도가 죽으면 의식儀式상의 오염6)이 생기고 정화 의식이 필요하지만, 이 경우는 죽음이 아니라 하나의 재흡수(reabsorption)였던 것이다. 몸을 떠난 영혼이 전혀 없었고, 진아와의 완전한 결합이 있었다. 따라서 어떤 정화 의식도 필요 없었다. 며칠 후

---

5) *T*. 힌두력(음력)에서 바이사카(Vaisakha) 달(4~5월)의 '보름 후 9일째 날(bahula navami)'. 이날은 라마의 반려자인 여신 시따(Sita)의 탄신일이라고 한다.
6) *T*. 전통교법상 청정함이 유지되어야 할 신체, 성물, 신성한 장소 등이 오염되는 것.

스리 바가반은 이 점을 확인해 주었다. 어떤 사람이 어머니의 죽음에 대해 이야기하자 당신은 무뚝뚝하게 그의 잘못을 바로잡아 주었다. "그녀는 세상을 떠난 것이 아닙니다. 합일되었지요."

나중에 당신은 그 과정에 대해 설명하면서 이렇게 말했다. "미래의 탄생을 가져올 수 있는 잠재적 습習과 과거의 경험에 대한 미세한 기억이 아주 왕성하게 일어나고 있었지요. 외부적 감각들은 이미 떠났지만, 미세한 의식 속에서 이런저런 장면들이 연달아 지나갔습니다. 그 영혼은 일련의 경험들을 겪고 있었는데, 그럼으로써 환생할 필요성을 모면하고 영靈과의 결합이 가능해진 것입니다. 그 영혼은 마침내 미세한 껍질들을 벗어버리고 최종 목적지, 곧 다시는 무지로 돌아오지 않는 해탈의 위없는 평안에 도달했습니다."

스리 바가반이 베푼 도움이 강력하기도 했지만, 알라감말이 그 혜택을 받을 수 있었던 것은 그녀의 성자다움, 곧 그전에 자부심과 집착을 포기했다는 것 때문이기도 했다. 당신은 나중에 이렇게 말했다. "예, 그녀의 경우는 성공이었습니다. 앞서 빨라니스와미에 대해서도 임종이 다가올 때 그렇게 했지만, 그때는 실패였지요. 그는 눈을 떠버렸고, 세상을 떠났습니다." 그러나 덧붙여 말하기를, 빨라니스와미의 경우에도 완전한 실패는 아니었다고 했다. 에고가 진아에 재합일되지는 못했지만, 그것이 떠나는 방식으로 보아 좋은 데 환생할 것임을 알 수 있었다는 것이었다.

종종 헌신자들이 사랑하는 이들과의 사별을 겪을 때 스리 바가반은 그들에게, 죽는 것은 몸일 뿐이고, 죽음이 비극으로 보이는 것은 "나는 몸이다"라는 환상 때문일 뿐이라는 점을 상기시켜 주었다. 이제 당신 자신의 상喪을 당했지만, 당신은 전혀 어떤 슬픔의 기미도 보이지 않았다. 당신과 헌신자들은 밤새도록 앉아서 헌가를 불렀다. 어머니의 육체적 죽음에 대한 당신의 이런 무관심이야말로, 앞서 그녀가 병이 났을 때 당신이 한 기도의 의미에 대한 진정한 주석이었다.

그 시신의 처리 문제가 대두되었다. 그녀가 진아 안에 합일되었고, 에고의 환幻 속으로 다시 태어나려고 머물러 있지 않았다는 바가반 자신의 증언이 있었지만, 여류 성자의 시신도 화장하는 대신 매장해야 하는지에 대해 사람들이 다소 의문을 느꼈다. 그러던 중 1917년에 가나빠띠 샤스뜨리(Ganapati Sastri)의 그의 일행이 스리 바가반께 한 일련의 질문들 중 바로 이 점에 관한 질문이 들어 있었고, 당신이 이러한 긍정적 답변을 했다는 것을 상기하게 되었다. "진지眞知(Jnana)와 해탈(Mukti)은 남녀가 다르다고 해서 달라지지 않으므로, 여류 성자의 시신도 화장할 필요가 없습니다. 그녀의 육신도 신의 거주처입니다."

그녀가 아쉬람(스깐다쉬람)을 떠날 때도 그녀가 왔을 때처럼 아무도 감히 스리 바가반께 결정해 달라고 청하지 않았고, 당신도 어떤 결정을 공표하지 않았다. 그들에게는 1914년에 당신이 한 기도 속에 그 답이 나와 있었다는 생각이 떠오르지 않았던 것 같다. 그 기도는 이러했다. "제 어머니를 당신의 빛 안에 품으시어 그녀가 당신과 하나 되게 하소서. 그러면 화장火葬이 무슨 필요 있겠습니까?"

스리 바가반은 매장에 참여하지 않고 말없이 서서 지켜보기만 했다. 어머니의 시신은 산기슭의 남쪽 끝, 빨리띠르땀 저수지(Palitirtham Tank)와 다끄쉬나무르띠 만따빰 사이에 묻혔다. 이 의식을 위해 친척과 친구들이 왔고, 읍내에서 많은 군중이 왔다. 시신 주위의 구덩이 속에 성회聖灰(비부띠)·장뇌·향을 던져 넣은 다음 흙을 채웠다. 돌무덤 하나가 만들어졌고, 그 위에 베나레스에서 가져온 신성한 링감을 안치했다. 나중에 그 자리에 사원이 하나 건립되어 1949년에 마침내 완공되었고, 마뜨루

부떼스와라 사원(Mathrubhuteswara Temple), 즉 '어머니로 화현한 신의 사원'으로 불리게 되었다.

어머니가 오면서 아쉬람 생활에서 한 시대가 구분되었듯이, 그녀의 떠남도 그러했다. 아쉬람은 제약받기는커녕 더욱 발전했다. **샥띠**(Shakti), 즉 **창조적 에너지**로서의 그녀의 친존이 이제 그전보다 더 강력해졌다고 느끼는 헌신자들이 있었다. 한번은 스리 바가반이 말했다. "그녀가 어디로 갔겠습니까? 그녀는 여기 있습니다."

니란자나난다 스와미는 삼매지 근처의 산기슭에 지어진 한 초가집 건물에 거처를 정했다. 스리 바가반은 스깐다쉬람에 머무르고 있었지만 거의 매일 산자락을 내려와서 도보로 약 30분 거리에 있는 삼매지로 왔다. 그러다가 6개월쯤 지난 어느 날, 당신은 산책을 나가서 걸어가다가 문득 삼매지로 내려가서 그곳에 머물러야겠다는 강력한 충동을 느꼈다. 당신이 돌아가지 않자 헌신자들도 당신을 따라 그곳으로 왔고, 그리하여 스리 라마나 아쉬람(Sri Ramanashram)이 창건되었다. 나중에 당신은 이렇게 말했다. "제가 스깐다쉬람에서 옮겨온 것은 저 자신의 의지가 아니었습니다. 뭔가가 저를 여기로 데려왔고, 저는 복종했습니다. 그것은 저의 결정이 아니라 **신의 뜻**이었습니다."

9. 비이원론

스깐다쉬람

　스리 바가반은 철학자가 아니었고, 당신의 가르침에는 전혀 어떤 발전(내용상의 변화나 진보)도 없었다. 당신의 가장 초기 교설教說인 『자기탐구』와 『나는 누구인가?』는 당신이 말년에 구두로 가르친 것과 교의적教義的 이론 면에서 전혀 다르지 않다. 당신이 17세의 청년 시절에 자신이 절대자, 즉 존재하는 모든 것의 저변을 이루는 순수한 존재(Pure Being)인 그것과 동일하다는 것을 깨달았을 때, 그것은 무無형상의 직관적인 지知였으며, 그것에 내포된 교의적 의미는 나중에야 인식되었던 것이다. "나는 만물의 저변을 이루는 본질 혹은 비인격적 실재가 있다는 것과, 신과 내가 공히 그것과 동일하다는 것을 아직 모르고 있었다. 나중에 띠루반나말라이에서 남들이 『리부 기타』와 그 밖의 신성한 책들을 읽는 것을 듣고서 이런 모든 것을 알게 되었고, 내가 분석이나 이름 없이 직관적으로 느꼈던 것들을 그 책들이 분석하고 이름 붙이고 있다는 것을 발견했다." 그것은 의견의 문제가 아니라 인식認識된 진리의 문제였다. 다시 말해서 당신은 무엇을 읽어서 납득한 것이 아니라, 단지 그것이 당신이 이미 직관적으로 알고 있던 것과 부합한다는 것을 인식했던 것이다.

　교의教義(doctrine-가르침의 이론적 원리)의 모든 양식과 수준이 힌두교에 포함되어 있는데, 그것들 모두가 타당하며 여러 가지 기질과 발전 단계의 사람들에게 필요한 다양한 접근 방식과 상응한다. 서구의 종교, 곧 셈족의 종교들에서처럼 인격신에 대한 사랑과 숭배를 통한 접근 방식도 존재한다. 또한 신이 그의 모든 피조물 속에 나타나 있다고 보고 그들에 대한 봉사로써 신을 숭배하는, 봉사를 통한 접근 방식도 있다. 그러나 **순수한 존재**를 자신의 **진아**이자 우주와 모든 존재들의 **진아**로 인식하는 것이야말로, 다른 모든 수준의 교의들을 그 나름의 수준에서의 진리성을 부정하지 않으면서 뛰어넘는 지고의 궁극적 **진리**이다. 이것이 고대의 리쉬들, 특히 샹까라짜리야(Shankaracharya)가 탁월하게 가르친 **아드와이따**(Advaita), 즉 **비이원성**(Non-duality)의 교의(비이원론)이다. 그것은 우주론의 온갖 복잡한 이론들 너머의 궁극적 진리이기에 가장 단순하면서 가장 심오한 것이다.

비이원성은 **절대자**만이 있다는 것을 의미한다. 전체 우주는 **절대자** 안에서 존재하는데, 어떤 고유의 실재성도 없고 단지 **절대자**를 현현顯現할 뿐이다. 그러나 **절대자**는 영원히 불변이고 미현현顯現未 상태로 남아 있다. 그것은 마치 한 인간의 꿈속에 나타난 사람과 사건들이 그의 안에 존재하면서도 그와 별개의 실재성을 갖지 않고, 또한 그들이 창조된다고 해서 그에게 아무것도 더해지지 않고 그들이 사라진다고 해서 그에게서 아무것도 감해지지 않는 것과 같다. 이것은 **절대자**가 우주와 모든 존재의 **진아**임을 의미한다. 따라서 우리가 "나는 누구인가?" 하는 부단한 탐구로써 자신의 **진아**를 추구하면, 자신이 **보편적 존재**(도처에 편재한 존재)와 동일함을 깨닫는 것이 가능하다. 이것이 스리 바가반이 가르친 가장 순수한 **비이원론**(Advaita)이었다.

어떤 사람들은 **하나인 진아**(One Self)라고 하는 교의가 그들에게서, 자신들이 그에게 기도할 수 있는 어떤 **인격신**을 빼앗아 버린다고 겁낼지 모르지만, 겁낼 필요가 없다. 왜냐하면 기도하는 사람의 에고의 실재성이 지속되는 한, 그가 기도하는 그 신의 실재성도 지속되기 때문이다.

인간이 자신의 에고를 하나의 실재물로 받아들이는 한, 에고 바깥의 세계와 그 위의 신 또한 그에게 실재물이다. 이것이 한 이원적 종교와 어떤 **인격신**의 수준이다.[1] 그것은 참되지만 궁극적 진리는 아니다. "모든 종교가 개인·신·세계라는 세 가지 근본 원리를 전제하지만, '하나가 그 셋으로 **자신을** 나툰다'고 하거나, '그 셋은 실제로 세 가지다'라고 하는 것은 에고가 지속되는 한에서이네. 지고의 상태는 에고가 소멸되고 진아 안에 내재하는 것이라네"(『실재사십송』, 제2연).

어떤 사람들은 **영靈**의 실재를 인정하면서도 현상계가 실재하지 않는다는 관념에 반발하기도 하지만, 그것은 그들이 현상계가 어떤 의미에서 실재하지 않는 것인지 이해하지 못했기 때문이다. 스리 바가반은 이것을 종종 설명했는데, S. S. 코헨이 기록한 다음 말에서처럼 간결하게 잘 설명된 곳은 없다.

"샹까라짜리야는 그의 **마야**(Maya)[환]의 철학 때문에 그의 뜻을 이해하지 못한 사람들로부터 비난받아 왔습니다. 그는 세 가지 진술을 했습니다. '**브라만**은 실재한다, 우주는 실재하지 않는다, 그리고 **브라만**이 곧 우주다'라는 것입니다. 그는 두 번째에서 멈추지 않았습니다. 세 번째 진술이 앞의 두 가지를 설명해 줍니다. 즉, 그것은 우주가 브라만과 별개로 지각될 때는 그 지각이 거짓이고 환幻이라는 것을 뜻합니다. 그 말은, 현상계는 **진아**로서 체험될 때는 실재하고, 진아와 별개로 보일 때는 환이라는 것입니다."(『구루 라마나』, 제9장).

스리 바가반의 가르침은 굉장히 실제적이다. 당신은 헌신자들의 특정

---

[1] T. 이것은 서구의 종교를 대표하는 '기독교'와 그 신인 '여호와'를 지칭한 것이다.

한 필요와 질문에 대한 답변으로서만, 그리고 실천(수행)을 위해 필요한 기초로서만 이론을 설했다. 한번은 (『마하르쉬의 복음』에서) 붓다가 신에 대한 질문들에 답변하지 않았다는 것을 어떤 사람이 상기시켜 드리자, 당신은 긍정하면서 이렇게 답변했다. "사실 붓다는 신 등에 관한 이론적 논의보다는 그 구도자가 지금 여기서 **지복**을 깨닫도록 이끄는 데 더 관심이 있었습니다"(『마하르쉬의 복음』, 제2권 2장). 그래서 당신 자신도 (사람들의 지적) 호기심을 만족시켜 주지 않고, 대신 그 질문자에게 수행, 곧 노력이 필요함을 알게 할 때가 많았다. 사람이 죽은 뒤의 상태에 관해 질문을 받으면 당신은 이렇게 답변할 것이다. "왜 그대는 지금 자기가 무엇인지 알기도 전에, 그대가 죽었을 때 무엇이 될지를 알고 싶어 합니까? 먼저 지금 그대가 무엇인지를 알아내십시오." 인간은 지금 그리고 영원히, 금생과 다른 모든 생 이면에 있는 불사不死의 **진아**이지만, 그렇다는 이야기를 듣거나 그것을 믿는다는 것만으로는 충분하지 않으며, 그것을 깨달으려고 애쓸 필요가 있다. 마찬가지로, 신에 대해 질문을 받으면 당신은 이렇게 답변할 것이다. "왜 그대 자신을 알기도 전에 신에 대해 알고 싶어 합니까? 먼저 그대가 무엇인지를 알아내십시오."

그렇게 할 수 있는 과정은 뒤의 한 장章에서 서술되지만, 다음 장에서 이미 헌신자들에 대한 스리 바가반의 가르침을 들려주므로, 여기서 그것과 당신의 가르침에 대해 언급하겠다.

당신의 가르침이 통상적 의미에서의 '철학'이 아니었다는 것은, (다음 장에서 당신이 시바쁘라까삼 삘라이에게 한 답변에서 나타나겠지만) 당신이 헌신자들에게, 문제들을 생각해 내지 말고 생각을 없애라고 가르쳤다는 사실에서 알 수 있다. 이렇게 말하면 그 과정이 마치 사람을 멍하게 만드는 것처럼 들릴지 모른다. 그러나 제2장에 나온 대화에서 당신이 폴

브런튼에게 설명했듯이, 실은 그 반대이다. 인간은 **진아**, 즉 순수한 존재, 순수한 의식, 순수한 **지복**과 동일하지만, (무지한 사람의) 마음이 별개의 한 개인성이라는 환幻을 만들어낸다. 깊은 잠 속에서는 마음이 고요해져서 인간이 **진아**와 하나가 되지만, 의식하지 못하면서 그렇게 된다. 삼매三昧에서는 온전히 의식하면서, 즉 어둠 속에서가 아니라 빛 속에서 **진아**와 하나가 된다. 마음의 간섭이 고요해지면 **스승의 은총**에 의해 진아의 의식이 **심장** 안에서 깨어날 수 있고, 그리하여 이 지복스러운 **정체성**(Identity)을—무감각이나 무지가 아니라 빛나는 **지**知(Knowledge), 순수한 '내가 있음'인 상태를—준비하게 된다.

　많은 사람들은 마음의 소멸 혹은 (결국 같은 말이지만) 별개의 개인성의 소멸이라는 관념에 대해 움찔하면서 그것을 무섭게 느낄지 모르지만, 그것은 우리가 잠을 잘 때 매일 일어나는 일이다. 잠 속에서는 무지한 방식으로만 마음이 고요해지는 것인데도, 우리는 잠자리에 드는 것을 두려워하기는커녕 그것을 바람직하고 즐거운 일로 생각한다. 황홀경이나 무아경에서는 반대로 마음이 자신의 참된 성품인 지복의 단편적인 체험 속에 일시적으로 합일되어 고요해진다. 그 단어들 자체가 개인성의 초월을 말해준다. '황홀경(rapture)'은 어원상 '실려가는 것'을, '무아경(ecstasy)'은 '자신의 바깥에 서 있음'을 의미하기 때문이다. '숨을 걷어가듯 하다(it is breath-taking)'는 표현은 실은 '생각을 걷어가듯 하다(it is thought-taking)'는 것을 의미한다. 왜냐하면 스리 바가반이 호흡 제어에 관해 이야기할 때 설명했듯이, 생각과 숨의 근원은 동일하기 때문이다. 진실은, 개인성이 없어지는 것이 아니라 **무한대로 확장된다**는 것이다.

　생각들을 없애는 것은, 생각의 이면과 그 너머에 있는 더 깊은 자각에 집중하려는 목적에서이다. 그것은 마음을 약화시키기는커녕 그것을 강화시킨다. 왜냐하면 그것이 집중을 가르쳐주기 때문이다. 스리 바가반은 이것을 빈번히 확인해 주었다. 약하고 제어되지 않은 마음은 끊임없이 쓸데없는 생각들에 의해 산란해지고, 무익한 걱정들로 괴로워한다. 그 무엇에든 집중할 수 있을 만큼 충분히 강한 마음은, 진아를 탐구하면서 그 집중력을 생각을 없애는 데로 향하게 할 수 있고, 또한 역으로 스승이 일러준 방식대로 생각을 없애려고 노력하다 보면 힘과 집중력이 생긴다. 그 탐구를 성취했을 때 마음의 기능들은 상실되지 않는다. 스리 바가반은 이것을 예를 들어 설명하면서 진인의 마음을 한낮에 하늘에 떠 있는 달에 비유했다. 즉, 그것은 빛나고 있기는 하지만, 그것을 빛나게 하는 해의 훨씬 밝은 빛 속에서 그 달빛은 필요가 없다는 것이다.

10. 초기의 헌신자들

위: 시바쁘라까삼 삘라이, 나떼사 무달리아르(사두 나따나난다)
아래: 험프리스, 가나빠띠 샤스뜨리

스리 바가반이 가르친 교의는 결코 변하지 않았지만, 가르침의 방식은 질문자의 성격과 이해 정도에 따라 달라진다. 산 위에 사시던 시절에 일부 헌신자들이 경험한 것과 그들이 받은 가르침이 기록되었는데, 그 중 몇 가지는 아래에 나와 있다. 사실 당신의 헌신자들이 경험한 일들이 스리 바가반의 전기를 구성한다고 말할 수도 있다. 왜냐하면 당신 자신은 사건과 경험들을 넘어선 불변성 안에 자리잡고 있었기 때문이다.

시바쁘라까삼 삘라이

시바쁘라까삼 삘라이(Sivaprakasam Pillai)는 헌신자들 중에서 지식인의 한 사람이었다. 대학에서는 철학을 배웠고 일찍이 존재의 신비에 대해 깊이 생각했다. 1900년에 그는 사우스아코트(South Arcot) 군郡의 세무과에서 일하게 되었다. 2년 뒤에 업무차 띠루반나말라이에 왔다가 산 위에 사는 젊은 스와미 이야기를 들었다. 처음 스와미를 찾아갔을 때 그는 바로 당신에게 매료되었고, 헌신자가 되었다. 그는 스와미에게 14가지 질문을 했는데, 스와미가 여전히 묵언을 하고 있었기 때문에 문답은 모두 글로 써서 이루어졌다. 마지막 질문에 대한 답변은 스와미가 한 석판 위에 썼고, 시바쁘라까삼 삘라이는 즉시 그것을 베껴 썼다. 나머지 13가지 질문은 나중에 기억을 토대로 쓴 것이지만, 출판하기 전에 스리 바가반이 점검한 것이다.

시바쁘라까삼 삘라이: 스와미, 저는 누구입니까? 그리고 어떻게 하면 구원을 성취할 수 있습니까?

바가반: "나는 누구인가?" 하는 부단한 내적 탐구를 하면 그대 자신을 알게 될 것이고, 그렇게 해서 구원을 성취합니다.

삘: 저는 누구입니까?

바: 진정한 '나', 곧 진아는 몸이 아니고, 다섯 가지 감각 기관도 아니고, 감각 대상도 아니고, 행위 기관도 아니며, 쁘라나(*prana*)[호흡 혹은 생명 기운]도 아니고, 마음도 아니고, 이런 것들을 전혀 지각하지 못하는 깊은 잠의 상태도 아닙니다.

삘: 그 어느 것도 제가 아니라면 저는 달리 무엇입니까?

바: 이것들을 하나씩 배제하면서 "이것은 내가 아니다"라고 말한 뒤에 홀로 남는 것이 그 '나'이고, 그것은 의식입니다.

삘: 그 의식의 본질은 무엇입니까?

바: 그것은 **사뜨-찌뜨-아난다**(Sat-Chit-Ananda)[존재-의식-지복]인데, 그 안에는 '나'라는 생각의 자취도 없습니다. 이것을 **마우나**(*Mouna*)[침묵] 혹은 **아뜨마**(*Atma*)[진아]라고도 합니다. 그것이 존재하는 유일한 것입니다. 만약 세계·에고·신의 3요소를 별개의 실체들로 여긴다면, 그것들은 자개에서 은이 보이는 것과 같은 환에 불과합니다. 신·에고·세계는 실제로는 **시바 스와루빠**(Siva *swarupa*)[시바의 형상] 혹은 **아뜨마 스와루빠**(Atma *swarupa*)[영의 형상]입니다.

삘: 우리는 그 실재를 어떻게 깨달을 수 있습니까?

바: 보이는 사물들이 사라지면 '보는 자', 곧 주체의 참된 성품이 드러납니다.

삘: 바깥의 사물들을 여전히 보면서 그것을 깨닫기는 불가능합니까?

바: 불가능합니다. 왜냐하면 '보는 자'와 '보이는 것'은 밧줄과 그 밧줄에서 보이는 뱀과 같기 때문입니다. 뱀의 모습을 제거할 때까지는, 존재하는 것이 밧줄일 뿐이라는 것을 보지 못합니다.

삘: 바깥의 대상들은 언제 사라지겠습니까?

바: 모든 생각과 활동의 원인인 마음이 사라지면 바깥의 대상들도 사라질 것입니다.

삘: 마음의 본질은 무엇입니까?

바: 마음은 생각일 뿐입니다. 그것은 에너지의 한 형태입니다. 마음은 세계로 그 자신을 나툽니다. 마음이 진아 속으로 가라앉을 때 우리가 진아를 깨닫습니다. 마음이 튀어나올 때는 세계가 나타나고, 진아를 깨닫지 못합니다.

삘: 마음은 어떻게 사라지겠습니까?

바: 오직 "나는 누구인가?" 하는 탐구를 통해서입니다. 이 탐구도 하나의 마음 작용이지만, 그것은 그 자체를 포함한 모든 마음 작용을 소멸시킵니다. 마치 화장터의 장작불을 들쑤시는 막대기가 장작과 시신이 다 타고 나면 그 자체도 재가 되어 버리듯이 말입니다. 그럴 때만 진아 깨달음이 옵니다. '나'라는 생각이 소멸되면 호흡과 생명력의 다른 징후들도 가라앉습니다. 에고와 쁘라나(prana)는 공통의 근원을 갖습니다. 그대가 무엇을 하든 에고성 없이, 즉 '내가 이것을 하고 있다'는 느낌 없이 하십시오. 어떤 사람이 그 상태에 도달하면 그의 아내조차도 그에게는 **보편적 어머니**(Universal Mother)로 보일 것입니다. 참된 **헌신**(Bhakti)은 에고를 진아에 내맡기는 것입니다.

삘: 마음을 소멸하는 다른 방도는 없습니까?

바: **자기탐구**(Self-enquiry) 외에는 다른 적당한 방법이 없습니다. 다른 수

단으로 마음을 달래주면 그것은 잠시 고요히 있다가 다시 일어나서 먼저 하던 활동을 재개합니다.

삘: 그러나 자기보존의 본능과 같은 온갖 본능과 원습原習(vasanas)들은 언제 우리의 안에서 조복調伏되겠습니까?

바: 그대가 진아 안으로 물러나면 날수록, 이런 원습들은 시들다가 결국은 떨어져 나갑니다.

삘: 많은 생을 통해 우리의 마음 속에 젖어든 이 모든 원습들을 뿌리 뽑는 것이 과연 가능합니까?

바: 그대의 마음에 그러한 의심이 끼어들 여지를 절대 주지 말고, 확고한 결의로 진아 속으로 뛰어드십시오. 이 탐구에 의해 마음이 부단히 진아로 향해지면, 결국 그것이 해소되고 진아로 변환됩니다. 어떤 의심을 느낄 때는 그것을 밝히려 하지 말고, 그 의심이 일어나는 그 사람이 누구인지 알려고 노력하십시오.

삘: 이 탐구는 얼마나 오래 계속해야 합니까?

바: 그대의 마음 속에 생각을 일으키는 원습의 자취가 조금이라도 있는 한 계속해야 합니다. 적이 요새를 점령하고 있는 한 그들은 계속 공격해 오겠지요. 만약 적이 나오는 대로 하나씩 죽이면 요새는 결국 그대에게 떨어질 것입니다. 마찬가지로, 한 생각이 고개를 치켜들 때마다 이 탐구로 그것을 말살하십시오. 모든 생각을 그 근원에서 말살하는 것을 무욕(vairagya)이라고 합니다. 그래서 진아를 깨달을 때까지는 탐구(vichara)[자기탐구]가 계속 필요합니다. 필요한 것은 지속적이고도 끊임없는 진아에 대한 기억(자기자각)입니다.

삘: 이 세계와 그 안에서 일어나는 일들은 신의 의지의 결과 아닙니까? 만약 그렇다면 신은 왜 그렇게 의지意志합니까?

바: 신에게는 어떤 목적도 없습니다. 그는 어떤 행위에 의해서도 구속되지 않습니다. 세계의 활동들은 그에게 영향을 줄 수 없습니다. 해의 비유를 들어봅시다. 해는 어떤 욕망이나 목적이나 노력도 없이 떠오르지만, 해가 뜨자마자 지구상에서는 무수한 활동이 일어납니다. 그 빛살 속에서, 렌즈의 초점에서는 불이 일어나고, 연꽃 봉오리가 벌어지며, 물은 증발하고, 모든 살아 있는 생명체들이 활동에 들어가서 그것을 유지하다가 결국 그만둡니다. 그러나 해는 그런 어떤 활동에 의해서도 영향 받지 않습니다. 왜냐하면 그것은 어떠한 목적도 없이 그저 정해진 법칙에 의해 자신의 성품에 따라서 행위하며, 하나의 주시자(witness)일 뿐이기 때문입니다. 신도 그렇습니다. 아니면 공간, 곧 허공(ether)의 비유를 들어봅시다. 지수화풍地水火風은 모두 그 안에 있고, 그 안에 변용된 모습들을 가지고 있지만, 그 중의 어떤 것도 허공, 곧 공간에 영향을 주지 않습니다. 신도 마찬가지입니다. 신이 하는 창조·유지·파괴·물러남과 구원의 행위1)에는 아무 욕망이나 목적이 없습니다. 존재(중생)들은 거기에 지배되지만 말입니다. 존재들은 신의 법칙에 따라서 자기 행위의 열매를 거두기 때문에, 그 책임은 그들의 것이지 신의 것이 아닙니다. 신은 (그들의) 어떠한 행위에 의해서도 구속되지 않습니다.

보는 그 사람의 참된 성품은 보이는 것이 사라질 때만 드러난다고 하는 스리 바가반의 말씀을, 문자 그대로 물리적 세계에 대한 무지각 상태를 규정한 것으로 받아들여서는 안 된다. 그런 것은 형상 없는 무아경의

---

1) T. 이 다섯 가지를 신의 '다섯 가지 작용(pancha kriyas)'이라고 하며, 여기서 '물러남'과 '구원'은 각기 '숨김'과 '은총'이라고도 한다. 전자는 무지無知를 드리워 진아를 숨기는 것이고, 후자는 은총으로 무지를 없애고 다시 진아를 깨닫게 하는 것이다.

상태, 곧 무상삼매無相三昧(nirvikalpa samadhi)일 것이다. 당신이 말하고자 한 뜻은, 그것들이 더는 실재하는 것으로 보이지 않고 진아가 취한 형상에 불과한 것으로 보인다는 것이다. 이 점은 그 뒤에 나오는 밧줄과 뱀의 비유에서 분명해진다. 이것은 스리 샹까라도 사용한 전통적인 비유이다. 어떤 사람이 어둑어둑한 곳에 사려진 밧줄을 보고 그것을 뱀으로 오인하고 겁을 먹는다. 날이 밝아서 보니 그것은 밧줄이었을 뿐이고, 그의 두려움은 근거가 없는 것이었다. 존재라는 실재가 그 밧줄이고, 그를 겁먹게 한 뱀이라는 환幻은 대상 세계인 것이다.

생각들을 그 근원에서 말살하는 것이 무욕이라는 말도 설명을 요한다. 무욕(vairagya)의 의미는 부동심不動心·무집착·평정심 등이다. 인간 내면의 본능과 잠재적 원습이 언제 조복調伏되겠느냐는 시바쁘라까삼 삘라이의 질문은, 그가 무욕을 이루기 위해 노력할 필요를 느끼고 있었음을 보여준다. 스리 바가반은 사실상 그에게 자기탐구가 무욕에 이르는 첩경임을 말해준 것이다. 욕망과 집착은 마음속에 있다. 따라서 마음을 제어하면 그것들은 가라앉으며, 그것이 곧 무욕인 것이다.

이 답변들은 나중에 『나는 누구인가?』라는 책의 형태로 확장되고 정리되었는데, 이 책이 스리 바가반의 산문체 어록으로는 아마 가장 널리 읽힌 저작일 것이다.

1910년이 되자 시바쁘라까삼 삘라이는 이미 공직이 지겹고 수행, 곧 영적인 탐구에 장애가 된다고 느끼고 있었다. 그는 돈을 벌지 않아도 재가자의 삶을 영위할 만큼 유복했기에 공직에서 물러났다. 3년 뒤 그는 자신의 퇴직이 세간의 삶에서 아주 물러난 것인지, 아니면 단지 지겨운 일을 그만두고 즐거운 일은 유지해온 것인지에 대한 실제적 판단을 내려야 할 상황에 직면했다. 아내가 죽었는데, 재혼을 해야 할지 아니면 사두의 삶을 택해야 할지를 결정해야 했다. 그는 이제 갓 중년이었고, 마음이 강하게 끌리는 여자가 있었다. 그러나 만약 다시 결혼하여 새로운 가정을 꾸린다면 돈을 어떻게 마련할 것이냐 하는 문제도 있었다.

그는 처음에 그런 문제에 대해 스리 바가반께 여쭈기가 두려웠는데, 아마 마음속으로 그 답변이 어떻게 나올지 짐작했기 때문일 것이다. 그래서 그는 다른 방식으로 그 답을 얻어 보려 했다. 그는 종이에 다음과 같은 네 가지 질문을 썼다.

1. 지상에서의 모든 슬픔과 걱정을 피하려면 내가 무엇을 해야 하나?
2. 내가 마음에 두고 있는 그 여자와 결혼을 해야 하나?
3. 만약 하지 않는다면, 왜 안 하는가?
4. 만약 결혼이 이루어진다면, 필요한 돈을 어떻게 마련할 것인가?

그는 이것을 가지고 자기가 어릴 때부터 그 앞에서 기도하는 데 익숙한 신의 모습인 비그네스와라(Vighneswara)가 있는 사원으로 갔다. 그 종이를 신상 앞에 놓고 밤을 새우면서, 그 답이 종이 위에 나타나든지 아니면 어떤 징후나 환영을 보게 해 달라고 기도했다.

아무 일도 일어나지 않았고, 그는 이제 스와미에게 여쭈는 것 외에 다른 방도가 없었다. 그래서 비루팍샤 산굴로 갔으나 여전히 그 질문을 드리기가 두려웠다. 하루하루 그는 질문하는 것을 미루었다. 스리 바가반은 누구에게도 결코 가정생활을 버리라고 권하지 않았지만, 그렇다고 해서 운명 자체가 (출가자가 되도록) 놓아준 사람까지 다시 일부러 재가 생활로 돌아가도록 권하지는 않았다. 시바쁘라까삼 삘라이는 여자들에게 전혀 무관심하고 돈에 전적으로 개의치 않는 스와미의 평온하고 순수한 삶을 보면서, 그 답이 자신에게 다가오고 있음을 점차 느꼈다. 그가 떠나기로 예정한 날이 되었지만 그 질문들을 아직 하지 못하고 있었다. 그날은 주위에 많은 사람이 있었기 때문에, 설사 질문을 하고 싶었다 해도 사람들에게 그것을 공개하지 않고는 할 수가 없었다. 그는 스와미를 응시하면서 앉아 있었다. 그가 응시하고 있을 때 갑자기 스와미의 머리 위에 눈부신 빛의 후광이 나타나더니 한 금빛 아이가 그의 머리에서 나왔다가 다시 들어가는 것이 보였다. 그것은 우리가 낳아야 할 자식이란 육신의 것이 아니라 영靈의 것이라는 하나의 생생한 답변이었던 것일까? 황홀경의 물결이 그를 엄습했다. 오랜 기간에 걸친 의문과 망설임의 중압이 해소되면서 그는 순수한 안도감에 흐느껴 울었다.

스리 바가반의 주위를 지배했던 분위기가 극히 정상적이었다는 것은, 나중에 시바쁘라까삼 삘라이가 다른 헌신자들에게 자기가 본 것을 이야기하자 어떤 사람들은 웃어 버리거나 믿을 수 없다는 반응이었고, 어떤 사람들은 그가 마약을 먹지 않았나 의심했다는 점에서 잘 드러난다. 환영을 보았거나 이상한 현상이 일어났다는 사례들을 뽑아볼 수는 있지만, 스리 바가반이 우리들 사이에서 화현해 계셨던 50여년의 기간에 걸쳐서 보면, 아주 드물게 산재한다고 해야 할 것이다.

기쁨에 넘친 시바쁘라까삼 삘라이는 그날 떠난다는 생각을 다 포기했다. 다음날 저녁, 그는 스리 바가반의 앞에 앉아 있다가 다시 환영 하나를 보았다. 이번에는 스리 바가반의 몸이 아침 해같이 빛나고, 당신 주위에는 보름달의 달무리 같은 후광이 빛났다. 그러더니 다시 당신의 몸 전체가 성회聖灰로 덮여 있고 두 눈이 자비심으로 광채를 발하고 있었다. 또 이틀 뒤에도 환영을 보았는데, 이번에는 마치 스리 바가반의 몸이 순전한 수정 같았다. 그는 이 모습에 압도되었고, 자신의 가슴 안에서 차오르는 그 기쁨이 사라질까봐 떠나기가 두려웠다. 마침내 그는 묻지 못한 질문들에 대한 답을 얻고 자기 마을로 돌아갔다. 그는 여생을 독신으로 고행하면서 보냈다. 그는 이런 모든 체험을 한 편의 타밀 시로 묘사했다. 스리 바가반을 찬양하는 다른 시들도 썼는데, 그 중의 일부는 지금도 헌신자들이 노래로 부르고 있다.

나떼사 무달리아르

찾아온 사람들이 다 스리 바가반의 침묵의 가르침을 이해한 것은 아니었다. 나떼사 무달리아르(Natesa Mudaliar-사두 나따나난다)도 결국 이해했지만, 오랜 시간이 걸렸다. 그는 초등학교 교사였는데, 비베카난다의 책을 읽고 나자 출가하여 스승을 찾아야겠다는 열정에 불타게 되었다. 친구들이 그에게 **아루나찰라 산**에 있는 스와미에 대해 이야기해 주었지만, 그 스와미에게서 가르침을 얻는다는 것은 거의 기대할 수 없다고 덧붙였다. 그래도 무달리아르는 시도해 보기로 마음먹었다. 때는 1918년, 스리 바가반은 이미 스깐다쉬람에 있었다. 무달리아르는 거기로 가서 당신 앞에 앉았다. 그러나 스리 바가반은 침묵하고 있었고, 먼저 말을 꺼내지 못한 무달리아르는 실망하고 돌아왔다.

안 되겠다 싶었던 그는 여행을 다니며 다른 스와미들을 찾아가 보았으나, 자신이 **신적 친존**(Divine Presence)을 느껴서 순복할 수 있는 사람을 아무도 발견하지 못했다. 2년간의 성과 없는 모색 끝에 그는 스리 바가반에게 장문의 편지를 써서, 열망하는 영혼들의 운명에 이기적으로 무관심하지 말아달라고 간청하면서, 자신이 처음 찾아갔을 때 아무 소득이 없었기 때문에 다시 와도 좋다는 허락을 해달라고 했다. 한 달이 지나도 아무 답장이 없었다. 그러자 그는 배달증명을 요하는 등기 편지를 보냈는데 이번에는 이렇게 썼다. "아무리 많은 생을 다시 태어난다 할지라도 저는 당신에게서, 오직 당신에게서만 가르침을 받고야 말겠습니다. 따라서 만약 당신께서 제가 금생에는 당신의 가르침을 받기에 너무 준비되지 않았거나 성숙되지 않았다고 저를 포기하신다면, 저를 위해서라도 다시 태어나셔야 할 것입니다. 저는 이것을 맹세합니다."

며칠 후 스리 바가반이 그의 꿈에 나타나서 말했다. "나를 계속 생각하지 마십시오. 그대는 먼저 **황소의 주인 마헤스와라 신**(God Maheswara)2)의 은총을 얻어야 합니다. 먼저 그에 대해 명상하여 그의 **은총**을 확보하십시오. 당연히 나의 도움이 뒤따를 것입니다." 그의 집에는 황소를 타고 가는 **마헤스와라 신**의 그림 한 장이 있었고, 그는 이것을 명상의 보조물로 삼았다. 며칠 후 그는 편지의 답장을 받았다. "마하르쉬님은 편지에 답장을 하시지 않습니다. 당신이 직접 와서 그분을 만나보십시오."

그는 그 편지가 스리 바가반의 지시로 작성된 것임을 확인하기 위해 한 번 더 편지를 쓴 다음 띠루반나말라이로 출발했다. 꿈에서 지시받은 경로를 따라, 먼저 읍내의 큰 사원으로 가서 **주 아루나찰레스와라**를 친견하고 그날 밤을 보냈다. 거기서 만난 한 브라민은 그가 뜻하는 일을 만류하려 했다. "자, 들어보게. 나는 라마나 마하르쉬님 가까이 16년을 있으면서 그분의 **은총**(Anugraham)을 얻어 보려 했지만 얻지 못했네. 그분은 일체에 무관심하지. 설사 자네가 거기서 머리를 깨뜨린다 해도 그분은 왜 그러느냐고 묻지도 않을 것이네. 그분의 **은총**을 얻기가 불가능하니 자네가 찾아가 본들 아무 소용이 없네."

이것은 스리 바가반이 당신의 헌신자들에게 요구한 이해가 어떤 것인지를 확연히 보여주는 사례이다. 마음이 열린 사람들은 당신이 어머니보다도 더 자상하다고 생각했고, 어떤 이들은 경외심으로 전율했으며, 외부적 표지標識로만 판단하던 사람들은 아무것도 발견하지 못하곤 했다.

---

2) *T.* 시바는 마헤스와라라고도 불리며, 황소 난디를 타고 다니는 것으로 알려져 있다.

나떼사 무달리아르는 쉽게 물러설 사람이 아니었다. 그가 가겠다고 고집하자 다른 사람이 말했다. "여하튼 이렇게 하면 자네가 그분의 은총을 얻는 행운이 있을지를 알아볼 수 있네. 산 위에 세샤드리라고 하는 이름의 스와미가 한 분 계신데, 그분은 누구하고도 어울리지 않고 보통 자기에게 다가오는 사람들을 쫓아버린다네. 만약 그분에게서 어떤 호의의 표시를 얻을 수 있으면, 성공의 좋은 조짐이 될 걸세."

다음날 아침 무달리아르는 같은 직업의 동료인 J. V. 수브라마니아 아이어와 함께 그 만나기 어렵다는 세샤드리스와미를 찾아 나섰다. 한참을 찾은 끝에 그를 보았는데, 놀랍게도 그 자신이 그들에게 다가오고 있어서 무달리아르는 안도했다. 그들의 용건을 들을 것도 없이 그가 무달리아르에게 말을 걸어왔다. "불쌍한 내 자식! 왜 슬퍼하고 걱정하나? 지知(Jnana)가 뭐지? 마음이 대상들을 찰나적이고 실재하지 않는 것으로 하나하나 배제한 뒤에, 그래도 없어지지 않고 남아 있는 것이 지知야. 그게 신이지. 일체가 그것이고, 오직 그것이야. 어떤 산이나 동굴로 들어가야 지知를 얻을 수 있다고 믿고 여기저기 쫓아다니는 것은 어리석은 짓이야. 겁내지 말고 가 봐." 이와 같이 그는 자신의 가르침이 아니라 스리 바가반의 가르침을, 바로 바가반이 했을 것 같은 말로 베풀어주었다.

이 상서로운 조짐에 힘이 난 그들은 산비탈을 올라 스깐다쉬람으로 갔다. 그들이 도착했을 때는 정오 무렵이었다. 무달리아르는 대여섯 시간 동안 스리 바가반 앞에 앉아 있었고, 그들 사이에서는 아무 말도 오고가지 않았다. 그러다가 저녁 식사가 준비되었고, 스리 바가반이 나가려고 일어섰다. J. V. S. 아이어가 그에게 말했다. "이 사람이 그 편지들을 써 보낸 사람입니다." 그러자 스리 바가반은 그를 뚫어지게 바라본 다음, 여전히 아무 말 없이 돌아서서 나갔다.

무달리아르는 다달이 하루 동안 거기 와서 앉아 말없이 간청했지만, 스리 바가반은 그에게 한 번도 말을 하지 않았다. 그도 감히 먼저 말하지 못했다. 이런 식으로 꼬박 1년이 지나간 뒤, 그는 더 이상 참지 못하고 마침내 이렇게 말했다. "저는 당신의 은총이 무엇인지를 배우고 체험하고 싶습니다. 그에 대한 사람들의 이야기가 제각각이라서요."

스리 바가반이 대답했다. "저는 늘 은총을 드리고 있지요. 만약 그대가 이해하지 못한다면 제가 어떻게 합니까?"

아직도 무달리아르는 그 침묵의 가르침을 이해하지 못했고, 여전히 자신이 어떤 길을 따라가야 할지 갈피를 잡지 못하고 있었다. 그 직후 스리 바가반이 그의 꿈에 나타나서 말했다. "그대의 견見(vision)을 통일시켜 안팎의 대상들로부터 물러나게 하십시오.3) 그렇게 하면 차별상이 사라지면서 그대가 진보할 것입니다." 무달리아르는 그것이 자신의 신체적 시각에 적용하라는 것으로 이해하고 이렇게 대답했다. "그것은 저에게 올바른 길로 보이지 않습니다. 당신같이 뛰어난 분이 저에게 이 같은 조언을 해주신다면, 누가 저에게 참된 조언을 해주겠습니까?" 그러나 스리 바가반은 그것이 바른 길이라고 그를 안심시켜 주었다.

그 다음에 일어난 일은 무달리아르 자신은 이렇게 묘사했다. "나는 한동안 이 꿈속의 가르침을 따랐고, 그러다가 또 다른 꿈을 꾸었다. 이번에는 내 아버지가 옆에 서 있는데 스리 바가반이 나에게 나타나서 아버지를 가리키며 '이분은 누구지요?' 하고 물으셨다. 나는 이런 답변이 철학적으로 정확할지 다소 주저하면서 '제 아버지입니다' 하고 대답했다. 마하르쉬님은 나를 보고 의미심장하게 웃으셨고, 나는 이렇게 덧붙였다. '제 답변은 상식적 용어에 부합하는 것이지 철학에 부합하는 것은 아닙

---

3) *T.* 안팎의 대상을 향하던 시선을 하나의 '자각'으로 통일시켜 그 자각에 집중하라는 뜻이다.

니다.' 왜냐하면 내가 몸이 아니라는 것을 상기했기 때문이다. 마하르쉬 님은 나를 당신에게 끌어당겨 당신의 손바닥을 먼저 내 머리 위에 놓았고, 그런 다음 내 오른쪽 가슴 위에 놓고 손가락으로 젖꼭지 위를 누르셨다. 상당히 아팠지만 그것은 당신의 은총이었으므로 나는 말없이 참았다. 그때는 왜 당신이 왼쪽이 아닌 오른쪽 가슴을 눌렀는지 몰랐다."4)

이와 같이 그는 침묵의 전수를 받는 데는 실패했으나, 꿈속에서이기는 해도 접촉에 의한 전수는 받았던 것이다.

그는 갖은 노력을 다 하려는 열의와 욕망이 너무 강해서 가정생활을 버리고 무일푼의 유랑자가 되려고 생각했던 사람들 중의 하나였다. 비슷한 다른 경우들과 마찬가지로, 스리 바가반은 그것을 만류했다. "여러분이 여기 있을 때 가정생활의 근심에서 벗어나듯이, 집에 가면 거기서도 똑같이 걱정 없고 동요 없이 있도록 노력하십시오." 무달리아르는 아직 제자로서 스승(Guru)에 대한 완전한 의지(依支)와 확신이 없었기 때문에, 스리 바가반의 분명한 제지에도 불구하고 출가를 했다. 그러나 스리 바가반이 예견했듯이 그 길에서는 어려움이 줄어들지 않고 갈수록 점점 커진다는 것을 알고, 몇 년 뒤에는 가정으로 돌아가서 다시 직업을 가졌다. 그런 뒤에 그의 헌신이 깊어졌다. 그는 스리 바가반을 찬양하는 타밀 시들을 지었다. 그리고 마침내, 자신이 그렇게 오랫동안 염원했던 구두 가르침을 대다수 다른 헌신자들보다 더 충분히 받게 되었다. 『영적인 가르침(A Catechism of Instruction)』5)에 들어 있는 가르침의 대부분은 그가 받은 것인데, 스승과 그의 은총에 관한 원리들이 여기서 더없이 아름답게 설명되고 있다.

---

4) 그 이유는 제12장에 나온다.
5) T. 『라마나 마하르쉬 저작 전집』에 수록되어 있다. A Catechism of Instruction이라는 제목은 초기의 것이며, 지금은 Spiritual Instruction으로 바뀌었다.

가나빠띠 샤스뜨리

헌신자들 중에서 아주 두드러진 사람은 가나빠띠 무니(Ganapati Muni) ['현자 가나빠띠'로도 알려진 가나빠띠 샤스뜨리(Ganapati Sastri)였는데, 산스크리트 즉흥시 겨루기에서 보인 탁월함으로 인해 까비야깐타(Kavyakanta) [시가 목에 걸려 있는 자, 즉 즉흥시인]라는 명예로운 칭호도 얻은 사람이었다. 그는 대단한 능력의 소유자로서, 만약 그럴 야망을 가졌다면 현대의 작가와 학자들 중에서 선두에 섰을 것이고, 야망이 전혀 없었다면 위대한 **영적 스승**이 되었겠지만, 그는 이도 저도 아니었다. 성공이나 명성을 추구하기에는 너무 신에게 향해 있었지만, 그럼에도 불구하고 인류를 도와서 향상시키고 싶은 마음이 너무 강해서 "내가 행위자다" 하는 환幻에서 벗어나지 못했다.

(스리 바가반보다 1년 앞서) 그가 태어나던 1878년 무렵, 그의 아버지는 베나레스의 한 가나빠띠(Ganapati-코끼리 얼굴을 한 신, 곧 가네샤) 신상 앞에 있다가 그 신에게서 아이 하나가 자기에게 달려오는 환영을 보았다. 그래서 아들의 이름을 가나빠띠로 했다. 태어나 5년 동안 가나빠띠는 말을 못했고 간질 발작도 일으켜, 결코 싹수가 있는 아이로 보이지 않았다. 그러다가 벌겋게 단 쇠로 (아이의 머리에) 낙인을 찍는 통에 그런 증세가 치유된 것 같다. 그는 즉시 놀라운 능력을 발휘하기 시작했다. 10세에 산스크리트어 시를 지었고 점성학 연감을 만들었을 뿐 아니라, 몇 가지 까비야(*Kavyas*)[산스크리트 저작들]와 문법을 마스터했다. 14세에는 5대 까비야(*Panchakavyas*)[6]와, 산스크리트 작시법과 수사학에 관한 주요한 책들을 마스터한 상태였고, 『라마야나』와 『마하바라타』, 그리고 몇 가지 뿌라나

---

6) *T.* '까비야'란 인도 고전산스크리트 문학의 서사시 장르이며, 그 중에 깔리다사(Kalidasa)의 *Raghuvamsa*와 *Kumarasambhava*, 바라비(Bharavi)의 *Kiratararjuniya*, 마가(Magha)의 *Sisupala-vadha*, 스리 하르샤(Sri Harsha)의 *Naishadha-carita*가 '5대 까비야'이다.

(Puranas)도 읽었다. 그는 이미 산스크리트어를 유창하게 말하고 쓸 수 있었다. 그도 스리 바가반처럼 비상한 기억력이 있었다. 읽거나 들은 것은 뭐든지 기억했고, 역시 스리 바가반처럼 8분심법八分心法(ashtavadhana) 즉, 동시에 여러 가지 일에 주의를 기울일 수 있는 능력도 있었다.

그는 고대의 리쉬들 이야기를 읽고 그들을 본받고 싶다는 열망을 일으켰고, 결혼한 직후인 18세 때부터는 인도를 돌아다니면서 성지를 방문하고, 만트라를 염하고, 따빠스를 했다. 1900년에 그는 벵갈 지방의 나디아에서 산스크리트 빤디뜨(pandits-전통 학자)들의 한 모임에 참석했는데, 여기서 비상한 즉흥 작시作詩와 명민한 철학적 논변의 능력을 보여 앞서 말한 '까비야깐타'라는 칭호를 얻었다. 1903년에는 띠루반나말라이로 와서 산 위의 브라마나 스와미(스리 바가반)를 두 번 찾아갔다. 그는 한동안 벨로르(Vellore)에서 교사로 일했는데, 그곳은 띠루반나말라이로부터 기차로 몇 시간 거리였다. 거기서 그는 자기 주위에 일단의 제자들을 끌어모았다. 그들은 만트라를 이용해 **샥띠**[힘 또는 에너지]를 계발하여, 그 미묘한 감화력이 비록 전 인류는 아니라 해도 인도의 전 국민에게 스며들게 하여 그들을 향상시키려고 했다.

교사 생활은 그를 오래 붙들어두지 못했고, 1907년에 그는 다시 띠루반나말라이에 돌아와 있었다. 그러나 이제는 의심이 그를 짓누르기 시작했다. 그는 중년에 접어들고 있었고, 그 모든 명민함과 방대한 학식, 그리고 그 모든 만트라와 따빠스에도 불구하고 아직 신도 성취하지 못했고 세간적 성공을 이룬 것도 아니었다. 그는 어떤 막다른 곳에 도달했다고 느꼈다. 까르띠까이(Kartikai) 축제7)의 9일째 되는 날, 그는 문득 산 위의

---

7) T. 11~12월경에 열리는 열흘간의 축제. 마지막 날 밤에는 **아루나찰라** 정상에 큰 횃불을 밝힌다. 흔히 '까르띠가이 디빰(Kartigai Deepam)', 혹은 그냥 '디빰'이라고도 한다.

스와미를 기억해냈다. 분명 그분은 해답을 가지고 있을 것이었다. 그 충동을 느끼자마자 즉시 행동에 옮겼다. 오후의 뙤약볕 아래서 그는 산을 올라 비루팍샤 산굴로 갔다. 스와미는 산굴의 베란다에 혼자 앉아 있었다. 샤스뜨리는 당신 앞에 오체투지하고 내뻗은 두 손으로 당신의 두 발을 부여잡았다. 그리고 격정에 떨리는 목소리로 말했다. "저는 읽어야 할 책은 다 읽었습니다. 베단타 경전(Vedanta Sastra)도 온전히 이해하고 있습니다. 염송(japa)도 실컷 해 보았습니다. 하지만 지금까지도 따빠스가 뭔지 모르겠습니다. 그래서 당신의 발 아래 귀의했습니다. 부디 따빠스의 본질에 대해 저를 깨우쳐 주십시오."

스와미는 약 15분간 침묵의 응시를 그에게 보냈고, 그런 다음 이렇게 대답했다. "'나'라는 관념이 어디서 일어나는지를 관찰하면, 마음이 **그것** 안으로 흡수됩니다. 그것이 따빠스입니다. 만트라를 염할 때 그 만트라의 소리가 일어나는 **근원**을 관찰하면, 마음이 **그것** 안으로 흡수됩니다. 그것이 따빠스입니다."

그러나 그를 기쁨에 가득 차게 한 것은 스와미가 한 말이라기보다 당신에게서 방사되는 **은총**이었다. 그는 모든 일에 쏟아 붓던 그 넘치는 활력으로 친구들에게 자신이 받은 가르침을 편지로 써 보냈고, 스와미에 대한 찬가를 산스크리트 시로 짓기 시작했다. 그는 빨라니스와미에게서 스와미의 이름이 벤까따라마나였다는 것을 알게 되자, 앞으로는 당신이 **바가반 스리 라마나**(Bhagavan Sri Ramana)로, 그리고 **마하르쉬**(the Maharshi)로 알려져야 한다고 선언했다. '라마나'라는 이름이 즉시 쓰이게 되었고, **마하르쉬**(Maharshi)[큰 리쉬(Maha-rishi)]라는 칭호도 사용되었다. 말이나 글에서 당신을 '**마하르쉬**'로 지칭하는 것이 오랜 관습으로 남았다. 그러나 헌신자들 사이에서는 당신을 3인칭인 '**바가반**'으로 부르는 관행이 점차 지배적으로 되었는데, 그것은 '신성한 분' 또는 단순히 '신'이란 뜻이다. 당신 자신은 보통 비인칭적으로 말했고, '저'라는 말을 잘 쓰지 않았다. 예컨대 제5장에서 인용했듯이, 당신은 실제로 "저는 해가 언제 뜨는지, 언제 지는지 몰랐습니다"라고 말한 것이 아니라 "해가 언제 뜨고 언제 지는지 누가 알았겠습니까?"라고 했다. 어떤 때는 당신의 몸을 '이것'이라고 부르기도 했다. 어떤 말을 할 때 '신'이라는 단어가 적합할 경우에만 당신 자신을 '바가반'이라고 3인칭으로 말했다. 예컨대 내 딸이 학교로 돌아가면서, 멀리 가 있는 동안 자신을 기억해 달라고 하자, 당신의 대답은 이러했다. "만약 키티(Kitty)가 바가반을 기억한다면, 바가반도 키티를 기억하겠지."

가나빠띠 샤스뜨리는 또한 스리 바가반을 주 수브라마니아(Subramanya)의 한 화현으로 부르기 좋아했다. 그러나 이 점에서는 헌신자들이 그를 따르지 않았다. 그들은 스리 바가반을 어느 한 신적 측면의 화현으로 간주하는 것은 '한정할 수 없는 것'을 한정하는 것이라고 느꼈는데, 그것이 옳았다. 스리 바가반도 당신이 수브라마니아와 동일시되는 데 찬성하지 않았다. 한번은 한 방문객이 당신에게 말했다. "만약 바가반께서 어떤 사람들이 말하듯이 수브라마니아의 화신(avatar)이시라면, 저희들이 추측하게 내버려두시지 말고 왜 공개적으로 그렇게 말씀하시지 않습니까?"

그러자 당신이 대답했다. "화신이 무엇입니까? 화신은 신의 한 측면의 화현일 뿐인 반면, 진인은 신 자신(God Himself)입니다."

가나빠띠 샤스뜨리는 스리 바가반을 만난 지 1년쯤 뒤에 당신의 은총이 확연히 흘러나오는 것을 체험했다. 그가 띠루보티유르(Tiruvothiyur)의 가나빠띠 사원에서 앉아 명상을 하고 있을 때, 마음이 딴 데로 흘러 스리 바가반의 친존과 인도를 강렬히 그리워했다. 그 순간 스리 바가반이 사원으로 들어왔다. 가나빠띠 샤스뜨리는 당신 앞에 엎드려 절을 하고 나서 일어서려다가 스리 바가반의 손이 자신의 머리 위에 얹혀 있고, 그 접촉을 통해 엄청나게 싱그러운 기운이 몸을 뚫고 들어오는 것을 느꼈다. 그래서 그 역시 스승에게서 접촉에 의한 은총을 받은 것이다.

스리 바가반은 후년에 이 사건에 대해 이렇게 이야기했다. "몇 년 전에 하루는 누워서 깨어 있는 상태에서, 제 몸이 점점 높이 올라가는 것을 또렷이 느꼈습니다. 아래쪽의 물체들이 점점 작아지다가 사라져버리고, 제 주위가 온통 눈부신 빛의 무한한 공간인 것을 보았지요. 얼마 후 몸이 천천히 하강하는 것을 느꼈고, 아래쪽 물체들이 나타나기 시작했습니다. 저는 이 사건을 워낙 온전히 자각하고 있었기 때문에, 결국 싯다들이 짧은 시간 안에 광대한 거리를 이동하고, 그렇게 불가사의하게 출몰하는 것은 바로 이런 수단으로 그러는 것이 틀림없다고 결론지었습니다. 몸이 그렇게 땅에 내려왔을 때, 제가 띠루보티유르에 와 있다는 생각이 들었습니다. 전에 한 번도 와 본 적은 없었지만 말입니다. 저는 어느 대로상에 있었고 그 길을 따라 걸어갔습니다. 길가에서 좀 떨어진 곳에 가나빠띠 사원이 있기에 거기 들어갔지요."

이 사건에서 스리 바가반의 특징적 면모가 그대로 나타난다. 당신의 사람들 중 누군가의 괴로움이나 헌신은, 기적적이라고 할 수밖에 없는 형태로 (스리 바가반의) 무의식적인 반응과 개입을 불러온다는 것이 특징적이고, 또 스리 바가반은 모든 능력을 쓸 수 있으면서도 물리적 세계의 힘은 물론이고 미세한 세계의 힘을 사용하는 데도 관심이 없고, 어느 헌신자의 호소에 대한 반응으로 그런 어떤 일이 일어났을 때도 어린아이 같은 단순함으로 "생각건대 그것이 싯다들이 하는 것이다"라고 말씀하신다는 것도 특징적이다.

가나빠띠 샤스뜨리가 성취하지 못한 것이 바로 이런 무관심이었다. 한번은 그가 여쭈었다. "나라는 생각의 근원을 추구하는 것은 저의 모든 목표를 성취하는 데 충분합니까, 아니면 만트라 명상(mantra dhyana)이 필요합니까?" 늘 이와 같이 그의 목표, 그의 야망, 나라의 재부흥, 종교의 재활성화 등에 관심이 있었다.

스리 바가반이 무뚝뚝하게 대답했다. "앞의 것이면 충분하겠지요." 그리고 샤스뜨리가 자신의 목표와 이상들에 대해 계속 묻자 당신은 이렇게 덧붙였다. "만일 그 짐 전체를 하느님에게 던져버린다면 더 좋겠지요. 그가 모든 짐을 져줄 것이고, 그대는 거기서 해방됩니다. 그는 그의 역할을 할 것입니다."

1917년에 가나빠띠 샤스뜨리와 그 밖의 헌신자들이 스리 바가반에게 다수의 질문을 던졌고, 그 문답이 『스리 라마나 기타(Sri Ramana Gita)』라는 제목의 책에 기록되었는데, 이 책은 대다수 책들보다 더 박식하고 교의적敎義的인 내용으로 되어 있다. 전형적으로 가나빠띠 샤스뜨리가 한 질문 중 하나는, 말하자면 어떤 특수한 능력을 추구하던 도중에 진지眞知(Jnana)[진아 깨달음]를 성취한 사람은 자신의 원래 욕망이 성취된 것을 발견하게 되겠느냐는 것이었다. 그리고 스리 바가반이 한 그 답변만큼 당신의 민첩하고 미묘한 유머가 잘 드러난 것도 없을 것이다. "만약 그 요기(Yogi)가 처음에는 자신의 욕망을 충족하려고 요가를 시작했다 하더라도 그러는 중에 지知를 성취했다면, 설사 욕망이 그런 식으로 충족되었다 해도 과도하게 의기양양해 하지는 않겠지요."

1936년 무렵 가나빠띠 샤스뜨리는 일단의 추종자들과 함께 카락뿌르(Kharagpur) 근처의 님뿌라라는 마을에 정착했고, 그때부터 약 2년 뒤에 죽을 때까지 전적으로 따빠스에 전념했다. 샤스뜨리가 죽은 후 한번은 누가 스리 바가반에게 그가 금생에 깨달음을 얻을 수 있었느냐고 질문했고, 당신은 이렇게 대답했다. "어떻게 그럴 수 있었겠습니까? 그의 상습 常習(sankalpas)[타고난 습]은 너무 강했지요."

F. H. 험프리스

스리 바가반의 최초의 서양인 헌신자는 1911년에 인도에 왔을 때 이미 신비학(occultism)에서 기초를 다진 사람이었다. 그는 겨우 21세였고, 벨로르의 경찰서에 부임해 온 터였다. 그는 나라싱하이야라는 개인 교사를 두고 텔루구어를 배웠는데, 첫 교습에서 그에게 힌두 점성학에 관한 영어로 된 책을 구할 수 있느냐고 물었다. 그것은 백인 나리(sahib)로부터 듣기에는 이상한 요청이었으나, 나라싱하이야는 승낙하고 도서관에서 한 권을 빌려다 주었다. 다음날 험프리스는 더 놀라운 질문을 했다. "이곳의 어떤 마하트마(Mahatma)를 아십니까?"

나라싱하이야는 자기는 모른다고 짧게 대답했다. 이 대답으로 난처함을 면한 것은 오래가지 못했다. 다음날 험프리스가 이렇게 말했기 때문이다. "당신은 어제 어떤 마하트마도 모른다고 하셨지요? 그런데 저는 오늘 아침에 막 잠에서 깨기 전에 당신의 스승을 보았습니다. 그분이 제 곁에 앉아서 무슨 말을 했는데, 제가 이해하지는 못했습니다."

나라싱하이야가 여전히 납득하지 않는 것 같자, 험프리스가 계속 이야기했다. "제가 봄베이에서 처음 만난 벨로르 사람이 당신입니다." 나라싱하이야는 자기는 봄베이에 가본 적도 없다고 이의를 제기하기 시작했다. 그러나 험프리스는 자신이 봄베이에 도착하자마자 고열로 병원에 입원했었다고 설명했다. 고통에서 좀 벗어나 보려고 그는 마음을 벨로르로 향하게 했다. 병이 나지 않았으면 봄베이에 상륙하는 즉시 벨로르로 갔을 터였다. 그는 아스트랄체(astral body)[8]로 벨로르로 이동해 거기서 나라싱하이야를 보았던 것이다.

나라싱하이야는 자기는 육신 외에는 아스트랄체니 무슨 체니 하는 것은 모른다고 간단하게 대답했다. 그러나 그 꿈의 진실 여부를 시험하기 위해 그는 다음날 험프리스의 탁자 위에 사진 한 묶음을 놓아둔 뒤에 다른 경찰관을 가르치러 갔다. 험프리스는 사진들을 죽 훑어보다가 가나빠띠 샤스뜨리의 사진을 즉시 골라냈다. 선생이 들어오자 그가 외쳤다.
"저기! 저분이 당신 스승이지요."

나라싱하이야는 그렇다고 시인했다. 이 일이 있은 뒤 험프리스는 다시 병이 났고, 회복하기 위해 우따까문드(Ootacamund)[9]로 떠나야 했다. 그는 몇 달이 지나서 벨로르로 돌아왔고, 돌아오자 나라싱하이야를 또다시 놀라게 했다. 이번에는 그가 꿈에서 본 산굴 하나를 그려 보였는데, 그 앞에는 개울 하나가 흐르고 있고 입구에 현자 한 사람이 서 있었다. 그것은 누가 보아도 비루빡샤였다. 그러자 나라싱하이야는 그에게 스리 바가반에 대해서 말해주었다. 험프리스는 가나빠띠 샤스뜨리에게 소개되었고, 그에게 큰 존경심을 품었다. 그리고 같은 달인 1911년 11월, 그들 세 사람은 띠루반나말라이를 방문하러 길을 떠났다.

스리 바가반의 굉장한 침묵에 대한 험프리스의 첫 인상은 이미 앞의 한 장(76-7쪽)에서 인용했다. 그 출처인 같은 편지에서 그는 또 이렇게 썼다. "가장 감동적인 장면은 꼬마 아이들이 여럿 있었다는 것입니다. 많아야 일곱 살 이하인 이 아이들은 모두 제 발로 산을 걸어 올라와서 마하르쉬님 곁에 앉는데, 며칠이 가도록 당신이 말 한 마디 하지 않고 그들

---

8) *T.* 심령학에서 말하는 유체이탈을 했을 때의 몸. 영체靈體.
9) *T.* 타밀나두 주 서부의 닐기리스 산지(Nilgiris Hills)에 있는 고산 피서지(hill station). 지금은 우다가만달람(Udagamandalam) 혹은 간단히 우띠(Ooty)라고 한다.

을 쳐다보지도 않아도 그렇게 합니다. 그들은 놀지도 않고, 아주 만족한 채 조용히 거기에 그냥 앉아 있습니다."

가나빠띠 샤스뜨리처럼 험프리스도 세상을 돕고 싶어 했다.

험프리스: 스승님, 제가 세상을 도울 수 있습니까?
바가반: 그대 자신을 도우십시오. 그러면 세상을 돕게 됩니다.
험: 저는 세상을 돕고 싶습니다. 제가 도움이 되지 않을까요?
바: 되지요. 그대 자신을 도우면 세상을 돕는 것입니다. 그대는 세상 안에 있고, 그대가 세상입니다. 그대는 세상과 다르지 않고, 세상도 그대와 다르지 않습니다.
험: (잠시 후) 스승님, 스리 크리슈나나 예수님이 전에 했던 것처럼 저도 기적을 행할 수 있습니까?
바: 그들 중의 어느 누가 기적을 행할 때, 자신이 어떤 기적을 행하고 있다고 느꼈을까요?
험: 아닙니다, 스승님.

오래 되지 않아서 험프리스는 다시 찾아왔다.

"저는 모터사이클을 타고 가서 산굴까지 걸어 올라갔습니다. 진인께서는 저를 보자 미소를 지었지만 전혀 놀라지 않았습니다. 우리는 안으로 들어갔는데, 앉기 전에 그분은 당신이 아닌 저만의 개인적 사항을 하나 물었습니다. 분명 당신은 저를 처음 본 순간 저를 간파한 것입니다. 그분에게 가는 모든 사람은 펼쳐진 책과 같아서, 한 번 언뜻 보는 것만으로도 당신이 그 내용을 알기에 족했습니다.

'그대는 아직 아무것도 먹지 않았고, 배가 고프군요.' 그분이 말했습니다.

제가 그렇다고 시인하자 당신은 즉시 제자(chela) 한 명을 불러서 저에게 음식을 갖다 주라고 했습니다. 쌀밥·기(ghee-우유를 정제한 버터)·과일 등 손으로 집어먹는 것이었는데, 왜냐하면 인도인들은 숟가락을 쓰지 않기 때문입니다. 저는 이런 식으로 먹는 연습을 해 왔는데도 손놀림이 서툴었습니다. 그래서 당신이 저에게 코코넛 숟가락을 하나 주면서, 웃음을 띠고 간간이 이야기도 했습니다. 당신의 미소보다 더 아름다운 것은 세상에 없을 것입니다. 저는 마실 것으로 우유처럼 희고 맛있는 코코넛 즙을 가지고 있었는데, 당신이 직접 여기에 설탕 몇 알갱이를 넣어주었습니다.

다 먹고 났는데도 여전히 배가 고팠습니다. 당신은 그것을 아시고 더 가져오라고 했습니다. 당신은 모든 것을 아시는데, 제가 먹을 만큼 먹었을 때 다른 사람들이 과일을 더 먹으라고 권하자, 당신은 즉시 그러지 말라고 했습니다.

저는 제가 마시는 방식을 사과드려야 했습니다. 당신은 '신경쓰지 마세요'라고만 했습니다. 힌두들은 이 점에 대해 까다롭습니다. 그들은 결코 홀짝홀짝 마시지 않고 그릇에 입술을 대지도 않은 채, 액체를 입안에 곧장 쏟아 붓습니다. 그래서 많은 사람이 감염의 우려 없이 같은 컵으로 마실 수가 있습니다.

제가 먹고 있는 동안 당신은 저의 과거사를 다른 사람들에게 들려주었는데, 그것도 정확하게 들려주었습니다. 하지만 당신은 저를 전에 한 번밖에 보지 못했고, 그 사이 수백 일의 간격이 있었지요. 당신은 마치 우리가 백과사전을 보듯이, 말하자면 그냥 투시력(clairvoyance)을

가동한 것입니다. 저는 약 세 시간 동안 앉아서 당신의 가르침을 들었습니다.10)

나중에는 갈증이 났는데, 더운 날 모터사이클을 몰고 갔기 때문입니다. 그러나 저는 세상없어도 그런 내색을 하지 않을 터였습니다. 하지만 당신은 아셨고, 한 제자에게 저한테 레모네이드를 좀 갖다 주라고 했습니다.

마침내 저는 가야 했습니다. 그래서 우리가 하는 식으로 절을 하고 산굴 밖으로 나와서 장화를 신었습니다. 당신도 따라 나오시더니 또 찾아와도 좋다고 했습니다.

당신의 **친존**에 있었다는 것이 우리 안에서 어떤 변화를 만들어내는지 신기합니다!"

스리 바가반의 앞에 앉은 사람은 당신에게 한 권의 펼쳐진 책과 같다는 것은 의심할 바가 없다. 그렇기는 하나 험프리스는 아마도 투시력에 대해 잘못 알고 있었던 것 같다. 스리 바가반은 사람들을 돕고 인도하기 위해 그들을 꿰뚫어보기는 했지만, 인간적 차원에서 그런 어떤 능력도 쓰지 않았다. 사람들의 얼굴에 대한 당신의 기억력도 책에 대한 것만큼 비상했다. 찾아온 수천 명의 사람들 중에서 단 한 번이라도 당신을 찾아온 헌신자는 결코 잊어버리지 않았다. 여러 해가 지나서 온 사람도 알아보시곤 했다. 또한 어느 헌신자의 생애담을 잊어먹는 일이 없었는데, 험프리스의 경우에는 나라싱하이야가 험프리스에 대해 당신에게 이야기를 했을 것이 분명하다. 어떤 문제를 이야기하지 않는 것이 최선일 때는 당

---

10) T. 본서의 인용 출처인 나라싱하 스와미의 『진아 깨달음(Self-Realization)』에 따르면, 이때 그 자리에 있던 한 현지인 관리가 바가반의 가르침을 험프리스에게 통역해 주었다.

10. 초기의 헌신자들 155

신이 극도의 신중함을 보였지만, 보통은 어린아이 같은 단순함과 능청스러움이 있어서, 마치 어린아이같이 어떤 사람의 면전에서 그에 대해 사뭇 태연하게, 당혹감을 안겨주지 않으면서 이야기하곤 했다. 음식과 음료에 대해서 보자면, 스리 바가반은 사려 깊었을 뿐 아니라 믿을 수 없을 만큼 예리한 관찰력으로 손님이 만족했는지 여부를 아시곤 했다.

마술적 능력들이 험프리스에게 나타나기 시작했으나 스리 바가반은 그것을 용납하지 말라고 경고했고, 그는 유혹을 이겨낼 만큼 강했다. 사실 그는 스리 바가반의 영향 하에 이내 신비학에 대한 모든 흥미를 잃어버렸다.

더욱이 그는 서양에서 거의 보편적이고 현대의 동양에서도 갈수록 일반화되고 있는 오류, 즉 인류를 돕는 것은 외부적 행위에 의해서만 가능하다는 관념을 넘어섰다. 험프리스는 자신을 도움으로써 세상을 돕게 된다는 가르침을 들었지만, 자유방임학파가 경제학적으로 참되다고 잘못 생각했던 이 명제가 사실 영적으로는 참되다. 왜냐하면 영적으로는 한 사람의 부富가 다른 사람의 부를 축내는 것이 아니라 그것을 늘려주기 때문이다. 그가 맨 첫 만남에서 스리 바가반을 "움직임 없는 시체인데, 거기서부터 신이 엄청나게 방사되고 있었다"고 보았듯이, 모든 사람은 자신의 역량대로 보이지 않는 감화력(influence)을 방사하는 하나의 방송국인 것이다. 누구든지 어떤 조화의 상태에서 에고성을 벗어나 있는 한, 외부적으로 활동을 하든 않든 그는 불가피하게 그리고 무의식적으로 조화로움을 발산하고 있는 것이다. 반면에 그 자신의 성품이 어지럽고 그의 에고가 강한 한, 설사 외부적으로 봉사를 하고 있다 하더라도 그는 부조화를 발산하고 있는 것이다.

험프리스는 스리 바가반 곁에 머무른 적은 없고 몇 번 찾아왔을 뿐이지만, 당신의 가르침을 흡수하고 당신의 **은총**을 받았다. 그가 영국에 있는 한 친구에게 보낸 편지의 개요는 나중에 「국제심령학보(*International Psychic Gazette*)」11)에 게재되었고, 그 가르침에 대한 탁월한 서술로 남아 있다.

"스승이란 오로지 신에 대해서만 명상해 왔고, 자신의 전 인격을 신이라는 바다에 던져버렸으며, 거기서 그것을 익사시키고 잊어버린, 그리하여 마침내 오직 신의 도구가 되는 사람입니다. 그가 입을 열면 그 입은 애쓰거나 미리 생각할 것도 없이 신의 말씀을 이야기하고, 그가 손을 들면 신이 그것을 통해 다시 흘러나와 기적을 일으킵니다."

"심령적 현상이나 그와 같은 것들에 대해 너무 많이 생각하지 마십시오. 그것들의 수효는 한량이 없습니다. 그리고 심령적인 것에 대한 믿음이 구도자의 가슴속에 자리잡고 나면, 그런 현상들은 제 할 일을 다 한 것입니다. 투시력·투청력(透聽力)이나 그와 같은 것들은 지닐 가치가 없습니다. 그것을 가졌을 때보다 가지고 있지 않을 때 훨씬 더 큰 깨달음과 평안을 얻을 수 있기 때문입니다. 스승은 이런 능력들을 자기희생의 한 형태로서 지니지요!"

"스승이란 그저 오랜 수련과 기도, 혹은 그런 유의 어떤 것에 의해 다양한 신비적 감각기관들에 대한 능력을 성취한 자라는 관념은 전혀 그릇된 것입니다. 어떤 스승도 신비한 능력에 대해서는 조금도 신경을 쓴 적이 없습니다. 그의 일상생활에서 그런 것이 전혀 필요 없기 때문입니다."

---

11) *T*. 1912년 런던에서 창간된 한 심령단체의 기관지. 험프리스의 편지는 이 잡지에 게재되었고, 나중에 단행본으로 출간되었다. 「마하르쉬의 삶과 가르침에 대한 견문(*Glimpses of the Life and Teachings of Bhagavan Sri Ramana Maharshi*)」이 그 책이다.

"우리가 보는 현상들은 신기하고 놀랍습니다. 그러나 모든 것 중에서 가장 경이로운 것을 깨닫지 못하고 있는데, 그것은 (a) 우리가 보는 모든 현상들과 (b) 그것들을 보는 행위를 가능케 하는 저 하나의, 오직 하나의, 무한정한 힘입니다."

"그대의 주의를 삶·죽음·현상들이라고 하는 이 변화하는 온갖 것들에 고정하지 마십시오. 그것들을 실제로 보거나 지각하는 행위조차도 생각하지 말고, 이 모든 것을 보는 그것―그 모든 것을 가능케 하는 그것만을 생각하십시오. 처음에는 이것이 거의 불가능하게 보이겠지만, 차츰 그 결과를 느끼게 될 것입니다. 그러자면 다년간 매일 꾸준히 수행해야 하며, 그렇게 해서 **스승**이 만들어집니다. 하루에 15분씩 이 수행에 할애하십시오. 보는 **그것**에 마음을 흔들림 없이 고정하려고 노력하십시오. 그것은 그대 자신의 내면에 있습니다. 그 '**그것**'을, 마음을 거기에 쉽게 고정할 수 있는 어떤 한정된 것으로 발견할 거라고 기대하지 마십시오. 그렇지 않을 것입니다. 그 '**그것**'을 발견하는 데 여러 해가 걸리기는 하지만, 이러한 집중의 결과는 네댓 달 안에 보게 될 것입니다. 갖가지 무의식적인 투시력(직관력), 마음의 평안, 문제들에 대처하는 힘, 전반적인 힘으로 말입니다. 하지만 늘 무의식적인 힘입니다."[12]

"저는 **스승**이 친근한 제자들에게 해주는 것과 같은 말로 그대에게 이 가르침을 드렸습니다. 지금부터는 명상 중에 그대의 모든 생각을 보는 행위나 그대가 보는 대상에 두지 말고, 확고하게 **보는 그것**에다 두십시오."

---

[12] 힘(능력)이 있고 없고는 사람의 발현업(운명)에 달려 있다. 그 힘들은 진보의 표지가 아니고, 그런 것들이 없다고 해서 진보가 없는 것이 아니다.

"우리는 성취에 대해 어떤 보상도 받지 않습니다. 그럴 때 우리는 자신이 어떤 보상을 바라지 않는다는 것을 이해합니다. 크리슈나가 말했듯이, '그대는 일을 할 권리는 있지만 그 열매에 대한 권리는 없다'는 것입니다. 완전한 성취는 그냥 숭배이며, 숭배가 곧 성취입니다."

"만약 그대가 앉아서, 그대는 하나인 **생명** 덕분에 생각을 한다는 것, 그리고 하나인 **생명**에 의해 살아 움직이면서 생각이라는 행위를 하는 그 마음이 신이라고 하는 전체의 일부임을 깨닫는다면, 그대의 마음이 별개의 한 실체로서는 존재하지 않음을 논증하게 됩니다. 그리고 그 결과는 마음과 몸이 물리적으로 (말하자면) 사라진다는 것입니다. 그리고 남아 있는 유일한 것은 **존재함**(Be-ing)인데, 그것은 존재이기도 하고 비존재이기도 하며, 말이나 관념으로는 설명할 수 없습니다."

"스승은 이 상태에 영구적으로 있을 수밖에 없으나, 다만 이런 차이가 있습니다. 즉, 그는 우리가 이해할 수 없는 어떤 방식으로 마음과 몸, 그리고 지성까지도 사용할 수 있지만, 별개의 의식을 가지고 있다는 망상에 도로 빠지지 않고 그렇게 한다는 것입니다."

"사변적으로 추리해 봐야 소용없고, 정신적으로나 지적으로 이해하여 거기서 뭔가를 얻어내려는 것도 소용없습니다. 그런 것은 종교일 뿐입니다. 즉, (영적인) 어린아이들과 사회생활을 위한 규범이고, 우리가 충격을 회피하여 내면의 불이 우리 안의 허튼 생각을 태워버리게 하고, 우리에게 조금 더 빨리 상식, 즉 (우리가 실재와는) 별개라는 망상에 대한 지식을 가르쳐 주도록 돕는 하나의 지침일 뿐입니다."

"종교는 그것이 기독교든, 불교든, 힌두교든, 신지학神智學이든, 다른 어떤 종류의 '교敎'나 '학學'이나 체계든, 우리를 모든 종교가 만나는 그 지점으로 데려다 줄 뿐, 그 이상은 아닙니다."

"모든 종교가 만나는 그 한 지점은, 신이 모든 것이고 모든 것이 신이라는 사실을 깨닫는 것인데, 그것은 결코 신비적인 의미에서가 아니라 가장 세간적이고 일상적인 의미에서이며, 그것이 세간적이고 일상적이며 실제적일수록 더 좋은 것입니다."

"이 지점에서부터 이 정신적 이해의 수련 작업이 시작되며, 그것은 결국 하나의 습習을 깨트리는 것을 의미합니다. 우리는 사물을 '사물'로 부르기를 그만두고 그것들을 신으로 불러야 합니다. 그리고 그것들을 사물이라고 생각하기보다 신이라고 알고, '존재(existence-존재하는 사물 현상)'를 있을 수 있는 유일한 것이라고 생각하기보다 이 (현상적) 존재는 마음의 창조물일 뿐이라는 것과, 만약 우리가 '존재'를 규정하려고 들면 '비존재'가 필연적으로 따라 나온다는 것을 깨달아야 합니다."

"사물들을 안다는 것은 인지하는 하나의 기관器官이 있음을 말해줄 뿐입니다. 귀머거리에게는 (귀가 있어도) 들리는 소리가 없고, 장님에게는 (눈이 있어도) 보이는 광경이 없습니다. 그리고 마음은 신의 어떤 측면을 지각하거나 식별하는 하나의 기관에 지나지 않습니다."

"신은 무한하며, 따라서 존재와 비존재는 그의 상대물들일 뿐입니다. 신이 유한한 구성 부분들로 이루어져 있다고 말하려는 것이 아닙니다. 신에 대해 이야기할 때는 이해할 수 있게 말하기가 어렵습니다. 참된 앎은 바깥에서가 아니라 내면에서 옵니다. 그리고 참된 앎은 '아는 것'이 아니라 '보는 것'입니다."

"깨달음은 말 그대로 신을 보는 것에 지나지 않습니다. 우리의 가장 큰 실수는 신이 실제적으로, 문자 그대로 활동한다고 생각하지 않고, 상징적으로 그리고 비유적으로 활동한다고 생각한다는 것입니다."

"한 조각의 유리에 색채와 형상을 그린 다음 그것을 환등기에 걸어서 빛을 조금 비추면, 유리에 그려진 색채와 형상이 스크린 위에 재생됩니다. 만약 그 빛이 비춰지지 않으면 스크린 위에서 슬라이드의 색채들을 볼 수 없겠지요."

"색채는 어떻게 이루어집니까? 다면체 프리즘으로 백색광을 분해해서 나옵니다. 사람의 인격도 마찬가지입니다. 그것은 **생명**[신]**의 빛**이 그것을 관통해 빛날 때, 즉 그 사람의 행위 안에서 나타납니다. 만일 그 사람이 자고 있거나 죽어 있으면 그의 인격을 볼 수 없습니다. **생명의 빛**이 그 인격을 살아 움직이게 하고, 그것이 이 다면적인 세계와의 접촉에 대한 따른 반응으로 수천 가지 방식으로 행위하게 만들 때에만 우리가 한 사람의 인격을 지각할 수 있습니다. 만약 백색광이 분해되어 우리의 환등기 슬라이드 상에 형상과 모양으로 나타나지 않으면, 그 빛 앞에 유리 조각이 있다는 것을 우리가 결코 알지 못했겠지요. 빛이 투명하게 통과해 버렸을 테니까요. 어떤 의미에서 그 백색광은 손상되었고, 유리 위에서 색채들을 통해 빛나게 됨으로써 그 투명함이 얼마간 감소된 것입니다."

"보통 사람도 그와 마찬가지입니다. 그의 마음은 스크린과 같습니다. 그 위에 흐려지고 변화된 빛이 비칩니다. 왜냐하면 다면적인 세계가 빛[신]의 진로를 가로막아 그것을 분해하도록 그가 허용했기 때문입니다. 그는 빛[신] 그 자신을 보는 대신 그 빛[신]의 결과들(현상계)만 보며, 그의 마음은 마치 스크린이 유리 위의 색채를 반사하듯이 그가 보는 결과들을 반사합니다. 프리즘을 없애면 그 색채들은 사라지면서 그것들이 나왔던 백색광으로 도로 흡수됩니다. 슬라이드에서 색채를 없애면 빛이 투명하게 통과합니다. 우리의 시야에서 우리가 보는 세계라는 이 결과들을 없애고 그 원인만을 살펴봅시다. 그러면 우리가 그 빛

[신]을 보게 될 것입니다."

"명상에 든 스승은 비록 눈과 귀가 열려 있다 해도 그의 주의가 '보는 그것'에 워낙 확고히 고정되어 있어, 보지도 않고 듣지도 않으며, 어떤 신체적 의식도 전혀 없습니다. 정신적 의식도 없고, 오직 영적인 의식만 있습니다."

"우리의 의심을 야기하고 우리의 마음을 가리는 세계를 치워버려야 합니다. 그러면 신의 빛이 투명하게 비칠 것입니다. 세계를 어떻게 치워버립니까? 예를 들어 그대가 어떤 사람을 사람으로 보는 대신 '이분은 하나의 몸을 살아 움직이게 하는 신이다'라고 보고 그렇게 말할 때, 그 몸은 다소간 정확하게 신의 지시에 응답합니다. 마치 배가 다소간 정확하게 타륜舵輪에 응답하듯이 말입니다."

"죄란 무엇입니까? 예컨대 왜 어떤 사람은 과음을 합니까? 속박되는 것—원하는 대로 마실 수 없다는 무능력에 속박되는 것을 싫어하기 때문입니다. 그는 자신이 범하는 모든 죄 속에서 자유를 얻으려고 몸부림치고 있습니다. 이 자유를 얻으려는 몸부림은 사람 마음 속에 있는 신의 최초의 본능적 행동입니다. 왜냐하면 신은 자신이 속박되어 있지 않음을 알고 있기 때문입니다. 과음은 인간에게 자유를 가져다주지 않지만, 그럴 때 그 사람은 자신이 실제로는 자유를 추구하고 있다는 것을 모릅니다. 그것을 깨달을 때, 그는 자유를 얻기 위한 최선의 길을 추구하기 시작합니다."

"그러나 그 사람은 자신이 결코 속박되어 있지 않았다는 것을 깨달을 때에만 그 자유를 얻습니다. 그렇게 속박되어 있다고 느끼는 '나', '나', '나'들은 실은 무한한 영靈입니다. 내가 속박되는 것은 내가 감각 기관 중의 하나로써 지각하는 것이 아니라는 것을 전혀 모르기 때문입니다. 오히려 나는 언제나 모든 몸 안, 모든 마음 안에서 '지각하는 그것'입니다. 이 몸과 마음들은 단지 '나', 곧 무한한 영靈의 도구들일 뿐입니다."

"마치 색채들이 백색광이듯이, 그 도구들 자체인 내가 그 도구들을 가지고 무엇을 원하겠습니까?"

말할 필요도 없이, 경찰직은 험프리스에게 맞지 않음이 드러났다. 스리 바가반은 그에게 자신의 직무를 수행하면서 동시에 명상을 하라고 조언했다. 몇 년간 그렇게 한 다음 그는 퇴직했다. 원래 가톨릭 신자였고 모든 종교들이 본질적으로 하나로 돌아감을 이해하고 있던 그는 종교를 바꿀 필요를 느끼지 않았고, 영국으로 돌아가서 한 수도원에 들어갔다.

라가바짜리아르

우리는 스리 바가반의 (종교적) 관용성과 친절함에서 감명을 받을 때가 많았다. 그것은 당신이 모든 종교들의 진리성을 인정했다는 것만은 아니었다. 그런 것이라면 영적인 이해를 가진 어떤 사람도 그렇게 하겠지만, 당신은 어떤 종파나 단체 혹은 아쉬람이 영성靈性을 전파하려고 노력하고 있으면, 그 방법이 당신 자신의 방법과 아무리 거리가 멀고 그 가르침이 엄격한 전통교법과 아무리 동떨어져 있어도, 그들이 행하는 선善을 평가해 주시곤 했다.

띠루반나말라이의 공무원이던 라가바짜리아르(Raghavachariar)는 이따금 스리 바가반을 찾아가곤 했다. 그는 신지학회(Theosophical Society)에 대한 당신의 견해를 여쭙고 싶었지만, 갈 때마다 많은 헌신자들이 있어 그들 앞에서는 이야기를 꺼내지 못했다. 하루는 세 가지 질문을 하기로 마음먹고 찾아갔다. 그에 대해 그가 들려주는 이야기는 이렇다.

"그 질문들은 이러했다.
1. 당신께서는 다른 사람이 아무도 없을 때 저에게 몇 분간 사적이고 개인적인 이야기를 하게 해 주실 수 있습니까?
2. 제가 회원으로 있는 신지학회에 관한 당신의 견해를 듣고 싶습니다.
3. 만약 제가 그것을 볼 만한 자격이 있다면, 부디 제가 당신의 진정한 형상을 볼 수 있게 해 주시겠습니까?"

"내가 당신의 **친존**에 가서 절을 하고 앉았을 때는 30명 이상의 사람들이 있었는데, 너나 할 것 없이 이내 흩어져 버렸다. 그래서 나는 당신과 혼자 남았고, 이리하여 첫 질문은 미처 말을 꺼내기도 전에 답변이 되었다. 그것은 놀라운 일로 여겨졌다."

"그런 다음 당신 스스로 내 손에 있는 책이 『기타(Gita)』냐고 하면서 내가 신지학회 회원이냐고 물으셨고, 내가 당신의 질문에 미처 대답하기도 전에 '그 회는 좋은 일을 하고 있지요'라고 말씀하셨다. 나는 당신의 질문들에 그렇다고 대답했다."

"두 번째 질문도 이와 같이 당신이 예상하고 있었기에, 나는 진지한 마음으로 세 번째 질문의 답변을 기다렸다. 30분이 지난 뒤 나는 입을 열고 말했다. '아르주나가 스리 크리슈나의 형상을 보고 싶어서 친견親見(darshan)을 요청했듯이, 저도 당신의 진정한 형상을 친견하고 싶습니다. 만약 제가 그럴 만한 자격이 된다면 말입니다.' 당신은 그때 대臺(pial) 위에 앉아 계셨고, 당신 곁의 벽에는 다끄쉬나무르띠의 초상 하나가 그려져 있었다. 당신은 평소와 같이 응시하고 계셨고, 나는 당신의 두 눈을 응시했다. 그런데 당신의 몸과 다끄쉬나무르띠의 초상이 내 시야에서 사라졌다. 내 눈앞에는 텅 빈 공간뿐, 벽조차도 없었다. 그러더니 마하르쉬님과 다끄쉬나무르띠의 윤곽을 한 희끄무레한 구름이 내 눈앞에서 나타났다. 점차 그 모습들의 (은빛 선들을 가진) 윤곽이 나타났다. 그런 다음 눈, 코 등 기타 세부적인 모습의 윤곽이 섬광 같은 선들로 나타났다. 이것이 점점 넓어지더니 진인과 다끄쉬나무르띠의 전체 모습이 아주 강하고 견딜 수 없을 정도의 빛으로 불타올랐다. 그래서 나는 눈을 감았다. 몇 분을 기다렸고, 그런 다음 보니 당신과 다끄쉬나무르띠가 평상시의 모습을 하고 계셨다. 나는 엎드려 절을 하고 물러 나왔다. 그 뒤 한 달간 감히 당신 가까이 가지 못했다. 위의 체험이 워낙 큰 인상을 나에게 심어주었기 때문이다. 한 달 후에 올라갔더니 당신이 스깐다쉬람 앞에 서 계셨다. 나는 당신께 말씀드렸다. '한 달 전에 당신께 질문 하나를 드렸다가 이러한 체험을 했습니다.' 그리고 위의 체험을 들려드렸다. 나는 그것을 설명해 달라고 당신께 청했다. 그러자 잠시 있다가 당신이 말씀하셨다. '그대는 저의 형상을 보고 싶어 했지요. 그리고 제가 사라지는 것을 보았습니다. 저는 형상이 없습니다. 따라서 그 체험은 참된 진리일 수 있습니다. 그 다음에 그대가 본 환영들은 그대가 『바가바드 기타』를 공부한 데서 온 그대 자신의 관념에 따른 것일 수 있습니다. 그러나 가나빠띠 샤스뜨리도 그와 비슷한 체험을 했으니, 그대는 그와 상의해 봐도 되겠지요.' 나는 사실 샤스뜨리와 상의하지 않았다. 그리고 난 뒤 마하르쉬님이 말씀하셨다. '나', 곧 '보는 자' 혹은 '생각하는 자'가 누구인지와, 그의 거주처를 알아내십시오.'"

익명의 헌신자

한 방문객이 비루팍샤에 왔는데, 닷새밖에 머무르지 않았지만 스리 바가반의 은총을 워낙 두드러지게 받아서, 『진아 깨달음(Self-Realisation)』이라는 전기―지금 이 책의 많은 부분이 여기에 근거하고 있다―의 자료를 수집하고 있던 나라싱하스와미(Narasimhaswami)는 그의 이름과 사는 곳을 신경 써서 적어두었다. 그에게는 어떤 득의만만함과 평온함이 있었고, 스리 바가반의 빛나는 눈길이 그에게 쏟아졌다. 그는 매일 스리 바가반을 찬양하는 타밀시 한 편씩을 지었는데, 워낙 무아지경에서 자연발로적으로 나오고 아주 기쁨과 헌신이 넘쳐흐르는 것이어서, 사람들이 지은 모든 노래들 중에서도 계속 불려져 온 몇 안 되는 곡 중의 하나가 되었다. 나중에 나라싱하스와미는 그에 관한 사항을 더 수집하려고 그가 말한 읍인 사띠야망갈람(Satyamangalam)을 찾아갔으나, 거기서는 아무도 그런 사람을 알지 못했다.13) 그는 그 읍명이 '복지福地'(복된 자들의 거주지)를 뜻한다는 것을 밝힌 다음, 그 방문객은 이 시대의 **참스승**(Sadguru)께 존경을 표하기 위해 어떤 숨겨진 '복지'에서 온 사절이었을지 모른다고 말하고 있다.

그의 노래 중 하나는 스리 바가반을 '참스승 라마나(Ramana Sadguru)'라고 칭하고 있다. 한번은 누가 이 노래를 부르고 있을 때 스리 바가반 자신도 같이 따라 불렀다. 노래를 부르던 헌신자가 웃으면서 말했다. "자신을 찬양하는 노래를 본인이 부르는 것을 듣기는 처음입니다."

스리 바가반이 대답했다. "왜 라마나를 이 6척 몸에 한정합니까? 라마나는 없는 곳이 없습니다."

---

13) *T.* 여기서는 '익명의 헌신자'라고 했으나, 그 헌신자가 밝힌 자신의 이름은 벤까따라마이어(Venkararamier)였고, 그가 온 것은 1910~11년경이었다.

그 다섯 곡의 노래 중 하나14)는 서광曙光('깨달음의 열림')과 깨달음의 기쁨으로 가득 차 있어서, 우리는 그것이 그 노래를 지은 이 자신의 진짜 서광을 자축한 것이라고 믿어도 무방할 정도이다.

    서광이 산 위에 오르고 있습니다.
    친절하신 라마나시여, 오십시오!
    주 아루나찰라시여, 오십시오!

    뻐꾸기가 덤불 속에서 노래합니다.
    참스승 라마나시여, 오십시오!
    지知의 주이시여, 오십시오!

    소라나팔 불고, 별들은 희미합니다.
    향기로운 라마나시여, 오십시오!
    신들 중의 주인 신이시여, 오십시오!

    수탉들이 울고 새들이 지저귑니다,
    이미 때가 되었으니, 오십시오!
    밤은 달아났습니다, 오십시오!

    나팔을 불고, 북들을 두드립니다.
    금빛 찬란한 라마나시여, 오십시오!
    깨어 있는 지知이시여, 오십시오!

---

14) *T.* '다섯 곡의 노래'는 「라마나 다섯 찬가(*Ramana Stuti Panchakam*)」이며, 지금도 아쉬람의 토요일 빠라야나 때 불린다. 여기 인용된 것은 첫째 곡인 '깔라이빠뚜(*Kalaipattu*)'이다. 다른 네 곡은 '꿈미빠뚜(*Kummi-pattu*)', '뽄놀리르빠뚜(*Ponnolir-pattu*)', '뽄나이욧따빠뚜(*Ponnai-yotta-pattu*)', '스리 라마나 삿구루(*Sri Ramana Satguru*)'이다.

까마귀들이 울고, 아침입니다.
뱀을 몸에 감으신 주이시여, 오십시오!
푸른 목을 하신 주이시여, 오십시오!15)

무지는 달아나고, 연꽃들16)은 열렸습니다.
지혜로운 주 라마나시여, 오십시오!
베다의 왕관17)이시여, 오십시오!

속성에 물들지 않으신 해탈의 주이시여,
성품 좋으신 라마나시여, 오십시오!
주 **평안**이시여, 오십시오!

존재-지知-지복과 하나이신
진인이자 주이시여, 오십시오!
기쁨으로 춤추는 주18)이시여, 오십시오!

쾌락도 지나고 고통도 지나
지知의 정상에 계신 **사랑**이시여, 오십시오!
지복의 **침묵**이시여, 오십시오!

---

15) '뱀을 몸에 감으신 주', '푸른 목을 하신 주[靑頸尊]'는 시바의 별칭이다.
16) 이것은 또한 '심장들(hearts)'을 의미한다.
17) T. 타밀 원문은 'Vedanta rupa', 곧 '베단타의 형상'이다.
18) 시바의 한 별칭이다. T. 타밀 원문은 Tandava murti, 곧 '딴다바의 형상'인데, Tandava 는 시바가 추는 지복의 춤이다.

11. 동물들

바가반과 락슈미

힌두교에서는 (예컨대 샹까라짜리야가 『바가바드 기타』에 대한 그의 주석서 제5장 40-44절에서 설명하듯이) 진아와의 동일성을 깨달아 자신이 별개의 개인이라는 환상을 해소하지 못한 사람은 죽은 뒤 그가 이승의 삶을 사는 동안에 지은 선악의 업業(karma), 곧 과보果報에 따라 천국이나 지옥의 상태를 겪는다는 것, 그리고 이 과보 기간이 다하고 나면 발현업 發現業(prarabdha), 다시 말해서 한 생애의 운명이라고 하는 부분을 해소하기 위해, 그의 업에 따라 높거나 낮은 수준의 이승의 삶으로 다시 돌아온다는 것을 믿는다. 새로운 이승의 삶에서는 다시 미래업未來業(agamya), 곧 새로운 업을 쌓고, 이것은 그의 누적업累積業(sanchitha-karma), 즉 이미 축적된 업 중에서 발현업이 아닌 나머지에 보태어진다.

사람들은 보통, 사람의 삶을 사는 동안에만 진보할 수 있고 업을 해소할 수 있다고 믿는다. 그러나 스리 바가반은 동물들도 그들의 업을 해소하는 중일 수 있다고 지적했다. 이 장에서 인용하는 한 대화에서 당신은 이렇게 말한다. "우리는 어떤 영혼들이 이런 몸들을 점유하고 있는지, 그리고 끝내지 못한 어떤 업을 끝내기 위해 우리를 찾아왔는지 모릅니다." 샹까라짜리야도 동물들이 해탈을 성취할 수 있다고 확언했다. 더욱이 한 뿌라나(『바가바따 뿌라나』)에서는 현인 자다 바라따(Jada Bharata)가 죽을 때 자신이 길들인 사슴에 대한 생각에 잠깐 빠졌다가, 이 마지막 남은 집착을 해소하기 위해 사슴으로 다시 태어나야 했다는 이야기를 들려준다.

스리 바가반은 운명적으로 당신과 만나게 되어 있었던 동물들에 대해 사람들에 대한 것과 같은 배려를 보여주었다. 그리고 동물들도 사람들 못지않게 당신에게 이끌렸다. 이미 구루무르땀에서는 새와 다람쥐들이 당신 주위에 둥지를 만들기도 했다. 그 시절, 헌신자들은 당신이 세상에 대한 집착이 없는 것만큼이나 세상을 잊어버리고 있다고 생각했다. 그러나 사실 당신은 주변을 예리하게 주시하고 있었고, 그곳의 새들이 버리고 간 둥지에 살았던 한 다람쥐 가족에 대해 이야기하신 적도 있다.

당신은 동물을 지칭할 때 보통 타밀 사람들이 하는 식으로 '그것'이라고 하지 않고, 늘 '그'나 '그녀'라고 불렀다. "젊은이들에게 음식을 주었나?"—라고 하면 그것은 아쉬람의 개들을 가리켜 하는 말씀일 것이다. "락슈미에게 즉시 그녀의 밥을 주게."—라고 하면 그것은 암소 락슈미(Lakshmi)를 뜻하는 말씀이었다. 식사 시간에는 개들을 제일 먼저 먹이고, 그 다음은 구걸하러 온 사람들, 마지막으로 헌신자들이 먹게 하는 것이 아쉬람의 정해진 규칙이었다. 모든 이들에게 똑같이 나누지 않으면 바가반이 어떤 물건도 잘 받으려고 하지 않는다는 것을 알고 있던 나는, 한번은 바가반이 식사 시간 아닌 때에 망고 하나를 맛보시는 것을 보고 놀랐다. 그런 다음 그 이유를 알았다. 망고 철이 막 시작되고 있었고, 당신은 그것이 잘 익었는지 살펴본 다음 그것을 흰 공작에게 주려고 했던 것이다. 이 공작은 바로다(Baroda-토후국의 하나)의 마하라니(Maharani-토후국의 왕비)가 보내와서 당신이 돌보고 있는 것이었다. 다른 공작들도 있었다. 당신은 공작 울음소리를 흉내 내어 그들을 부르곤 했는데, 그러면 공작들이 와서 땅콩·쌀·망고 등을 받아먹었다. 당신이 돌아가시기 하루 전날은—당신의 고통이 극심할 거라고 의사들이 말하던 때였다—근처의 나무 위에서 한 공작이 날카롭게 지르는 소리를 듣고 그들이 먹을 것을 받았느냐고 물으셨다.

다람쥐들은 창문으로 폴짝 뛰어 들어와 당신의 침상으로 달려왔고, 당신은 그들을 위해 늘 곁에 작은 땅콩 깡통 하나를 보관해 두고 계셨다. 어떤 때는 찾아온 다람쥐에게 깡통을 건네주어 마음대로 먹게 하기도 했고, 어떤 때는 당신이 땅콩을 하나 꺼내들면 그 작은 짐승이 당신의 손에서 그것을 받아가기도 했다. 하루는 당신이 연로한데다 류머티즘이 있어서 지팡이를 짚고 다니기 시작했을 때인데, 당신이 아쉬람 마당으로 몇 계단 내려서고 있을 때 개에게 쫓긴 다람쥐 한 마리가 당신의 발을 지나 달려갔다. 당신은 개를 부르면서 지팡이를 그들 사이에 던졌고, 그러는 바람에 미끄러져서 빗장뼈가 부러졌다. 그러나 개는 주의가 흐트러졌고 다람쥐는 살아났다.

동물들은 당신의 은총을 느꼈다. 야생 동물이 사람들의 보살핌을 받다가 그들 무리로 돌아가면 무리로부터 따돌림을 받는다. 그러나 그 동물이 바가반의 곁에 있다가 오면, 무리들이 그를 따돌리는 것이 아니라 오히려 명예롭게 대우하는 것 같았다. 당신에게는 전혀 어떤 두려움이나 분노도 없다고 그들은 느꼈다. 당신이 산중턱에 앉아 계실 때 뱀 한 마리가 당신의 다리 위를 기어갔다. 당신은 움직이지 않았고 놀라는 기색도 보이지 않았다. 한 헌신자가 뱀이 몸 위를 지나가면 느낌이 어떤지를 여쭈자, 당신은 웃으면서 대답했다. "서늘하고 부드럽지."

바가반은 당신이 거주하는 곳에서 뱀들이 죽임을 당하지 않도록 하셨다. "우리가 그들의 집에 와서 사는 것이니, 그들을 귀찮게 하거나 방해할 권리가 없습니다. 그들은 우리를 괴롭히지 않습니다." 과연 뱀들은 그러지 않았다. 한번은 당신의 어머니가 웬 코브라 한 마리가 다가오는 것을 보고 기겁을 했다. 스리 바가반이 코브라 쪽으로 걸어가자 그것은 방향을 돌려 가버렸다. 코브라는 두 바위 사이로 지나갔고 당신이 따라갔다. 그러나 바위벽에 막혀 통로가 끝나서 도망칠 수 없게 되자, 그것은 돌아서서 똬리를 틀고 당신을 바라보았다. 당신도 바라보았다. 몇 분간 그러고 있다가 코브라는 똬리를 풀었고, 더 이상 겁낼 필요가 없다고 느끼자 당신의 발 아주 가까이로 조용히 기어서 가버렸다.

한번은 당신이 몇 헌신자들과 함께 스깐다쉬람에 앉아 있을 때 몽구스 한 마리가 당신에게 달려와 당신의 무릎 위에 한동안 앉아 있었다. "그것이 왜 왔는지 누가 알겠습니까? 그것은 보통 몽구스가 아니었을 수도 있습니다." 당신이 말했다. 벤까따라마이아(Venkataramiah) 교수는 그의 일기에서 결코 범상하지 않은 이 몽구스에 대해 기록하고 있다.1) 스리 바가반은 그란트 더프 씨의 한 질문에 답하여 이렇게 말했다.

"그것은 아루드라 다르샨[시바파의 축제] 때였고, 저는 당시 산 위의 스깐다쉬람에 살고 있었지요. 읍내에서 방문객들이 줄지어 산 위로 올라왔는데, 유난히 몸집이 크고 보통의 회색이 아니라 황금 빛깔인 데다가 꼬리에 보통 있는 검은 점도 없는 몽구스 한 마리가 겁 없이 군중 사이를 지나갔습니다. 사람들은 그것이 길든 짐승이고 그 주인이 군중 가운데 있을 것이 분명하다고 생각했지요. 그것은 비루팍샤 산굴 옆의 샘에서 목욕을 하고 있던 빨라니스와미에게 곧장 다가갔고, 그는 그 짐승을 쓰다듬고 토닥거려 주었습니다. 그것은 그를 따라 산굴 안으로 들어가 구석구석을 살펴보고 나서 군중에 합류하여 스깐다쉬람까지 올라왔습니다. 다들 그것의 근사한 외모와 겁 없는 행동에 놀랐

---

1) *T.* 벤까따라마이아의 '일기'는 나중에 『라마나 마하르쉬와의 대담』으로 출간되었다. 저자는 원문에서 '일기'에 기록된 몽구스를 그 앞의 몽구스와 '다른 사례(another case)'로 서술했으나, 이것은 같은 몽구스이므로 옮긴이가 '이 몽구스'로 수정하였다.

지요. 그것은 저에게 오더니 제 무릎에 올라앉아 한동안 쉬었습니다. 그러더니 몸을 일으켜 주위를 둘러본 뒤에 무릎을 내려갔습니다. 그것은 그 일대를 다 돌아다녔는데, 저는 혹시 그것이 부주의한 방문객이나 공작들에게 해를 입지 않도록 그 뒤를 따라다녔지요. 공작 두 마리가 호기심 어린 눈길로 그것을 바라보기는 했지만, 몽구스는 차분히 여기저기를 다니다가 마침내 아쉬람의 남동쪽 바위들 사이로 사라졌습니다."2)

한번은 스리 바가반이 해 뜨기 전 이른 아침에 아쉬람 주방을 위해서 두 명의 헌신자와 함께 채소를 썰고 있었다. 그 중의 한 사람인 락슈마나 샤르마는 자기 개를—잘 생긴 순백의 개였다—데리고 와 있었는데, 이 개는 신이 나서 이리저리 쫓아다니며 사람들이 주는 음식을 먹으려고 하지 않았다. 스리 바가반이 말했다. "보세요, 그가 얼마나 즐거워합니까? 그는 이 개의 형상을 하고 있지만 고상한 영혼입니다."

벤까따라마이아 교수는 그의 일기에서 아쉬람의 개들이 보여준 놀라운 헌신의 한 사례를 이야기하고 있다.

"그 무렵(즉, 1924년) 아쉬람에 개가 네 마리 있었다. 스리 바가반은 이 개들이, 당신이 함께 들지 않은 어떤 음식도 받지 않으려 한다고 말씀하셨다. 빤디뜨가 시험해 보기 위해 그들의 앞에 음식을 좀 늘어놓았지만 개들은 건드리려 하지 않았다. 얼마 후 스리 바가반이 한 모금 집어서 입에 넣자 그들은 즉시 달려들어 그것을 먹어치웠다."3)

---

2) *T.* 『라마나 마하르쉬와의 대담』, 대담 84 참조.
3) *T.* 위의 책, 대담 119.

아쉬람에 살던 개들 대부분의 조상은 까말라(Kamala)였는데, 그녀는 강아지 때 스깐다쉬람으로 왔다. 헌신자들은 까말라가 해마다 새끼를 낳아 아쉬람을 어질러 놓을까 싶어서 그녀를 쫓아내려 했다. 그러나 까말라는 가려고 하지 않았다. 실제로 큰 개 가족이 생겨났고, 사람들은 그들을 모두 평등하게 배려하며 대우해야 했다. 까말라의 첫 출산 때는 그녀를 목욕시켰고, 터머릭을 칠해 주고 이마에 주사朱砂(꿈꿈)를 발라 장식해 주었으며, 아쉬람 내에 깨끗한 곳을 마련해 주었다. 그녀는 거기서 강아지들과 함께 열흘간 머물렀다. 그리고 열흘째 되는 날 정식 잔치를 벌여 그녀가 정화되었음을 축하했다. 까말라는 영리하고 쓸모 있는 개였다. 스리 바가반은 종종 그녀에게 새로 온 방문객을 산 주위로 안내하도록 맡기곤 했다. "까말라, 이 손님을 모시고 한 바퀴 돌아." 그러면 그 사람을 산 주위의 모든 신상, 저수지, 사당 등으로 안내하는 것이었다.

까말라의 자손은 아니지만 개들 중에서 가장 돋보인 것은 찐나 까루빤(Chinna Karuppan)[작은 검둥개]이라는 개였다. 스리 바가반 자신이 그에 대해 이렇게 설명했다.

"찐나 까루빤은 온 몸이 순 검정색이었고, 그래서 그 이름을 얻었지요. 그는 (전생에) 지조가 높은 사람이었습니다. 우리가 비루팍샤 산굴에 있을 때 어떤 검은 것이 저만치서 우리를 지나가곤 했습니다. 가끔 덤불 위로 우리를 넘어다보는 그의 머리를 보기도 했습니다. 그는 무욕의 정신이 아주 강한 듯했습니다. 누구와도 어울리지 않았고, 사실 어울리는 것을 피하는 것 같았지요. 우리는 그의 독립심과 무욕을 존중했고, 그의 자리 근처에 음식을 놓아주고는 가곤 했습니다. 하루는 우리가 올라가고 있는데 까루빤이 갑자기 길을 가로질러 뛰어오더니,

기쁨에 겨워 꼬리를 흔들면서 저에게 엉겨 붙었습니다. 그가 무리 중에서 어떻게 저를 골라내어 자신의 애정을 표현하는지 놀라웠지요. 그 후 아쉬람에서 우리와 함께 상주자의 일원으로 살게 되었습니다. 아주 영리하고 헌신적인 친구였고, 얼마나 고상했는지! 이전의 무관심한 태도는 온 데 간 데 없고 아주 다정스러워졌습니다. 그것은 보편적인 형제애의 한 경우였습니다. 그는 모든 방문객과 상주자를 친구로 삼아 그 사람의 무릎에 올라앉기도 하고 기대어 포근히 엎드려 있기도 했습니다. 그의 살가운 태도는 대체로 잘 받아들여졌지요. 몇 사람은 그를 피하려고도 했지만, 그는 친해지려고 끈덕지게 노력했고 어떤 거절에도 단념하지 않았습니다. 그러나 저리 가라고 명령하면 마치 복종의 서약을 지키는 승려처럼 복종하곤 했습니다. 한번은 그가 우리의 산굴 근처에 있는 벨나무(bel-tree)4) 밑에서 진언을 염하고 있던 전통 브라민 곁으로 다가갔습니다. 그 브라민은 개들을 불결하다고 생각해 개와의 접촉은 물론이고 개 근처에 있는 것조차도 세심하게 피하던 사람이었지요. 그러나 분명히 평등성(samatvam)이라는 자연 법칙을 이해하고 준수하던 까루빤은 계속 그의 가까이 가려고 했습니다. 그 브라민의 감정을 배려한 아쉬람의 한 상주자가 자기 지팡이를 들어 개를 때렸는데 세게 때리지는 않았지요. 까루빤은 울면서 달아났고, 아쉬람에 결코 돌아오지 않아 다시는 볼 수 없었습니다. 그는 한 번 학대받은 곳은 절대 다시 가지 않곤 했는데, 그토록 민감했습니다."

"이 실수를 한 사람은 분명히 그 개의 지조와 감수성을 과소평가한 것입니다. 하지만 이런 사태를 경고하는 일이 이미 있었지요. 그 사건은 이러했습니다. 빨라니스와미가 한번은 찐나 까루빤에게 거칠게 말

---

4) T. 목사과(wood apple)라는 열매가 열리는 열대산 나무(Aegle marmelos).

하고 행동했습니다. 찐나 까루빤은 춥고 비가 오는 밤인데도 경내를 떠나 거리가 좀 떨어진 곳의 숯자루 위에서 온 밤을 보냈습니다. 아침이 되어서야 그를 데려왔지요. 다른 개의 행동에서도 그런 경고가 나온 적이 있었습니다. 그 몇 년 전에 빨라니스와미가 비루팍샤 산굴에서 우리와 함께 있던 작은 개 한 마리를 꾸짖었는데, 그 개는 상카띠르땀 저수지로 곧장 달려 내려갔고, 그 직후 그의 시체가 그곳에 떠 있었습니다. 빨라니스와미와 아쉬람의 모든 헌신자들은 즉시 아쉬람의 식구인 개와 여타 짐승들도 그들 나름의 지성과 지조가 있으니 거칠게 다루어서는 안 된다는 질책을 들었습니다. 우리는 어떤 영혼들이 이런 몸들을 점유하고 있는지, 그리고 그들의 다 끝내지 못한 어떤 업을 끝내기 위해 우리를 찾아왔는지 모릅니다."

지성과 높은 지조를 보여준 다른 개들도 있었다. 스깐다쉬람 시절, 스리 바가반은 아쉬람의 어떤 개가 숨을 거둘 때는 보통 그 곁을 지켰다. 그 시신은 법도 있게 매장되었고, 무덤 위에는 돌 하나가 세워졌다. 후년에 아쉬람 건물들이 지어졌을 때—특히 스리 바가반이 신체적 활동을 덜하기 시작했을 때—사람들은 더 자기들 뜻대로 했고, 동물 헌신자들은 거의 접근하지 못했다.

마지막 몇 년 전까지 원숭이들은 여전히 스리 바가반의 침상 옆 창문에 와서 창살 안으로 들여다보았다. 가끔 매달리는 새끼들을 데리고 있는 원숭이 어미들을 볼 수 있었는데, 마치 사람인 어머니들이 하듯이 바가반께 그들을 보여 드리려는 것 같았다. 일종의 타협책으로, 시자들은 그들을 몰아내는 것이 허용되었지만 그러기 전에 그들에게 바나나를 하나 던져주어야 했다.

스리 바가반은 몸이 아주 약해지기 전까지는 매일 아침 7시 이후와 저녁 5시경에 산 위를 산책하셨다. 하루 저녁은 여느 때의 짧은 산책 대신 스깐다쉬람까지 올라가셨다. 늘 돌아오는 시간에 당신이 돌아오지 않자 몇 명의 헌신자들이 뒤를 쫓아 산 위로 올라갔고, 어떤 사람들은 삼삼오오 모여서 당신이 어디로 가셨을까, 무슨 일일까, 어떻게 해야 하나 등을 논의했으며, 또 어떤 사람들은 회당에 앉아서 기다렸다. 한 쌍의 원숭이가 회당의 문 앞에 오더니 사람들에 대한 두려움을 잊고 안으로 들어가서 빈 침상을 걱정스럽게 바라보았다.

그런 뒤, 사람들이 스리 바가반을 지상에서 더 이상 볼 수 없게 되기 몇 해 전에 원숭이들의 시절은 끝나버렸다. 회당 밖의 야자잎 지붕을 더 달아내면서 그들이 접근하기가 더 어려워졌고, 어쨌든 원숭이들 대부분은 숲속으로 내몰리거나 아니면 시 당국에 의해 포획되어 실험용으로 미국에 보내졌다.

스리 바가반이 산 위로 처음 이주할 때인 1900년부터 산기슭의 아쉬람으로 내려온 1922년까지, 당신은 원숭이들과 아주 친밀했다. 당신은 진인이 모든 존재들에 대해 갖는 그런 사랑과 동정심, 그리고 타고난 예리한 관찰력으로 그들을 가까이에서 지켜보았다. 당신은 그들의 울음소리를 이해하게 되었고, 그들의 행동 규범과 통치 체계도 아시게 되었다. 각 부족마다 왕이 있고 인정된 영역이 있어서, 다른 부족이 이 영역을 침범하면 전쟁이 일어난다는 것도 발견하셨다. 그러나 전쟁을 시작하기 전이나 화평을 할 때에는 한 원숭이 부족에서 다른 부족으로 사절이 파견되기도 했다. 당신은 방문객들에게, 원숭이들이 당신을 그들 사회의 일원으로 인정하고 있고, 그들의 분쟁에서 중재자로 받아들이고 있다고 말씀하시곤 했다.

"원숭이들은 대개 그들 무리 중의 한 마리가 사람들에 의해 보살핌을 받고 오면 그를 따돌립니다. 그러나 저의 경우에는 예외로 합니다. 또 그들 사이에 오해가 있거나 다툼이 있어서 저를 찾아오면 저는 그들을 서로 떼어놓아 화해시키고, 그래서 그들의 다툼을 멈추게 합니다. 한번은 어린 원숭이 한 마리가 자기 무리 중의 나이 많은 원숭이한테 물려서 아쉬람 근처에 무력하게 내버려졌지요. 그 꼬마 친구는 비루팍샤 산굴의 아쉬람으로 절름거리며 찾아왔고, 그래서 우리는 그를 논디(Nondi)[절름발이]라고 불렀습니다. 닷새 후 그의 무리가 와서 그가 저의 보살핌을 받는 것을 보고도 그를 도로 데려갔습니다. 그때부터 그 원숭이들 모두 아쉬람 바깥에 그들을 위해 남겨두었을지 모를 무언가라도 얻으러 찾아오곤 했지만, 논디는 바로 제 무릎 위로 올라왔습니다. 그는 조심스럽고 청결하게 먹는 원숭이였습니다. 엽반에 밥을 담아 앞에 놓아주면 밥 한 알도 밖으로 흘리지 않았지요. 어쩌다 흘리면 그것을 집어서 먹은 뒤 엽반에 남은 음식을 먹곤 했습니다."

"다만 그는 아주 민감했습니다. 한번은 어떤 이유로 음식을 좀 집어던지길래 제가 꾸짖었지요. '뭐야! 왜 음식을 낭비해?' 그러자 그가 즉시 제 눈 위를 때렸는데 약간 아팠습니다. 그 벌로 그는 제 곁에 오는 것과 무릎에 올라앉는 것이 며칠간 금지되었지만, 그 꼬마 친구는 굽실거리며 열심히 빌어서 자신의 즐거운 자리를 되찾았지요. 그것은 그가 두 번째로 저지른 소행이었습니다. 첫 번째에는 제가 그의 뜨거운 우유 컵을 불어서 그가 마실 수 있을 만큼 식혀주려고 제 입술에 가져갔는데, 그가 화를 내며 제 눈 위를 때렸습니다. 그러나 심한 부상은 없었는데 그는 곧 제 무릎으로 돌아와, 마치 '잊어버리시고 용서해 주십시오' 하듯이 굽실거렸습니다. 그래서 용서를 받았습니다."

어느 날 원숭이와 함께

나중에 논디는 자기 부족의 왕이 되었다. 스리 바가반은 다른 원숭이 왕 이야기도 했는데, 이 원숭이는 자기 부족의 아주 거친 수놈 두 마리를 추방하는 대담한 조치를 취했다. 이에 대해 그 부족이 반항적으로 나오자 왕은 그들을 떠나 혼자 숲속으로 들어가서 2주간을 머물렀다. 그는 돌아와서 비판자와 반란자들에게 덤비려면 덤벼보라고 했는데, 그가 2주간의 따빠스를 통해 워낙 강해져 있었기 때문에 아무도 감히 그의 도전에 응하지 못했다.

어느 이른 아침에는 원숭이 한 마리가 아쉬람 근처에 누워서 죽어가고 있다는 보고가 들어왔다. 스리 바가반이 가보니 그 원숭이 왕이었다. 그래서 그를 아쉬람으로 데려와서 스리 바가반에게 기대어 누워 있게 했다. 추방당했던 두 마리 수놈이 근처의 나무 위에 앉아서 지켜보고 있었다. 스리 바가반이 체중을 옮기려고 몸을 움직이자 죽어가던 원숭이는 본능적으로 당신의 다리를 물었다. "저는 원숭이 왕들의 그런 총애 자국이 네 군데나 있지요." 한번은 당신이 자신의 다리를 가리키며 말했다. 그런 다음 그 원숭이 왕은 최후의 신음을 한 번 내뱉고 숨을 거두었다. 지켜보던 두 마리 원숭이들은 펄쩍펄쩍 뛰면서 슬퍼하며 울어댔다. 그 시신은 산야신에게 하는 예우로써 매장되었다. 즉, 먼저 우유로 목욕을 시킨 다음 물로 목욕시키고 성회를 발라주었으며, 얼굴만 내놓은 채 몸을 새 천으로 덮었고, 그 앞에서 장뇌를 태웠다. 그리고 아쉬람 근처에 무덤을 만들고 그 위에 돌 하나를 세워주었다.

원숭이가 고마움을 표시한 특이한 이야기도 하나 전해진다. 한번은 스리 바가반이 한 무리의 헌신자들과 함께 산기슭을 걸어서 돌고 있었는데, 빠짜이암만 사원 근처에 왔을 때 다들 배가 고프고 목이 말랐다. 바로 그때 한 부족의 원숭이들이 길가에 있는 야생 무화과나무들에 올라가더니, 가지를 흔들어 익은 무화과들을 길에 우수수 떨어지게 한 뒤에 자기들은 하나도 먹지 않고 달아나 버렸다. 그와 동시에 일단의 여자들이 마실 물을 담은 항아리들을 가지고 다가왔다.

스리 바가반의 모든 동물 헌신자들 중에서 가장 총애를 받은 것은 암소 락슈미(Cow Lakshmi)였다. 그녀는 1926년에 어미와 함께 아쉬람으로 왔다. 구디야땀(Gudiyatham-띠루반나말라이 북쪽 벨로르 인근의 읍) 부근의 꾸라마망갈람에 사는 아루나찰라 삘라이라는 사람이 그들을 데려와서 스리 바가반에게 선물했던 것이다. 당신은 그 선물 받기를 별로 내켜하지 않았다. 당시에 아쉬람에는 소들을 수용할 시설이 없었기 때문이다. 그러나 아루나찰라 삘라이는 소들을 절대 돌려받으려 하지 않았고, 라마나타 딕쉬따르(라마나타 브라마짜리)라는 헌신자가 돌보겠다고 자청한 덕에 소들이 머무르게 되었다. 딕쉬따르는 약 석 달간 소들을 보살핀 다음, 소를 키우던 읍내의 어떤 사람에게 그들을 맡겼다. 그는 이 소들을 1년가량 데리고 있었는데, 그러던 어느 날 스리 바가반을 친견하러 오면서 그들을 함께 데려왔다.5) 송아지는 스리 바가반에게 불가항력적으로 끌렸고, 아쉬람으로 오는 길을 기억해 두었던 것 같다. 왜냐하면 다음날 혼자서 아쉬람으로 돌아왔고, 그때부터 매일 아침에 왔다가 저녁이 되어서야 읍내로 돌아갔기 때문이다. 나중에 아쉬람에 살러 와서도 락슈미는 여전히 스리 바가반을 찾아갔는데, 다른 누구에도 상관하지 않고 당신께로 곧장 걸어가곤 했다. 스리 바가반은 늘 그녀를 위해 바나나 다른 맛난 음식을 지니고 있었다. 오랫동안 락슈미는 매일 점심시간에 회당으로 와서 식당까지 당신을 동행하곤 했다. 락슈미가 워낙 시간을 정확히 지켰기 때문에, 만일 당신이 어떤 일에 몰두하여 그 시간이 넘도록 앉아 계셨다면 그녀가 들어올 때 시계를 쳐다보고 시간이 된 줄 아시는 것이었다.

락슈미는 송아지를 여러 마리 낳았고, 그 중에 적어도 세 마리는 바가반의 자얀띠(Jayanthi)[탄신일]에 낳았다. 아쉬람에 석조 우사牛舍가 지어졌을 때, 낙성식 날에는 락슈미를 우사에 제일 먼저 들어가도록 결정했으나 시간이 되었는데도 그녀가 보이지 않았다. 그녀는 스리 바가반 곁으로 가서 엎드려 당신도 가실 때까지는 움직이려 하지 않았던 것이다. 그래서 당신이 먼저 들어가고 락슈미가 당신 뒤에 들어갔다. 락슈미가 스리 바가반께 남다르게 헌신했을 뿐만 아니라, 당신이 그녀에게 보여준 은총과 다정함도 아주 예외적이었다. 후년에는 아쉬람에 여러 마리의 암

---

5) T. 『라마나스라맘에서 보낸 편지』, '1948년 7월 24일'자에 따르면, 이때는 이미 어미소가 죽고 락슈미가 첫 송아지를 낳자 그들을 데리고 온 것이라고 한다(락슈미는 처음 올 때 6개월 된 큰 송아지였고, 암소는 2살이면 새끼를 밸 수 있다). 그 뒤에서, "송아지는 … 다음 날 혼자서 아쉬람으로 돌아왔고"라고 한 것은, 락슈미가 아쉬람에 약 석 달간 머무른 뒤 읍내의 소 치는 사람에게 맡겨진 다음날 있었던 일로 보아야 한다.

바가반과 아쉬람의 소들(바가반 앞에 락슈미가 있다.)

소와 황소가 있었지만 다른 어떤 소도 (바가반에게) 그만 한 애착을 갖거나 (바가반에게서) 그만 한 은총을 받지는 못했다. 락슈미의 후손들은 아직도 아쉬람에 살고 있다.

1948년 6월 17일 락슈미는 병이 들었고, 18일 오전에는 임종이 가까워진 듯했다. 10시에 스리 바가반은 그녀에게 갔다. "암마[어머니],[6] 내가 가까이 있기를 바래?" 당신은 그렇게 말하고, 락슈미 옆에 앉아서 그녀의 머리를 당신의 무릎에 얹었다. 당신은 락슈미의 눈을 응시하면서 마치 전수(diksha)를 해주는 것처럼 손을 그녀의 머리에 얹었고, 심장 위에도 얹었다. 그리고 당신의 뺨을 락슈미의 뺨에 대고 그녀를 쓰다듬었다.

---

6) *T.* 락슈미는 새끼를 9마리나 낳은 '엄마'소였다. 또 많은 헌신자들은 락슈미가 끼라이 빠띠 (Keerai Patti- '푸성귀 할머니')의 환생이라고 믿었는데, 그녀는 바가반이 비루팍샤 산굴에 살 때 구하이 나마시바야 산굴에 살면서 바가반에게 공양을 많이 올리던 사람이었다.

그녀의 심장이 순수해져서 모든 원습(*vasanas*)들로부터 벗어나 전적으로 바가반에게 집중되어 있는 데 만족한 당신은, 그녀와 작별하고 점심을 드시러 식당으로 갔다. 락슈미는 끝까지 분명한 의식을 가지고 있었고 두 눈은 평온했다. 그리고 11시 반에 아주 평화롭게 몸을 떠났다. 그녀는 격식을 다 갖춘 장례식으로, 아쉬람 경내의 사슴, 까마귀 그리고 개의 무덤들 옆에 묻혔다. 그 무덤들도 바가반이 거기에 묻으라고 해서 만들어진 것이었다. 락슈미의 무덤 위에는 사각형의 돌을 놓고 그 위에 그녀의 모습을 닮은 상(像) 하나를 세웠다. 그 돌에는 스리 바가반이 쓴 묘비명이 새겨졌는데, 그녀가 해탈을 성취했다고 되어 있었다. 데바라자 무달리아르가 바가반에게 그것이 관례적 문구인지, 아니면 정말로 해탈을 의미한 것인지 여쭈었다. 왜냐하면 누가 삼매를 성취했다는 문구는 그가 죽었다는 것을 점잖게 말하는 방식이기 때문이다. 스리 바가반은 그것이 해탈을 뜻한다고 말했다.

12. 스리 라마나스라맘

스리 라마나스라맘의 본전 건물(어머니 사원, 신 회당, 삼매전)

1922년 12월, 헌신자들이 스리 바가반을 따라 산기슭의 어머니 무덤으로 내려왔을 때에는 아쉬람이라고 해야 초가집 움막 한 채뿐이었다. 해가 가면서 건물들이 늘어났고 시주금이 들어와서 아쉬람의 정식 도량道場도 건립되었다. 스리 바가반이 앉는 회당, 사무실과 서점, 식당과 주방, 우사, 우편소, 시약소施藥所, 남자 방문객들을 위한 객실(실제로는 하나의 방이 아니라 아쉬람에서 며칠 묵고 싶은 이들을 위한 큰 합숙소), 더 오래 머무르는 손님들을 위한 방갈로 두어 채 등인데, 모두 단층 건물로서 외벽을 인도식으로 회로 바른 것이었다.

아쉬람 바로 서쪽에는 큰 정사각형 저수지가 하나 있는데, 네 면으로부터 물 있는 곳까지 내려가는 돌계단들이 있다. 아쉬람의 남쪽에는 띠루반나말라이에서 뱅갈로르(벵갈루루)까지 가는 버스 도로가 동서로 달리며, 서쪽으로 더 와서 갈라지는 도로는 산을 한 바퀴 돌아간다. 도로에 서서 북쪽을 바라보면 작은 배수로 너머로 검게 칠한 목제 아치가 하나 보이는데, 여기에는 금박 글씨로 "Sri Ramanasramam"[1]이라고 쓰여 있다. 대문이 아니라 그냥 열려 있는 입구이다.[2] 코코야자나무 잎들이 아쉬람 건물들을 가리고 있고, 그 너머로 **아루나찰라** 산이 불쑥 위엄 있게 솟아 있다.

---

1) '스리 라마나 아쉬람'이라는 뜻이다. '아쉬람'은 산스크리트어이고, '아스라맘'은 타밀어이다.
2) *T.* 당시에는 그랬지만 나중에는 정문에 쇠살문이 생겼고, 밤에는 이 문들을 잠그게 되었다.

1922년 경의 아쉬람과 바가반(어머니의 삼매지에 초가지붕 건물이 들어서 있다.)

아쉬람 자체만 건립된 것은 아니었다. 도로 건너편에는 모르비(Morvi)의 마하라자(Maharaja)가 아쉬람을 방문하는 라자(토후국의 왕)들을 위해 게스트하우스 하나를 시주했다. 그리고 재가 헌신자들이 지은 오두막과 방갈로들도 하나의 집단 거주지를 이루었다. 아쉬람의 바로 서쪽, 그 저수지와 산 사이의 빨라꼬뚜(Palakottu)에서 사두들이 나무숲 사이에 산굴이나 움막들을 지어 집단 거주지를 만든 것이다. 아쉬람 자체 내에는 명상보다는 움직여 일하기 좋아하는 사람들이 사무실·정원·서점·주방 등 이런저런 부서에서 봉사하는 삶을 살았다. 그들은 스리 바가반 가까이 살면서 당신이 지나가는 것을 보거나, 어쩌면 가끔 당신의 눈에 뜨이고 당신이 말을 걸어주는 것을 행복하게 여겼다.

이 모든 건축과 계획 및 금전 관리는 아쉬람 집행부를 필요로 했다. 스리 바가반은 그런 어떤 일도 하시려 하지 않았을 것이기 때문이다. 그래서 당신의 동생인 니란자나난다 스와미가 도감都監(Sarvadhikari), 즉 아쉬람의 주관자가 되었다. 아쉬람의 생활을 규율하는 규칙들도 생겨났다. 그 중의 어떤 것은 헌신자들에게 귀찮은 것이었다. 그러나 설사 누가 항의하거나 반기를 들고 싶어도 스리 바가반의 태도가 그들을 제지했다. 왜냐하면 당신은 모든 규칙에 복종했고, 그 권위를 지지했기 때문이다. 그것은 문제된 특정 사안에 대해서라기보다, 아마 (권위 있는 사람의) 지시에는 복종해야 한다는 일반적 이유에서였을 것이다. 당신이 한 모든 일에서와 마찬가지로 여기에는 뜻이 담겨 있었다.

당신은 우리가 혼자 고립되어서가 아니라, 이 깔리 유가(kali-yuga), 이 영적으로 어두운 시대에 세간의 여건 속에서 따라야 할 하나의 길을 권장하고 있었다. 당신이 추종자들에게, 달갑지 않을 수도 있는 여건에 순응하면서 진아를 기억하라고 촉구했다고 한다면, 당신 자신이 아쉬람의 모든 규칙에 따름으로써 그 시범을 보였다. 더욱이 당신은 사람들이 당신을 찾아 온 원래의 목적에서 벗어나 아쉬람 운영을 두고 분쟁하는 것을 승인하지 않았다. 당신은 이렇게 말했다. "사람들은 해탈을 추구하여 아쉬람 진입로로 올라와서는, 아쉬람 정치에 말려들어 자신들이 뭐 하러 왔는지를 잊어버립니다." 그런 문제들이 관심사였다면 그것 때문에 그들이 띠루반나말라이에 올 필요는 없었던 것이다.

어쩌다 반대와 불만이 터져 나올 때도 있었는데, 그 사안의 실제적인 당부當否 면에서 그것이 전혀 정당하지 않은 것이었다고 말할 수는 없다. 그러나 스리 바가반은 그것을 승인하지 않았다. 한번은 마드라스에서 온 실업가와 전문 직업인들로 이루어진 일단의 헌신자들이 특별 전세 버스를 타고 와서 아쉬람의 집행부를 완전히 폐지하고 새로운 체제를 도입할 것을 요구하려고 했다. 그들은 회당으로 우르르 몰려 들어가서 스리 바가반 앞에 앉았다. 당신은 바위같이 견고하고 초연하며 영원한 얼굴로 침묵하며 앉아 있었다. 그들은 당신 앞에서 초조해져서 서로를 힐끔힐끔 쳐다보며 미적거렸고, 아무도 감히 입을 열지 못했다. 마침내 그들은 회당을 떠나, 올 때처럼 마드라스로 돌아갔다. 그제야 스리 바가반은 그들의 용건이 무엇이었다는 이야기를 듣고 이렇게 말했다. "그들이 무엇 때문에 왔는지 알 수 없군. 그들 자신을 개혁하러 왔나, 아니면 아쉬람을 개혁하러 왔나?"

그러면서도 한편으로—눈여겨볼 또 다른 교훈이지만—만약 어떤 규칙이 거북할 뿐 아니라 정당하지도 않아 보이면, 전에 비루팍샤 산굴에 대한 입장료 징수를 따르지 않았듯이 당신은 그것을 따르지 않았다. 그럴 때에도 당신의 방법은, 실제로 항의하는 것이 아니라 당신의 행동으로써 그 부당한 관행에 사람들이 주목하게 하는 것이었다. 아쉬람의 식당에서 이미 식사가 배식되었는데, 커피가 모든 사람에게 제대로 돌아갈 수 없음을 알게 된 때가 있었다. 그래서 식당의 말석에서 식사를 하던 별로 중요하지 않은 사람들에게는 물을 주었다. 스리 바가반이 그것을 보시고—당신은 늘 모든 것을 보고 있었다—말했다. "나에게도 물을 주시오." 그 후로 당신은 물을 마셨고 커피는 두 번 다시 받지 않았다.

한번은 당신이 이미 연세가 많이 들어 무릎이 뻣뻣해지고 류머티즘으로 인해 모양이 일그러져 있을 때, 일단의 유럽인들이 왔다. 그 중의 한 여사는 가부좌하고 앉는 것에 익숙하지 않아서 벽에 기대어 두 다리를 앞으로 뻗었다. 가부좌에 익숙하지 않은 사람이 가부좌를 하는 것이 얼마나 고통스러운지 아마 알지 못했을 한 시자가 그렇게 앉지 말라고 말했다. 가엾은 그 여사는 당황하여 얼굴을 붉히며 다리를 거두어들였다. 그러자 스리 바가반은 즉시 똑바로 앉아서 가부좌를 하였다. 무릎의 통증에도 불구하고 당신은 계속 그렇게 앉아 있었다. 헌신자들이 그러지 마시라고 하자 당신이 말했다. "만약 그것이 규칙이라면 저는 다른 누구나와 마찬가지로 거기 따라야 합니다. 만일 다리를 뻗는 것이 불경스럽다면, 저는 회당에 있는 모든 사람들에게 불경스러운 거지요." 그 시자는 이미 회당을 나가고 없었지만 다시 불려 와서 그 여사에게 가장 편한 대로 앉으시라고 말했다. 그래도 스리 바가반에게 편히 앉으시라고 설득하기는 어려웠다.

초년에는 가끔 비판과 조우하기도 했다. 특히 서양인 헌신자들은 (기독교인들의) 선교 공세에 시달렸다. 한 열성 신자는 심지어 회당에 들어와 스리 바가반에게 일장 연설을 하기도 했다. 스리 바가반은 대꾸하지 않았지만, 회당 뒤쪽에서 채드윅 소령이 쩌렁쩌렁한 목소리로 그 사람의 기독교 해석을 반박하자 그는 쩔쩔매다가 결국 그만두고 말았다. 후년에도 가톨릭 사제들이 계속 왔는데, 그들은 관심과 존경을 보인 다음 넌지시 어떤 의문을 제기하여, 과연 그들의 마음이 열려 있는지, 혹은 그들의 목적이 단지 개종 활동과 (타종교) 왜곡이 아니었는지를 의심케 했다.

한번은 한 무슬림이 와서 따지고 들었지만, 스리 바가반이 인내심 있게 답변한 것을 보면 그의 도전 이면에 진지함이 있었던 것이 분명하다.

"신은 형상이 있습니까?" 그가 물었다.

"신이 형상이 있다고 누가 말합니까?" 스리 바가반이 대꾸했다.

질문자는 계속 물고 늘어졌다. "만약 신이 형상이 없다면 그가 어떤 신상의 형상을 가졌다고 보고 그를 숭배하는 것은 잘못 아닙니까?"

그는 스리 바가반의 대꾸를 "누구도 신이 형상이 있다고는 말하지 않는다"라는 의미로 이해했던 것이다. 그러나 그 말의 의미는 정확히 말한 그대로였고, 바가반은 이제 이렇게 부연했다. "신은 내버려두고, 먼저 그대는 형상이 있는지 말해보십시오."

"물론 저는 보시다시피 형상이 있습니다만, 저는 신이 아닙니다."

"그러면 그대는 살과 뼈와 피로 이루어지고 근사한 옷을 걸친 그 물질적 몸입니까?"

"예, 그럴 수밖에 없지요. 저는 이 신체적 형상으로 저의 존재를 자각합니다."

"그대는 지금 그대의 몸을 자각하기 때문에 그대 자신을 그 몸이라고 부릅니다. 그러나 그대가 그 몸입니까? 그것의 존재를 도무지 모르는 깊은 잠 속에서도 그것이 그대 자신일 수 있습니까?"

"예. 저는 깊은 잠 속에서도 동일한 신체적 형상 안에 머물러 있었음이 틀림없습니다. 왜냐하면 잠들 때까지 그것을 자각하고 있었고, 깨어나자마자 제가 잠자리에 들었을 때와 똑같다는 것을 알기 때문입니다."

"그러면 죽음이 일어날 때는 어떻습니까?"

질문자는 멈추어 잠시 생각했다. "글쎄요, 그때는 제가 죽은 것으로 여겨지고 몸이 땅에 묻히겠지요."

"그러나 그대는 그대의 몸이 그대 자신이라고 했습니다. 그것이 매장되기 위해 실려 갈 때, 왜 이렇게 항의하지 않습니까? '안 돼! 안 돼! 나를 데려가지 마! 내가 이룬 이 재산, 내가 입고 있는 이 옷들, 내가 낳은 이 자식들은 모두 내 것이다. 나는 그것들과 함께 있어야 한다!'고 말입니다."

그러자 질문자는 자기 몸을 자신과 잘못 동일시했다는 것을 고백하고 이렇게 말했다. "저는 몸 그 자체가 아니라 몸 안의 생명입니다."

그러자 스리 바가반이 그에게 설명해 주었다. "지금까지 그대는 그대 자신이 그 몸이며, 그대가 하나의 형상을 가졌다고 진지하게 여겨 왔습니다. 그것이 모든 괴로움의 근본 원인인 원초적 무지입니다. 그 무지가 제거될 때까지는, 그대가 자신의 형상 없는 성품을 알 때까지는, 신에 대해서 논쟁하고, 그가 형상이 있느냐 없느냐, 혹은 그가 실제로는 형상이 없는데 신상의 형상으로 신을 숭배하는 것이 옳으냐 그르냐 하는 것은 지식 놀음에 불과합니다. 우리가 형상 없는 진아를 알 때까지는 형상 없는 신을 참으로 숭배할 수가 없습니다."

어떤 때는 답변이 간명하고 난해했고, 어떤 때는 자상하고 설명적이었다. 그러나 늘 질문자에게 맞추어 답변되었고, 늘 경이롭게도 적절했다. 한번은 벌거벗은 고행승(fakir)이 와서 1주일가량 머물었는데, 오른팔을 계속 높이 치켜들고 앉아 있었다. 그는 회당 안에 들어가지 않고 남을 시켜 질문을 들여보냈다. "저의 미래는 어떻겠습니까?"

"그에게 그의 미래는 현재와 같을 거라고 말해주시오." 이것이 답변이었다. 그것은 미래에 관한 그런 관심을 질책했을 뿐 아니라, 현재 그가 하고 있는 행위가, 그것이 진지하든 진지하지 않든 그의 미래의 상태를 만들어내고 있다는 것을 그에게 상기시켜 준 것이었다.

한 방문객은 여러 스승들이 제시한 여러 가지 길들을 나열하고 서양 철학자들의 말을 인용하면서 자신의 지식을 과시했다. 그가 결론적으로

구 회당의 침상에 앉은 바가반

말했다. "이분은 이런 말을 하고, 저분은 저런 말을 합니다. 여러분들 중에서 누가 옳습니까? 저는 어느 길로 가야 합니까?"

스리 바가반은 침묵을 지켰지만, 방문객은 하던 질문을 계속했다. "제가 어느 길을 가야 하는지 부디 말씀해 주십시오."

스리 바가반은 회당을 나가기 위해 일어서면서 짧게 대답했다. "그대가 온 길로 가십시오."

그 방문객은 헌신자들에게 그 답변은 도움이 되지 않는다고 불평했다. 그러자 그들은 그 답변의 더 심오한 의미, 즉 유일한 길은 자신의 근원으로 돌아가는 것, 자기가 온 곳으로 돌아가는 것임을 지적해 주었다. 그것은 동시에 그에게도 합당한 답변이었던 것이다.

헌신자인 순다레사 아이야르(Sundaresa Aiyar)는 자기가 다른 읍으로 전근을 가게 되었다는 말을 듣고 슬퍼하면서 불평을 했다. "저는 바가반과 40년을 같이 있었는데, 이제 다른 데로 가라고 합니다. 바가반과 떨어져 있으면 저는 어떻게 해야 합니까?"

"자네는 바가반과 얼마나 같이 있었나?" 바가반이 물었다.

"40년입니다."

그러자 스리 바가반은 헌신자들을 돌아보며 말했다. "여기 어떤 사람은 내 가르침을 40년이나 듣고도 이제 와서 자기가 바가반을 떠나 어디로 간다고 말하는군요!" 이렇게 당신은 도처에 편재하는 당신의 친존에 주목하게 했다. 그렇기는 했으나, 그 전근 발령은 취소되었다.

해가 가도 그 작은 회당은 늘 헌신자들의 중심지이자, 직접 오지 못하는 세계 각지 사람들의 초점이었다. 피상적인 관찰자에게는 별 일이 일어나지 않는 듯이 보였을 수도 있지만, 실은 엄청난 일들이 일어나고 있었다.

세월이 가면서 생활의 일과는 조금 변했다. 그리고 바가반의 신체적 형상이 점차 약해지면서 더 많은 일과와 더 많은 규제가 생겨났다. 노쇠 현상이 시작되기 전까지는 당신께 다가가는 데 정해진 시간은 없었다. 주야를 막론하고 언제 어느 때라도 당신께 접근할 수 있었다. 당신이 주무실 때도 혹시 당신을 필요로 하는 사람이 접근을 차단당하지 않도록 회당의 문들을 닫지 않게 했다. 종종 당신 자신이 일단의 헌신자들과 함께 밤늦도록 이야기를 하기도 했다. 그들 중의 어떤 사람은 순다레사 아이야르와 같이 다음날 해야 할 일이 있는 재가자들이었는데, 그들은 스리 바가반과 함께 이렇게 밤을 보내고 난 뒤에도 다음날 수면 부족으로 인한 피로를 전혀 몰랐다.

예전의 구 회당을 개축한 명상 회당

아쉬람에서 일상생활의 실제적인 과정은 질서정연했고, 정확한 시간에 따라 이루어졌다. 왜냐하면 이것은 스리 바가반이 모범을 보이면서 권장했던 '생활 여건 받아들이기'의 일부였기 때문이다. 또 그래서 모든 것이 청결하고 깔끔하고 제자리에 있었다.

당신이 아주 빈번히 새벽 3, 4시경에 일어나서 한두 시간 동안 채소를 벗기고 썰거나 아니면 (아쉬람의 바나나 잎이 자라서 엽반으로 쓸 수 있게 되기 전에는) 엽반을 만드시던 때도 있었다.3) 그럴 때는—모든 일에서 그랬듯이—헌신자들이 당신 가까이 있는 것이 좋아서 당신 주위에 모여들어 거들곤 했다. 가끔은 당신이 실제로 요리 일을 거들기도 했다. 당신은 채소 벗긴 것을 버리지 말고 가축들에게 주라고 지시했다. 어떤 것도 낭비되지 않았다. 하루는 당신의 지시에도 불구하고 그것이 버려져

---

3) *T.* 작은 나뭇잎들을 실로 꿰매면서 이어 붙여 넓고 둥근 엽반을 만드는 것을 가리킨다.

12. 스리 라마나스라맘

있는 것을 보고 다시는 주방 일에 가담하지 않았다.

당신은 이미 1926년에 산 오른돌이(giri-pradakshina)를 그만두셨다. 너무 많은 사람들이 당신을 따라가는 바람에 통제하기가 어려웠기 때문이다. 당신이 오른돌이를 떠나면 아무도 아쉬람에 남아 있으려 하지 않고 모두 따라나서고 싶어 했다. 더구나 당신이 없는 사이에 방문객들이 당신을 친견하러—당신의 **친존**을 접하러—왔다가 당신이 없는 것을 알고는 실망하고 돌아가 버릴 수도 있었다. 당신은 친견을 베푸는 것이 말하자면 당신의 일생의 임무이기 때문에, 찾아오는 모든 사람이 당신을 만나볼 수 있어야 한다고 한 번 이상 말씀하셨다. 당신은 이것이, 스깐다쉬람으로 당신이 돌아가지 않고 산기슭에 머물러 있는 이유 중의 하나라고 말했다. 스깐다쉬람은 접근하기가 더 어렵기 때문이다. 당신은 오른돌이를 그만두었을 뿐 아니라, 아침저녁으로 잠깐씩 나가서 걷는 것 외에는 어떤 이유로도 아쉬람에서 자리를 비우지 않았다. 주방 일을 그만둔 것도 아마 모든 헌신자들에게 접근 기회를 줄 필요가 있었기 때문일 것이다. 왜냐하면 그런 일에는 소수의 사람만이 당신에게 가담할 수 있었기 때문이다. 인도의 성지들을 한 번 둘러보시라는 권유를 받았을 때 당신이 거절한 이유 중의 하나가, 그러면 헌신자들이 아쉬람에 왔다가 당신이 없는 것을 발견할 거라는 것이었다. 그리고 당신의 마지막 병환 중에도 최후의 순간까지, 당신을 찾아온 사람은 모두 친견을 할 수 있어야 한다고 고집했다.

이런 세월 동안 헌신자들이 경험한 일과, 그들이 받은 가르침과 설명들을 책으로 쓰면 여러 권이 될 것이다. 그러나 이 책의 목적은 그런 이야기들을 남김없이 다 하려는 것이 아니라, 스리 바가반의 삶과 가르침을 개괄적으로 묘사하려는 것이다.

13. 스리 바가반과의 삶

　신인神人(Divine Man)이 어떤 분일지는 기적이나 변신에서보다 일상생활의 기술技術 면에서 상상하기가 아마 더 어려울 것이다. 이런 점에서는 당신 말년의 삶의 일과를 묘사하는 것이 도움이 될 것이다. 여기에 포함된 사건들이라고 해서 그 이전의 많은 사건들보다 더 주목할 만한 것은 아니고, 마찬가지로 여기서 언급되는 헌신자들이 언급되지 않는 많은 헌신자들보다 더 뛰어난 것도 아니다.

　때는 벌써 1947년, 당신이 띠루반나말라이에 사신 지도 50년이 지났다. 노년에 접어들어 당신의 건강이 나빠지면서, 여러 가지 규제가 가해져서 스리 바가반을 더 이상 사적으로, 어느 때라도 만나볼 수는 없게 되었다. 당신은 낮 동안 당신이 친견(darshan)—당신의 친존의 축복—을 베푸시는 그 침상에서 주무시지만, 이제는 문을 닫고 주무신다. 5시에 문이 열리면 이른 아침에 오는 헌신자들이 조용히 들어가 당신 앞에서 절을 한 다음, 하도 밟고 다녀 부드럽게 닳아지고 윤이 나는 검은 돌바닥에 앉는다. 그들 중 많은 사람은 가지고 온 방석을 깔고 앉기도 한다. 그토록 겸손하고, 가장 비천한 사람에게도 평등하게 대우하기를 고집하시는 스리 바가반이 왜 사람들이 당신 앞에서 절하는 것을 허용했는가? 인간적으로는 당신이 일체의 특권을 거부했지만, 외부적으로 나타난 스승에 대한 숭상은 수행(sadhana)과 영적인 진보에 도움이 된다는 것을 인정했기 때문이다. 외적인 형태의 순복順服만으로 충분하다는 것은 아니었다. 당신은 언젠가 분명하게 말했다. "사람들은 제 앞에서 절을 하지만, 저는 누가 가슴으로 순복하고 있는지 압니다."

아쉬람에 거주하는 일단의 브라민들이 그 침상 머리맡 가까이 앉아서 베다를 읊조리고, 1.5마일(2.4km) 떨어진 읍내에서 올라 온 사람 한두 명이 같이 따라 한다. 침상의 발치 쪽에는 선향이 타면서 미묘한 향기를 공중에 발산하고 있다. 겨울철에는 숯불이 타는 화로 하나가 침상 가에 놓여 있는데, 당신의 쇠락해 가는 생명력을 애잔하게 상기시킨다. 이따금 당신은 약한 손과, 손끝으로 갈수록 가늘어지는 야윈 손가락, 그 정교하게 아름다운 두 손을 이글거리는 불에 쬐면서 비벼, 약간의 온기를 수족에 실어둔다. 모두 조용히 앉아 있는데, 대개 눈을 감고 명상에 잠겨 있다.

6시 몇 분 전에 베다 찬송이 끝난다. 스리 바가반이 침상에서 힘들게 몸을 일으켜, 시자가 쥐어드리는 지팡이를 손을 뻗쳐 잡고 느린 걸음으로 문 쪽으로 갈 때면, 모든 사람이 일어나서 서 있다. 당신이 시선을 아래로 하고 걷는 것은 몸이 약해서나 걷다가 넘어질까 싶어서 그러는 것은 아니다. 우리는 그것이 당신의 타고난 겸손함이라고 느낀다. 당신은 산 쪽으로 나 있는 회당의 북쪽 문을 나서서, 지팡이에 의지한 채 약간 구부정한 자세로 흰 회벽의 식당과 사무실 건물 사이의 통로를 따라 지나간 다음, 남자 객사를 돌아서 아쉬람의 가장 동쪽에 있는 건물인 우사 옆의 욕실로 가신다. 시자 두 명이 따라가는데, 그들이 땅딸막하게 키가 작고 검은 살결에 발목까지 내려오는 도띠들을 입고 있는 반면, 당신은 키가 크고 호리호리하며 금빛 살결에 하얀 살가리개 하나만 차고 있다. 당신은 어떤 헌신자가 다가올 때나, 당신이 어떤 아이에게 미소를 지을 때만 가끔씩 고개를 들고 바라본다.

당신의 미소가 발하는 광채는 묘사할 길이 없다. 냉담한 실업가로 보일 수 있는 사람도 그 미소를 보면 가슴에 경쾌한 율동을 느끼며 띠루반나말라이를 떠날 것이다. 어느 단순한 여자는 말했다. "저는 그분의 철학은 모르지만, 당신이 저에게 미소를 지으시면 저는 엄마 품에 안긴 아기같이 편안함을 느껴요." 나는 다섯 살 난 딸의 편지를 받을 때까지도 당신을 뵙지 못하고 있었다. "아빠는 바가반을 사랑하실 거예요. 당신이 미소를 지으시면 다들 그렇게 행복할 수가 없어요."

아침 식사는 일곱 시에 한다. 조반을 들고 나서 스리 바가반은 잠시 산책을 한 다음 회당으로 돌아가신다. 그 사이에 회당 바닥을 쓸어내고 침상 위에 깨끗한 깔개를 까는데, 깔개들 중 어떤 것은 화려하게 수를 놓은 것으로 헌신자들이 선사한 것이다. 모두 자국 하나 없이 깨끗하며 아주 조심스럽게 접혀져 있다. 왜냐하면 시자들은 당신이 얼마나 관찰력이 예리하며, 당신이 말씀을 하시든 않든 세부적인 작은 것까지 얼마나 잘 포착하시는지 알고 있기 때문이다.

스리 바가반이 여덟 시까지 회당에 돌아오면 헌신자들이 도착하기 시작한다. 아홉 시가 되면 회당은 꽉 찬다. 처음 온 사람이라면 아마도, 회당이 얼마나 친밀감을 주며 자기가 스승에게 얼마나 가까이 있는지 느끼게 될 것이다. 왜냐하면 전체 공간이 겨우 길이 12미터에 폭 4.5미터의 방이기 때문이다. 회당은 동서로 뻗어 있고 긴 양편으로 문이 하나씩 나 있다. 산을 바라보는 북쪽 문은 나무 그늘이 드리운 마당으로 이어지며 그 동쪽 편을 따라서는 식당이 이어지고, 서쪽 편으로는 채마밭과 시약소(dispensary)가 있다. 남쪽 문은 어머니 사원으로 나오고 그 너머에 도로가 있는데, 이쪽에서 헌신자들이 올라온다. 침상은 회당의 북동쪽에 놓여 있다. 그 곁에는 회전식 책장이 있어서 가장 자주 찾는 책들이 꽂혀 있다. 그리고 그 위에 시계가 하나 있는데, 침상 곁의 벽에도 시계 하나가 걸려 있다. 둘 다 분까지 정확하다.

어떤 책을 찾아보아야 할 필요가 있으면 스리 바가반은 그것이 정확히 어디에, 어느 선반에 놓여 있는지, 그리고 아마 그 구절이 나오는 페이지까지 아실 것이다. 남쪽 벽을 따라 유리 창문이 달린 큰 책장들이 있다.

대부분의 헌신자들은 스리 바가반을 마주하여, 즉 동쪽을 바라보고 회당의 중앙부에 앉는데, 여자들은 당신의 전면인 회당의 북쪽 절반 부분에, 남자들은 당신의 왼쪽 편에 앉는다. 남자들 중의 몇 사람만 침상과 나란히, 등을 남쪽 벽으로 향하여 다른 사람들보다 스리 바가반에게 더 가까이 앉는다. 몇 년 전에는 이 특권을 가진 사람들이 여자들이었는데, 그러다가 어떤 이유에선지 위치가 바뀐 것이다. 남녀가 따로 앉는 것이 힌두 전통이고, 스리 바가반도 그것을 승인한다. 왜냐하면 남녀 간의 자력磁力이, 더 중요한 영적인 자력을 방해할 수 있기 때문이다.

다시 선향이 타고 있다. 지금도 눈을 감고 명상에 잠긴 사람들이 있지만, 어떤 사람들은 휴식하면서 그저 스리 바가반을 바라보는 것을 즐기고 있다. 한 방문객은 자기가 지은 찬가를 부른다. 어디 갔다가 돌아온 사람이 과일 공양물을 당신 발 앞에 올리고 나서, 당신 앞의 사람들이 앉아 있는 대열에서 앉을 자리를 발견한다. 시자 한 사람이 그 공양물의 일부를 스리 바가반의 은사물恩賜物(prasadam)로서 그 사람에게 돌려준다. 어떤 것은 회당에 들어오는 어린이들에게 주기도 하고, 침상 부근의 창문가에 서 있거나 문 주위를 얼씬거리는 원숭이들에게, 공작들에게, 그리고 암소 락슈미가 찾아오면 그녀에게 주기도 한다. 나머지는 나중에 식당으로 가져가서 헌신자들에게 나누어준다.

스리 바가반은 당신 자신을 위해서는 아무것도 받지 않는다. 당신의 표정에는 형언할 수 없는 부드러움이 있다. 그것은 헌신자들의 당면한 괴로움에 대한 연민일 뿐만 아니라, 세간연世間緣(samsara), 곧 인간의 삶이라는 엄청난 짐 전체에 대한 연민이기도 하다. 그렇지만 그 부드러움에도 불구하고, 당신 얼굴의 주름살에서는 정복하고 나서 결코 타협하지 않은 자의 엄격함이 드러날 수도 있다. 이런 견고함의 측면은 보통 부드럽게 자란 흰머리에 가려지는데, 왜냐하면 당신은 한 사람의 출가자(sannyasin)로서 매달 보름날은 삭발하고 면도하기 때문이다. 많은 헌신자들은 그것을 아쉽게 생각하지만—얼굴과 머리의 백발은 얼굴 모습의 우아함과 온화함을 아주 돋보이게 한다—아무도 감히 그 말을 당신에게 하지는 못한다.

당신의 얼굴은 수면과 같아서, 늘 변하지만 늘 똑같다. 그 표정이 온화함에서 바위 같은 장엄함으로, 웃음에서 자비로움으로 얼마나 빨리 바뀌는지 놀라울 정도이다. 연속적인 각 얼굴 모습이 워낙 완연하게 생동

감이 있어서, 우리는 그것이 한 사람의 얼굴이 아니라 모든 인류의 얼굴이라고 느낀다. 엄밀히 말해서 당신은 아름답지는 않을 수도 있다. 이목구비가 가지런하지는 않기 때문이다. 그러나 가장 아름다운 얼굴도 당신 곁에서는 대수롭지 않게 보인다. 당신의 얼굴은 워낙 실재감이 있어서 다른 사람들의 얼굴은 잊혀도, 당신의 인상은 기억 속에 깊이 가라앉는다. 당신을 잠깐밖에 보지 않은 사람이나 사진으로만 본 사람들조차도, 그들의 마음 속에서는 자기가 잘 아는 사람들보다 당신을 더 생생히 떠올린다. 사실 그런 사진에서 빛나는 그 사랑, 그 은총, 그 지혜, 그 깊은 이해심, 그 아이 같은 천진함이야말로 어떤 말씀보다 더 좋은 명상의 출발점일지 모른다.

  침상 주위에는 침상에서 한두 자쯤 떨어져 약 45센티미터 높이의 이동식 난간이 있다. 그것은 처음에 조금 논란을 불러일으켰다. 아쉬람 집행부는 스리 바가반이 당신 몸에 사람들이 접촉하는 것을 보통 피하고, 만약 누가 당신 몸에 닿으면 몸을 뒤로 물리시는 것을 보아 온 데다가, 언젠가 엉뚱한 헌신자가 당신을 존경한답시고 코코넛을 깨뜨려 그 즙을 당신 머리 위에 쏟은 적이 있다는 것도 상기했다. 그래서 그들은 당신을 그 정도 격리하는 것이 낫다고 판단한 것이다. 반면에 많은 헌신자들은 그것이 그들과 스리 바가반 사이에 일종의 장벽을 설치하는 것이라고 느꼈다. 당신이 이것을 승인하신 것이냐 여부를 두고 당신 앞에서 논의가 진행되었지만, 아무도 감히 당신에게 결론을 여쭈지 못했다. 바가반은 아무렇지도 않은 듯 앉아 계셨다.

  어떤 헌신자들은 자리에서 일어나지도 않고 자기 자신이나 친구들에 관해 스리 바가반과 이야기를 하고, 그 자리에 없는 헌신자들에 관한 소식을 전하는가 하면, 교의적敎義的 질문들을 하기도 했다. 우리는 마치 하나의 큰 가족이 모인, 집 같은 분위기를 느끼는 것이었다. 어떤 이는 뭔가 말씀드릴 사적인 문제가 있는 듯, 침상으로 다가가서 스리 바가반에게 낮은 목소리로 이야기하거나, 그것을 쓴 종이쪽지를 당신께 건네드린다. 그것은 그가 어떤 답변을 바라는 것일 수도 있고, 단지 스리 바가반께 말씀드리는 것만으로도 모든 일이 잘 될 것이라고 믿는 것일 수도 있다.

어떤 엄마가 어린아이를 데리고 들어오자 당신은 어떤 엄마보다 더 아름답게 아이에게 미소를 짓는다. 한 계집아이가 자기 인형을 가져와서 그것을 침상 앞에서 절을 시킨 뒤에 바가반께 보여드리자 당신은 그것을 받아서 살펴보신다. 어린 원숭이 한 마리가 문으로 살며시 들어와 바나나 하나를 훔치려고 한다. 시자가 원숭이를 쫓아내지만, 마침 시자가 한 명뿐이므로 원숭이는 회당의 끝을 돌아서 다른 문으로 들어온다. 그러면 스리 바가반이 원숭이에게 다급하게 속삭인다. "빨리, 빨리! 그가 금방 올 거야." 헝클어진 머리숱에 황색 가사를 걸친 야만스럽게 보이는 사두가 침상 앞에서 두 손을 치켜들고 서 있다. 유럽식 복장을 한 부유한 도회인이 품위 있게 엎드려 절을 하고 앞자리에 앉는다. 자신의 신심에 자신이 없는 그의 동행인은 아예 절을 하지 않는다.

일단의 빤디뜨들이 침상 가까이 앉아서 산스크리트 저작 하나를 번역하다가, 이따금 그것을 당신께 가져가 어떤 사항에 대해 설명을 청한다. 세 살짜리 아이 하나도 이에 질세라 자신의 '어린 보피프(Little Bo-Peep) (영국 전래동화에 나오는 소녀의 이름) 이야기를 다시 시작한다. 그러면 스리 바가반은 똑같이 자애롭게 그것도 받아서 똑같은 관심을 가지고 넘겨본다. 그러나 책이 해어졌으므로, 당신은 그것을 한 시자에게 건네주면서 다시 장정해서 다음날 말끔히 수선된 책을 돌려주라고 하신다.

시자는 공들여 자기 일을 한다. 그래야 할 필요가 있다. 왜냐하면 스리 바가반은 눈과 손이 예민하여 대충 하는 어떤 일도 보아 넘기지 않을 것이기 때문이다. 시자들은 자기들이 스리 바가반의 특별한 은총을 누린다고 느낀다. 빤디뜨들도 그렇고, 세 살짜리도 그렇다. 우리는 점차, 바로 곁에서 직접 나오는 그 반응의 심오함이 어떻게 마음과 성격이 서로 판이한 헌신자들에게 스승과의 특별한 개인적 친밀감을 느끼게 하는지를 지각하게 된다.

또한 우리는 점차 스리 바가반이 보여주는 지도(guidance)의 솜씨와 미묘함, 아니 오히려―지도 그 자체는 눈에 보이지 않으므로―당신이 지도를 베풀 때의 인간적 기량이라고 할 만한 어떤 것을 지각한다. 모든 이가 당신에게는 펼쳐진 책과 같다. 당신은 이 제자 저 제자에게 꿰뚫는 시선을 던져 그의 명상이 어떻게 진보하고 있는지를 보시는데, 이따금 당신의 두 눈이 그들 중의 한 사람에게 온전히 머무르면서 은총의 직접적인 힘을 전해주기도 한다. 그러면서도 이 모든 일이 가능한 한 드러나지 않게 한다. 주목을 피하기 위해 심지어 곁눈질로 바라보실 때도 있고, 보다 지속적인 시선은 신문을 읽으시던 도중이나 아니면 그 수혜자가 눈을 감고 앉아 있어서 그것을 모를 때 베풀어질 수도 있다. 이것은 다른 헌신자들의 질투와, 당신의 시선을 받는 사람의 자만심이라는 두 가지 위험을 예방하기 위해서일 수 있다.

새로 온 사람에게는 종종 특별한 관심을 기울여 주는데, 이에 대해서는 헌신자들이 익숙해져 있다. 어쩌면 그 사람이 회당에 들어올 때마다 미소로 그를 맞아줄 것이고, 명상에 잠겨 있을 때 바라보아 줄 것이며, 친절한 말씀으로 격려해 주기도 할 것이다. 이런 일은 그 사람의 심장 안에서 명상의 불이 밝혀질 때까지, 혹은 그가 스리 바가반에 대한 사랑에 붙매일 때까지 며칠, 몇 주일 혹은 몇 달간 계속되기도 한다. 그러나 사람의 본성상 그러한 주목을 받으면 에고도 커져서, 어쩌면 그 사람은 그것이 자기가 다른 헌신자들보다 우월하기 때문이고, 자신과 스리 바가반만 그것을 안다고 생각하기 시작했을 것이다. 그러면 그 사람은 한동안 무시를 당하게 되고, 그러다가 더 깊은 이해를 얻었을 때 당신의 더 깊은 반응을 유발하게 될 것이다. 불행하게도 늘 그렇게 되지는 않는다. 어떤 때는 스리 바가반 곁에 있으면서 자신이 탁월하다고 착각하는 자부심이 그대로 남아 있기도 한다.

8시 30분경에 신문들이 스리 바가반에게 들어온다. 만약 어떤 질문도 나오지 않으면 당신은 신문을 일부 펴서 훑어보고, 어쩌면 어떤 관심사항에 대해 언급하기도 할 것이다. 다만 정치적 견해로 볼 수 있는 방식으로는 결코 말씀하지 않는다. 신문 중의 어떤 것은 아쉬람 앞으로 오고, 어떤 것은 이런저런 헌신자들이 개인적으로 주문하여 스리 바가반께 먼저 보시라고 드리는 것인데, 그것은 단지 당신이 먼저 손을 댄 신문을 읽는 즐거움을 얻기 위해서이다. 그것이 개인이 소유한 신문일 때, 우리는 그것을 알 수 있다. 왜냐하면 당신이 그것을 포장지에서 조심스럽고 능숙하게 뽑아내어 읽고 난 뒤에 다시 집어넣어, 그 소유자가 그것이 도착했을 때와 같은 상태로 받을 수 있게 하실 것이기 때문이다.

대략 10시 10분전부터 10시 10분까지 스리 바가반은 산 위를 걷곤 했지만, 최근 몇 년간은 몸이 너무 약해져서 아쉬람 경내만 걸으실 뿐이다. 당신이 회당을 떠나실 때는, 명상에 깊이 들어 있는 사람이 아니라면 모두가 일어선다. 이 휴식 시간에 그들은 남녀가 함께 삼삼오오 모여서 이야기를 나누기도 한다. 왜냐하면 남녀를 나누는 것은 회당 안에 앉아 있을 때만 그렇기 때문이다. 어떤 사람들은 신문을 읽고 어떤 사람들은 라자 아이어(Raja Iyer)에게서 우편물을 받는다. 그는 체구가 작은 우편 소장으로, 영리하고 봉사적이며 누구의 무슨 일이든지 다 알고 있는 사람이다.

스리 바가반이 다시 들어오는데, 만약 회당에 앉아 있던 사람이 일어서려 하면 당신은 그대로 앉아 있으라는 손짓을 한다. "제가 들어온다고 여러분이 일어선다면, 들어오는 모든 사람에 대해 일어서야 할 것입니다." 한번은 더운 철에 선풍기 한 대를 당신 곁의 창턱에 놓아두었다. 당신은 시자에게 스위치를 끄라고 명했고, 시자가 고집하자 당신이 직접 일어나서 플러그를 뽑아버렸다. 헌신자들도 똑같이 더운데, 왜 당신만 선풍기를 돌려야 하느냐는 것이었다. 나중에는 천장 선풍기들이 설치되어 모두가 같이 혜택을 보았다.

이제 우편물이 스리 바가반에게 온다. 주소가 "마하르쉬님, 인디아"라고만 되어 있는 편지 한 통. 미국의 한 헌신자가 아쉬람의 정원에 심으라고 보낸 꽃씨 한 묶음. 세계 도처에 있는 헌신자들로부터 온 편지들이 그것이다. 스리 바가반은 하나하나 주의 깊게 읽는데, 심지어 주소와 소인까지 자세히 살펴본다. 만약 그것이 회당 안에 친구들이 있는 헌신자가 보내온 소식이면 그들에게 그것을 말해줄 것이다. 바가반 자신은 편지에 답장을 하지 않는다. 이것은 누구와의 어떤 관계도 없고, 서명할 이름도 없는 **진인**의 관점을 나타낸다. 답장은 아쉬람 사무실에서 써서 오후에 당신에게 가져오는데, 그때 당신은 그 내용 중 부적합한 것이 있으면 그것을 지적한다. 만약 그 답장에 특정한 사항이나 개인적 사항을 넣을 필요가 있으면 그것을 지시할 수도 있다. 그러나 대체로 당신의 가르침은 워낙 평이하므로, 헌신자는 쉽게 배워서 그것을 말로 따라할 수 있다. 당신만이 베풀 수 있는 것은 그 말씀 이면의 **은총**이다.

아쉬람의 옛 우편실 앞에서 우편물을 보는 바가반

편지들을 처리하고 나면 모두 침묵하고 앉아 있을 수도 있지만, 그 침묵에는 어떤 긴장도 없다. 그것은 평안으로 넘쳐난다. 어쩌면 어떤 사람이 하직 인사를 하러 오고, 어떤 여사는 떠나야 함에 눈에 눈물을 글썽일 것이다. 그러면 바가반의 빛나는 눈이 사랑과 힘을 쏟아준다. 그 눈을 어떻게 묘사할 수 있을까? 그 눈을 들여다보면 세상의 모든 불행, 우리가 과거에 한 모든 분투, 마음의 모든 문제들이 독한 기운들같이 떨어져 나가고, 우리는 거기서 평안의 고요한 실재 속으로 솟구쳐 올라가는 느낌이 든다. 말을 할 필요가 없다. 당신의 은총이 우리의 심장을 휘저으며, 이와 같이 외부의 스승은 우리를 안으로 향하게 하여 내면의 스승을 자각하게 한다.

11시에 아쉬람의 종이 울려 점심시간을 알린다. 바가반이 회당을 나가실 때까지 모두 일어서 있다. 보통의 날이면 헌신자들은 흩어져서 자기 집으로 가겠지만, 어떤 축제날이나 어느 헌신자가 보시布施나 감사의 표시로 내는 대중공양大衆供養(bhiksha)이 있는 날에는 모두 점심 식사에 초청받는다. 넓은 식당은 가구가 전혀 없다. 붉은 타일 바닥에 가로로 두 줄씩 바나나잎 조각들이 식반食盤으로 깔리고, 헌신자들은 그 앞에 가부좌하고 앉는다. 식당의 너비 4분의 3선에 칸막이가 쳐져 있어, 한쪽에는 그들의 전통교법을 지키고 싶어 하는 브라민들이 앉고, 다른 쪽에는 비非브라민, 비非힌두, 그리고 다른 헌신자들과 함께 식사하기를 좋아하는 브라민들이 앉는다. 이처럼 전통 고수파들을 위한 조처를 하지만, 스리 바가반은 브라민들로 하여금 그들의 전통교법을 유지하라거나 버리라고 권유하는 말은—적어도 공개적으로나 모두에게 똑같이는—일절 하지 않는다. 당신 자신은 헌신자들의 두 구역이 다 보이도록 동쪽 벽을 등지고 앉는다.

시자들과 브라민 여성들은 줄을 따라 내려가며 밥·채소·양념 등을 엽반 위에 배식한다.[1] 모두 스리 바가반이 먼저 드시기를 기다리고, 당신은 모든 사람에게 배식이 끝날 때까지 기다린다. 식사는 온전히 집중하는 시간이며, 서양에서처럼 잡담이 섞이지 않는다. 인도식 식사 습관을 따르기 어렵다고 느끼는 한 미국인 여사는 숟가락을 하나 가져왔다. 배식자들 중 한 사람이 그녀의 엽반에 채소를 수북이 얹어주면서 그것은 보통의 요리에서 쓰는 매운 양념을 넣지 않고 특별히 만든 거라고 말해준다. 스리 바가반 자신이 그렇게 지시했던 것이다. 나머지 사람들은 모두 손으로 부지런히 먹는다. 시자들은 줄을 오르내리면서 더 얹어주는 음식이나 물, 버터밀크(buttermilk), 과일 혹은 과자를 배식한다. 스리 바가반이 시자 한 사람을 화난 듯이 도로 부른다. 삶의 외적인 기술 면에서 부주의한 점이 있을 때에는 당신이 화내는 모습을 보일 수도 있다. 시자가 모든 엽반에 망고 4등분짜리를 놓아주면서 당신의 엽반에는 2등분짜리를 놓아드린 것이다. 당신은 시자가 준 것을 도로 물리고 눈에 띄는 가장 작은 조각을 고른다.

한 사람 한 사람 식사가 끝나면, 끝나는 대로 일어나서 나가다가 밖에 있는 수도꼭지에서 손을 씻고 집으로 간다.

두 시까지 스리 바가반은 휴식하고 회당은 문을 닫아둔다. 아쉬람 집행부는 당신의 건강이 나빠지자 이러한 한낮의 휴식이 필요하다고 결정했지만, 그것을 어떻게 실현할 것인가? 헌신자들에게 불편을 줄 특전을 받아들이시라고 요청하면 당신이 거부할 것이 뻔했다. 그들은 그런 위험을 무릅쓰기보다는 헌신자들에게 그 시간에는 회당에 들어가지 말라고 사적으로 부탁하여 비공식적으로 그것을 바꾸기로 했다. 며칠간은 모든

---

[1] T. 이제는 음식을 배식하는 사람들이 모두 남성이다.

일이 잘 되어갔다. 그러다가 새로 온 사람 하나가 그 규칙을 모르고 점심 후에 회당으로 갔다. 시자가 나오라고 손짓했으나 스리 바가반은 그를 도로 불러 무슨 일인지를 물으셨다. 다음날 점심 후에 스리 바가반은 회당 밖의 계단에 앉아 계셨다. 시자가 가서 왜 여기 계시냐고 여쭈자 당신이 말했다. "두 시까지는 아무도 회당에 들어갈 수 없나 보군." 그들이 아주 힘들게 설득한 뒤에야 당신은 그 휴식 시간을 받아들였다.

　오후에는 회당 안에 새로 온 사람들이 있을 수 있다. 하루 종일 그곳에 앉아 있는 헌신자는 거의 없기 때문이다. 아쉬람 가까이 사는 사람들조차도 보통 가정일 등 할일이 있어서, 정해진 시간에만 참석한다.

　스리 바가반은 질문에 답변할 때나 아주 드문 경우를 제외하고는 교의敎義에 대해 결코 이야기하지 않는다. 그리고 질문에 답변할 때도 고위 성직자 같은 근엄한 어조가 아니라 대화하듯이 답변하고, 종종 재치와 웃음이 넘친다. 질문자들도 당신이 무슨 말을 한다고 해서 그것을 받아들여야 하는 것은 아니고, 납득할 때까지 얼마든지 논변을 할 수 있다. 한 신지학회 회원이 스리 바가반에게 눈에 보이지 않는 **스승들**을 찾는 것을 승인하시느냐고 여쭈자, 당신은 얼른 재치 있게 응수한다. "눈에 보이지 않는다면 그들을 어떻게 볼 수 있습니까?" "의식 안에서요." 신지학회 회원이 대답한다. 그러자 진짜 답변이 나온다. "의식 안에는 다른 사람들이 없습니다."

　다른 아쉬람에서 온 사람이 묻는다. "차이가 있다면, 당신께서는 세계에 실재성을 부여하지 않으시고, 저희들은 부여하는 것이라고 하면 제가 맞습니까?"

　그러자 스리 바가반은 유머를 이용해 토론을 비켜간다. "그 반대로, 우리는 **존재가 하나**라고 말하기 때문에 세계에 완전한 실재성을 인정하고, 게다가 우리는 신에게도 완전한 실재성을 인정합니다. 그러나 그대는 세 가지가 있다2)고 하면서 세계에 대해 3분의 1의 실재성만 부여하고, 또 신에 대해서도 3분의 1의 실재성만 부여합니다."

다들 웃음을 터뜨리지만, 그럼에도 불구하고 일부 헌신자들이 그 방문객과 설왕설래 토론을 벌인다. 그러자 스리 바가반이 말한다. "그런 토론은 별 이익이 없습니다."

만약 질문이 영어로 나오면 당신은 통역자를 통해서 답변한다. 당신은 영어를 유창하게 말하지는 못하지만 다 알아들으며, 만일 통역이 조금이라도 부정확하면 통역자를 질책한다.

스리 바가반의 답변은 교의적으로 일관되지만 다분히 대인논증對人論證(ad hominem)3) 식이어서 질문자에 따라 상당히 달라진다. 한 기독교 선교사가 물었다. "신은 인격적입니까?" 그러자 스리 바가반은 비이원론의 원리를 손상하지 않으면서 그가 이해하기 쉽도록 답변하려고 했다. "그렇지요. 그는 늘 1인칭, 즉 '나'로서 항상 그대 앞에 서 있습니다. 만일 그대가 세간적인 것들을 우선시하면 신은 뒷전으로 물러난 것처럼 보입니다. 다른 모든 것을 포기하고 그만을 추구하면 그만이 '나', 즉 진아로서 남게 될 것입니다."

우리는 그 선교사가 이것이 곧 모세를 통해 선언된 신의 이름이라는 것4)을 상기했을까 궁금하게 여긴다. 스리 바가반은 가끔 신의 이름으로서의 '내가 있다(I Am)'5)의 수승殊勝함에 대해 말씀하셨다.

---

2) T. '세 가지가 있다'는 것은 세계·개아·신이 별개로 실재한다고 보는 것을 말한다.
3) T. 논증의 타당성은 젖혀두고, 논증자의 인격·사상 등 개인적 측면을 문제 삼는 논법.
4) T. 성경 출애굽기(3:14)에서 모세가 여호와에게 그의 이름을 묻자, "나는 내가 있다는 것이다(I am that I am.)"라고 답한다. (한글 성경에서는 '나는 스스로 있는 자니라' 또는 '나는 스스로 있는 나다'로 번역하고 있다.)
5) T. 바가반은 '나' 혹은 '내가 있다'가 모든 신의 이름 중에서 가장 참되고 적절한 이름이며, 모든 진언 중에서 으뜸 진언이라고 말했다. (『라마나 마하르쉬와의 대담』, 대담 106, 112.)

질문을 하고 설명을 듣는 것은 보통 새로 온 사람들이다. 제자들은 좀처럼 할 질문이 없고, 그들 중 어떤 사람들은 전혀 질문을 하지 않는다. 그 설명들은 가르침이 아니라, 가르침을 향한 하나의 표지판일 뿐이다.

4시 45분이다. 스리 바가반은 뻣뻣한 무릎과 다리를 주무른 뒤에 팔을 뻗어 지팡이를 잡는다. 어떤 때는 침상에서 일어나려면 두세 번 노력해야 하지만, 다른 사람의 도움은 받지 않으려 하신다. 당신이 안 계신 20분 동안 다시 회당 바닥을 쓸어내고 침상 위의 깔개를 정돈한다.

당신이 돌아오고 나서 약 10분 내지 15분 뒤에 베다 찬송이 시작되고, 「우빠데사 사람(Upadesa Saram)」, 즉 스리 바가반의 '가르침 30송'으로 이어진다. 이것은 스리 바가반이 전통교법을 폐기한 대목의 하나인데, 왜냐하면 엄격히 말해서 베다 찬송은 브라민들만 듣게 되어 있지만 여기서는 모두 같이 듣기 때문이다. 이런 찬송이 어떤 이익이 있느냐는 질문에 당신은 간단히 이렇게 답변했다. "찬송하는 소리는 마음을 고요히 하는 데 도움이 됩니다." 당신은 또 그 의미를 이해할 필요는 없다고 분명히 말했다. 이것은 당신이 권장한 '명상'에 대해 앞서 말한 것을 실제적으로 보여주는 사례이다. 즉, 명상은 생각이 아니라 마음을 안으로 돌려서 생각 너머의 자각(awareness)을 향하게 하는 것이다.6)

찬송은 약 35분간 계속된다. 찬송이 진행되는 동안 당신은 가만히 앉아 계실 때가 많은데, 당신의 얼굴은 마치 바위에 조각된 것처럼 영원하고, 부동이며, 장엄하다. 찬송이 끝나면 모두 앉아 있다가, 6시 30분이 되면 여자들은 아쉬람을 떠나야 한다. 남자들 중 일부는 한 시간쯤 더 앉아 있기도 하며, 보통 침묵을 지키지만 더러 이야기를 하거나 타밀 노

---

6) *T.* 209쪽 첫 문단 마지막 문장에서 저자는 '은총'에 대해서도 이와 비슷하게 표현한 바 있다. 스승의 '은총'과 '자기탐구' 명상은 똑같이 내면의 자각을 확립시키는 방식으로 작용한다.

래를 부르기도 한다. 그러다가 저녁 식사가 있고, 헌신자들은 흩어진다.

저녁 모임은 특히 소중하다. 이 시간은 이른 아침 찬송 때의 엄숙함과 그 이후 시간의 친근함을 함께 가지고 있기 때문이다. 그렇지만 스리 바가반이 겉으로 웃고 농담을 하실 때에도, 아는 사람들에게는 그 엄숙함이 늘 존재한다.

한 시자가 바르는 약을 가지고 당신의 다리를 마사지하러 온다. 그러나 당신은 약을 그에게서 뺏는다. 그들은 당신을 두고 너무 많은 실랑이를 한다. 그러나 당신은 거절을 하나의 농담으로 만든다. "자네는 '보는 것'으로, '말하는 것'으로 은총을 받아 왔는데, 이제는 '접촉하는 것'으로 은총을 받고 싶다? 나도 나 자신을 접촉해서 은총을 좀 받아야겠어."

그러나 종이에 적어둘 수 있는 것은 당신 유머의 보잘것없는 한 반영일 뿐이다. 말한 내용이 비록 예리하고 재치 있었다고 해도 실제로 그것을 말하는 것에는 미치지 못하기 때문이다. 어떤 이야기를 할 때 당신은 완전히 한 사람의 배우가 되어, 마치 당신이 그렇게 산 것처럼 그 역을 재현하는 것이었다. 말을 알아듣지 못하는 사람들에게도 당신이 그렇게 하는 것을 지켜보는 일은 매혹적이었다. 실제의 삶도 당신이 연기하는 하나의 역할이었고, 실제의 삶에서도 유머에서 깊은 연민으로 옮겨가는 것이 그처럼 신속할 수 있었다.

당신이 주변 일체를 의식하지 못한다고 생각되던 초년에도 당신은 예리한 유머 감각을 가지고 있었는데, 후년에야 들려주신 농담도 있었다. 한번은 당신의 어머니와 다른 사람들의 군중이 빠발라꾼루로 당신을 찾아왔을 때, 그들은 당신이 밖으로 빠져나갈까 싶어 밖에서 문을 걸어 잠그고 읍내로 음식을 먹으러 갔다. 그러나 당신은 문짝을 들면 돌쩌귀에서 빠져나와 빗장을 질러둔 상태에서도 문을 열 수 있다는 것을 알고 있었다. 그래서 군중과 소란함을 피하기 위해 그들이 가고 없을 때 그렇게 해서 밖으로 빠져나왔다. 그들이 돌아와 보니 문이 닫혀 있고 빗장이 질러져 있는데도 방이 비어 있었다. 나중에 주위에 아무도 없을 때 당신은 같은 방법으로 도로 들어갔다. 그들은 당신 앞에 앉아 당신이 신통력(siddhi)을 써서 닫힌 문으로 사라졌다가 다시 나타났다고 서로 이야기를 주고받았고, 당신의 얼굴에는 어떤 내색도 없었다. 오랜 세월이 지난 뒤였지만 당신이 이 이야기를 하자 온 회당이 폭소로 떠나갈 듯했다.

50주년 기념당 안에서의 바가반

큰 연례 축제들에 대해서도 한 마디 해야 할 것이다. 대부분의 헌신자들은 띠루반나말라이에 영주하지는 못하고 가끔씩만 올 수 있었다. 그래서 공휴일에는 늘 사람들이 많았다. 특히 까르띠까이(Kartikai), 디빠발리(Deepavali), 마하뿌자(Mahapuja)[바가반의 어머니 기일], 자얀띠(Jayanthi)[바가반의 탄신일]의 네 큰 축제 때는 더 그러했다. 자얀띠가 가장 큰 행사로, 그중 사람이 많이 왔다. 처음에 스리 바가반은 이날을 경축하는 것 자체를 달가워하지 않았다. 당신은 이런 시를 지었다.

> 생일을 경축하고 싶은 그대들이여, 먼저 그대의 탄생이 어디서 왔는지를 탐색하오. 우리의 진정한 생일은 탄생과 죽음을 넘어선 그것—영원한 존재 속으로 들어가는 때라오.

> 최소한 자신의 생일에는 자신이 이 세상[윤회계]에 들어온 것을 슬퍼해야 하리. 그것을 기뻐하고 경축하는 것은 시체를 보고 기뻐하며 그것을 장식함과 같으리. 자신의 **진아**를 탐구하여 **진아** 안에 합일하는 것, 그것이 지혜라네.

그러나 헌신자들에게 스리 바가반의 탄신은 기뻐할 만한 일이었고, 당신도 설득당해 거기에 따르게 되었다. 그러나 당신은 그때나 다른 경우에나, 당신에게 예공(puja)[예배 의식]을 올리는 것만큼은 허락하지 않았다. 많은 군중이 몰려 왔고 그날은 모든 헌신자들이 스리 바가반과 함께 식사를 했다. 그 큰 식당으로도 모자라 바깥의 네모난 마당에 대나무 장대로 받친 종려잎 지붕으로 차일遮日을 쳐서 모두 거기에 앉았다. 빈자貧者 급식도 있었는데, 두세 번씩 잇달아 급식하기도 했다. 이때는 경찰과 보이스카우트 대원들이 출입구를 지키며 군중을 통제했다.

그런 날이면 스리 바가반은 늘 초연하게, 위엄 있게 앉아 계셨지만, 찾아온 오래된 헌신자들에게는 알아본다는 친밀한 표정을 지으시곤 했다. 까르띠까이 축제 중에 한번은 군중이 아쉬람의 경내를 가득 메워서 당신 주위에 사람들이 접근하지 못하게 난간을 둘러 쳤는데, 어린 사내아이가 막대기들 사이로 비집고 들어가 당신께 달려가서 자신의 새 장난감을 보여드렸다. 당신은 시자를 돌아보면서 웃으셨다. "자네들의 난간이 얼마나 쓸모가 있는지 보게!"

1946년 9월 스리 바가반의 띠루반나말라이 도래到來 50주년 기념식이 성대하게 열렸다. 원근각지에서 헌신자들이 운집했다.7) 이날을 기념하여 사람들이 쓴 글과 시들을 모아 『50주년 기념집(Golden Jubilee Souvenir)』을 편찬했다.

말년에는 평일에도 구 회당이 너무 비좁아졌다. 그래서 바깥에서 종려잎 차일 아래 앉는 것이 더 일반화되었다.8) 1939년에 어머니 삼매지 위에 사원을 건립하는 공사가 시작되었는데, 이 사원이 스리 바가반과 헌신자들이 앉을 새로운 회당과 함께 1949년에 완공되었다. 그것은 경전적(sastraic) 법식에 따라 전통적인 사원 건축가들이 지은 한 건물의 두 부분이었다.

이 건물은 구 회당과 사무실의 남쪽, 그 건물들과 도로 사이에 자리 잡고 있다. 그 서쪽 반은 사원이고, 동쪽 반은 환기가 잘 되는 정방형의

---

7) *T.* 운집한 헌신자들은 8월 30일부터 바가반을 찬양하는 시를 낭독하거나 찬가들을 불렀고, 기념식은 9월 1일에 거행되었다.
8) *T.* 50주년 기념일에 즈음하여 구 회당과 인접한 북쪽에 널찍한 임시 건물인 '50주년 기념당(Golden Jubilee Hall)'이 건립되었다. 바닥은 시멘트였고, 지붕과 벽은 종려잎을 짜서 만든 소재여서 구 회당보다 시원했다. 이곳에 바가반을 위한 석제 침상을 두고 사람들이 많은 저녁에는 빠라야나를 여기서 했다. 이듬해 더운 철에는 바가반이 여기서 기거하기도 했는데, 나중에 날이 추워졌을 때 당신은 이곳에 잠자리를 둔 흰 공작과 함께하기 위해 추위에도 불구하고 구 회당에서 이곳으로 아예 거처를 옮겼다.

큰 회당으로, 스리 바가반과 헌신자들이 앉게 되어 있었다.

관수식灌水式(*kumbhabhishekam*),9) 즉 사원과 회당의 개원식은 많은 헌신자들이 참석한 훌륭한 의식이었다. 그것은 다년간의 노력과 작업, 그리고 계획을 마무리하는 것이었다. 그러나 스리 바가반은 신 회당(new hall)에 들어가기를 내켜하지 않으셨다. 당신은 단순함을 선호했고, 당신 때문에 생겨나는 어떤 화려함도 좋아하지 않았다. 많은 헌신자들도 내켜하지 않았다. 구 회당이 당신의 친존으로 워낙 충만해 있어, 그에 비하면 신 회당은 차갑고 생기 없어 보였던 것이다. 당신이 신 회당으로 들어갔을 무렵에는 마지막 질병이 이미 당신의 몸을 움켜쥐고 있었다.

---

9) *T.* 항아리에 성수를 담아 올라가서 사원 꼭대기의 탑 위에 붓는 의식. 힌두 사원이나 탑을 준공할 때 하는 법식이다. 이 관수식은 1949년 3월 17일에 있었다.

14. 가르침

스리 바가반의 우빠데사(*upadesa*), 다시 말해서 당신이 제자들에게 베푼 안내 혹은 가르침—영어에는 이에 대한 정확한 번역어가 없다—이 얼마나 비밀스러웠는지 놀랄 정도이다. 누구나 똑같이 당신에게 접근할 수 있었고 질문과 답변도 보통 공개 석상에서 이루어졌지만, 그럼에도 불구하고 각 제자에게 준 가르침은 굉장히 직접적이면서 그 사람의 성격에 부응한 것이었다. 한번은 요가난다(Yogananda)—미국에서 많은 추종자를 거느리고 있는 스와미—가 사람들을 향상시키기 위해서는 그들에게 어떤 영적인 가르침을 주어야 하느냐고 묻자, 당신은 이렇게 답변했다. "그것은 그 개인의 기질과 영적인 성숙도에 달려 있습니다. 대중적 가르침이란 있을 수 없습니다." 사람에 따라 얼마나 다르게 취급하는지를 알려면 앞에서 말한 헌신자 네 사람—에짬말, 어머니, 시바쁘라까삼 삘라이, 나떼사 무달리아르—의 경우를 상기하면 족할 것이다.

스리 바가반은 열심히 작업하고 있었지만—당신 자신도 그렇게 말했고 당신의 **은총**을 체험한 사람들은 새삼 어떤 확언도 필요로 하지 않았다—당신의 작업은 워낙 감춰져 있어서, 어쩌다 와 본 방문객과 그것을 지각하지 못한 사람들은 당신이 전혀 어떤 가르침도 주지 않는다거나, 구도자들에게 필요한 것에 대해 당신이 무관심하다고 믿었다. 나떼사 무달리아르에게 당신을 방문하지 말라고 말리던 브라민 같은 그런 사람들이 많았다.

이 문제는 굉장히 중요한데, 왜냐하면 (스리 바가반 자신의 경우와 같이 극히 드문 경우를 제외하면) 깨달음은 **스승**의 **은총**을 통해서만 가능하기 때문이다. 스리 바가반은 이 점에 관해 다른 **스승**들만큼이나 분명한 입장이었다. 따라서 수행자(*sadhaka*)는 당신의 가르침이 고준하고 당신의 친존이 영감을 준다는 것을 아는 것만으로는 충분치 않았다. 당신이 전수傳授(*diksha*)와 가르침(*upadesa*)[1])을 주는 **스승**이라는 것을 알 필요가 있었다.

'**스승**(Guru)'이라는 말은 세 가지 의미로 쓰인다. 그것은 아무런 영적인 성취가 없어도 (승려를 출가시키는 경우처럼) 입문(initiation)과 가르침을 베풀 권리가 있는 사람을 뜻할 수 있다. 그런 **스승**은 세습적인 경우가 많고, 영적인 건강을 돌보는 가족 주치의와 다르지 않다. 둘째로, **스승**은 위의 역할에 덧붙여 어떤 영적인 성취가 있어서 보다 힘 있는 가르침으로(설사 그가 권하는 실제 수행법은 남들과 같다 할지라도) 제자들을 자기가 도달한 수준까지 인도할 수 있는 사람일 수 있다. 그러나 가장 높고 진정한 의미에서의 **스승**이란, 만물의 **진아**인 **영靈**과 **하나임**을 깨달은 사람이다. 이것이 **참스승**(Sadguru)이다.

스리 바가반이 그 단어를 쓴 것은 이 마지막 의미에서이다. 그래서 당신은 "신, **스승** 그리고 **진아**는 동일하다"고 말했던 것이다. 그리고 당신은 『영적인 가르침』에서 **스승**을 묘사하면서 이렇게 말한다.

"**스승**은 언제나 **진아**의 심오한 깊이 안에 안주하는 사람입니다. 그는 자신과 다른 사람들 사이에 어떤 차이도 있다고 보지 않으며, 그릇

---

1) *T.* 인도에서 스승이 제자를 받아들일 때는 보통 만트라(*mantra*)를 주어 '입문'시키고, 그런 다음 구두 '가르침'을 주게 된다. *diksha*는 최초의 '입문(initiation)'과 평상시의 '전수'를 포괄한다. 평상시의 전수는 '바라보아 주기', '접촉해 주기', '마음으로 전수하기'를 포함한다.

된 분별의 관념—즉, 그 자신은 깨달은 자 혹은 해탈한 자이고, 자기 주위의 다른 사람들은 속박되어 있거나 무지의 어둠 속에 있다는 관념에서 완전히 벗어나 있습니다. 그의 확고함 혹은 냉정함은 어떤 상황에서도 결코 흔들릴 수 없고, 그는 결코 동요하지 않습니다."[2]

이런 스승에 대한 순복(submission-내맡김)은 자기 바깥의 어떤 사람에게 하는 순복이 아니라, 우리가 내면의 진아를 발견하도록 도와주기 위해 외부적으로 나타난 진아에게 순복하는 것이다. "스승은 내면에 있습니다. 명상은 스승이 외부에만 있다는 무지한 관념을 제거하기 위한 것입니다. 만약 스승이 그대가 기다리는 어떤 딴 사람이라면 그는 또 사라지게 되어 있습니다. 그와 같이 잠시 지나가는 존재가 무슨 소용 있겠습니까? 그러나 그대가 자신을 별개라고 생각하거나 몸이라고 여기는 한, 외부의 스승도 필요하며 그는 마치 하나의 몸을 가지고 있는 것처럼 보일 것입니다. 자신을 몸이라고 여기는 그릇된 동일시가 사라질 때, 스승이란 다름 아닌 진아라는 것을 알게 됩니다."(『마하르쉬의 복음』, 제1권 7장).

절대자와 자신의 동일성을 깨달았다는 지고의 의미에서 스승인 사람은, 그 동일성을 확언할 에고가 전혀 남아 있지 않으므로 자기가 스승이라고 말하지 않는다는 것이 자명하다. 또한 그는 자신에게 제자들이 있다고도 말하지 않는다. 그는 타자성을 넘어서 있기 때문에 그에게는 어떤 관계도 있을 수 없기 때문이다.

진인이 절대자와 하나이기는 하나, 그의 인격의 특성은 그가 자신을 나투는 도구로서 외부적으로 존속한다. 그래서 한 진인은 다른 진인과 사뭇 다른 인간적 특성을 보유할 수 있다. 스리 바가반의 특징 중의 하

---

[2] T. 『라마나 마하르쉬 저작 전집』 중 「영적인 가르침」, 제1장 첫째 문답 참조.

나는 당신의 명민함과 통찰력이었다. 당신이 띠루반나말라이에 온 초년에 사람들이 당신을 묵언자(mouni)로 간주하는 것을 내버려두었듯이, 당신의 진정한 제자가 아닌 사람들이 경우 없이 가르침을 달라고 하는 것을 피하기 위해 당신이 이런 동일성의 주장이나 관계성의 인정이 교의상 불가능하다는 것을 이용했다는 것은 의심할 바가 없어 보인다. 그 방어책이 얼마나 성공적이었는지 놀라울 정도지만, 진짜 제자들은 그에 속지 않았고 당신도 그들이 속게 만들 뜻은 없었다.

스리 바가반의 진술들을 주의 깊게 검토해 보자. 당신은 가끔 당신에게는 어떤 제자도 없다고 말했고, 당신이 스승이라고 명시적으로는 결코 말하지 않았다. 그러나 당신은 '진인'과 대등한 의미로, 그리고 자신이 스승이라는 데 전혀 의문의 여지가 없게 하는 방식으로 '스승(the Guru)'이라는 표현을 썼고, '참스승 라마나'라는 노래를 같이 부른 적도 한두 번이 아니다.

더욱이 한 헌신자가 정말 마음이 편치 못해서 해답을 구할 때, 당신은 가끔 의문의 여지가 없게 그를 안심시켜 주곤 했다. 영국인 제자 채드윅 소령은 1940년에 당신이 자신에게 해준 그러한 보증에 대한 기록을 가지고 있다.3)

채드윅: 바가반은 그에게 어떤 제자도 없다고 말씀하십니까?
바가반: 그렇지요.
채: 그는 또한 누군가 해탈을 얻고자 하면 스승이 필요하다고 말씀하시는데요?
바: 그렇지요.

---

3) T. 채드윅, 『라마나 마하르쉬에 대한 한 사두의 회상(A Sadhu's Reminiscences of Ramana Maharshi)』 참조.

채: 그러면 저는 어떻게 해야 합니까? 지난 세월 제가 여기 앉아 있은 것은 시간 낭비일 뿐이었습니까? 바가반께서 당신은 스승이 아니라고 하시는 걸 보니, 제가 전수를 받으려면 어디 가서 어떤 스승을 찾아야 합니까?

바: 그대는 무엇이 그대를 여기까지 데려왔고, 이곳에 그렇게 오래 머무르게 했다고 생각합니까? 왜 의심하지요? 만약 다른 데서 스승을 찾아야 할 어떤 필요가 있었다면, 그대가 오래 전에 떠났겠지요.

스승 혹은 진인은 그 자신과 다른 사람들 간에 어떤 차이도 보지 않습니다. 그에게는 모두가 진인이고, 모두가 그 자신과 하나인데, 어떻게 진인이 이러이러한 사람이 자신의 제자라고 말할 수 있겠습니까? 그러나 해탈하지 못한 사람은 모두를 다수로 보고 모두를 자기 자신과는 다르다고 보기 때문에, 그에게는 스승-제자 관계가 하나의 현실이고, 그래서 자기를 실재로 깨어나게 할 스승의 은총을 필요로 합니다. 그를 위한 세 가지 방식의 전수가 있는데, 접촉·바라봄·침묵에 의한 전수가 그것입니다. (스리 바가반은 여기서—다른 경우에도 많은 사람들에게 그렇게 하셨듯이—당신의 방식은 침묵에 의한 전수라는 점을 나에게 이해시켜 주셨다.)

채: 그렇다면 바가반께서도 제자들을 가지고 계시군요!

바: 제가 말했듯이, 바가반의 관점에서는 어떤 제자도 없지만, 제자의 관점에서 스승의 은총은 바다와 같습니다. 만일 제자가 컵 하나를 가지고 오면 한 컵밖에 얻지 못하겠지요. 바다의 인색함을 불평해도 소용없습니다. 그릇이 크면 클수록 더 많이 가져갈 수 있습니다. 그것은 전적으로 그에게 달렸습니다.

채: 그러면 바가반이 저의 스승이신지 아닌지를 아는 것은 단지 믿음

의 문제로군요. 만약 바가반께서 인정하지 않으시겠다면 말입니다.

바: (똑바로 일어나 앉으면서 통역자를 돌아보고 아주 힘주어 말하기를) 그에게 물어보시오. 내가 자기에게 (그가 제자임을) 문서로 써주기를 바라는지.

채드윅 소령처럼 그렇게 끈덕지게 보증을 요구한 사람은 거의 없었다. 스리 바가반은 이원성을 인정하는 말을 결코 하지 않았겠지만, 이해력과 선의를 가진 어떤 사람에게도, 당신이 스승이라는 점을 충분히 명백하게 인정한 거나 거의 다름없었다. 그리고 어떤 이들은 구두 확인 없이도 그것을 알았다.

S. S. 코헨의 기록에 따르면 벵골의 기업가인 A. 보스(Bose)가 한번은 정확한 진술을 끌어내려고 했다. 그는 말했다. "저는 수행자의 노력이 성공하는 데는 스승이 필요하다고 확신합니다." 그런 다음 미심쩍어하는 미소를 띠며 이렇게 덧붙였다. "바가반께서는 저희들의 심정을 이해하십니까?"

그러나 스리 바가반은 형세를 반전시켜 버렸다. "그대에게는 수행이 필요합니다. 은총은 늘 있지요." 그리고 잠시 침묵한 뒤 이렇게 덧붙였다. "그대는 목까지 물에 잠겨 있으면서도 목마르다고 소리치는군요."

수행조차도 실제로는 자기 자신을 그 은총을 받을 수 있게 만드는 것을 의미했다. 스리 바가반은 가끔 이것을 비유로써 말하기를, 비록 해가 비치고 있다 해도 우리가 해를 보고 싶으면 돌아서서 해를 바라보는 노력은 해야 한다고 했다. 벤까따라마이아 교수는 그의 일기에서, 바가반이 영국인 방문객인 피곳(Piggott) 여사에게 "깨달음은 가르침·강설·명상 등의 결과라기보다는 스승의 은총의 결과입니다. 가르침 등은 2차적인 보조수단일 뿐이지만, 은총은 1차적이고 본질적인 원인입니다"라고 말했다고 기록하고 있다(『라마나 마하르쉬와의 대담』, 대담 13).

남을 통해서 당신의 가르침을 접한 일부 사람들은, 바가반은 스승이 필요치 않다고 본다고 하면서, 당신이 드러나게 전수를 하지 않는 이유를 그렇게 설명했다. 그러나 당신은 이런 견해를 분명하게 배척했다. S. S. 코헨은 이 주제에 관해 당신이 스리 오로빈도 아쉬람의 저명한 음악가인 딜립 꾸마르 로이(Dilip Kumar Roy)와 나눈 대화를 기록했다.4)

딜립 꾸마르 로이: 어떤 사람들은 당신께서 스승은 필요하지 않다고 말씀하셨다 하고, 어떤 사람들은 그 반대로 이야기합니다. 마하르쉬께서는 어떻게 말씀하십니까?

바가반: 저는 스승이 필요하지 않다는 말을 한 적이 없습니다.

딜: 스리 오로빈도 님은 종종 당신(바가반)께는 스승이 없었다고 말씀하십니다.

바: 그것은 무엇을 스승이라고 하느냐에 달렸습니다. 그가 반드시 인간의 형상을 하고 있을 필요는 없습니다. 닷따뜨레야(Dattatreya)에게는 (지수화풍 등의) 원소들을 포함한 스물넷의 스승이 있었습니다. 그것은 세계 안의 어떤 형상도 그의 스승이었다는 것을 뜻합니다. 스승은 절대적으로 필요합니다. 우파니샤드에서는 스승 외에는 그 누구도 인간을 심적인 지각과 감각적인 지각의 밀림에서 데리고 나올 수 없다고 합니다. 그러니 스승이 있어야 합니다.

딜: 저는 인간인 스승이라는 의미로 말씀드리는 것입니다. 마하르쉬께는 한 분도 없었습니다.

---

4) T. 『구루 라마나』, 제10장, 1945년 10월 30일자 참조.

바: 저에게도 어느 때인가는 스승이 있었을지 모르지요. 그리고 저는 아루나찰라에 대한 찬가를 부르지 않았습니까? 스승이 무엇입니까? 스승은 신, 곧 진아입니다. 처음에 인간은 자신의 욕망을 이루고자 신에게 기도하는데, 그러다가 욕망의 충족을 위해 기도하는 것이 아니라 신 자신을 위해 기도하는 때가 옵니다. 그래서 신은 그의 기도에 대한 응답으로, 인간이거나 인간이 아닌 이런저런 형상으로 그에게 나타나서, 스승으로서 그를 인도합니다.

방문객들이 스리 바가반 자신에게는 스승이 없었다고 반론을 제기할 때에만 당신이 '스승은 반드시 인간의 형상을 할 필요는 없다'고 설명했는데, 그것은 매우 드문 경우를 두고 하신 말씀으로 이해되었다.

당신이 스승임을 명백히 시인한 것에 가장 가까웠던 경우는 아마도 V. 벤까뜨라만의 경우였을 것이다. 한번은 당신이 그에게 말했다. "두 가지를 해야 하는데, 첫째는 그대 자신의 밖에 있는 스승을 발견하는 것이고, 그 다음은 내면의 스승을 발견하는 것입니다. 첫째 것은 그대가 이미 했지요."

어쩌면 나 자신이 받은 확인이 한층 더 분명한 경우였을지 모른다. 아쉬람에서 몇 주일을 지낸 뒤 나는 스리 바가반이 실제로 전수(입문)와 가르침을 베푸는 스승이라는 것을 알았다. 나는 이것을 유럽에 있는 친구들에게 알리기 위해 편지를 썼고, 편지를 부치기 전에 그것을 스리 바가반께 보여드리고 보내도 좋을지를 여쭈었다. 당신은 그것을 승인하시고, 편지를 돌려주며 말씀하셨다. "예, 부치세요."

스승 노릇을 한다는 것은 전수와 가르침을 베푼다는 것이다. 이 두 가지는 떼어놓을 수 없는데, 왜냐하면 최초의 전수(입문) 행위 없이는 가르침이 있을 수 없고, 그에 이어 가르침을 주지 않으면 전수가 아무 의미가 없기 때문이다. 따라서 문제는 가끔, 스리 바가반이 전수나 가르침을 베풀었느냐 하는 형식을 띠었다.

전수를 베푸시느냐는 질문에 대해 바가반은 늘 직답을 피했다. 그 답이 '아니오'였다면 당신은 거의 확실히 '아니오'라고 말했을 것이다. 그러나 만약 당신이 '그렇다'고 했으면 전수를 해 달라는 경우 없는 요구들에 대한 방어벽이 낮아져서, 그들 자신이 이해하느냐 아니면 이해하지 못하느냐에 따라 스스로 판단하게 하는 것이 아니라, 자의적으로 보일 어떤 판단에 의해 어떤 요구는 받아주고 어떤 요구는 거절하는 결정이 필요했을 것이다. 당신의 가장 일반적인 답변 방식은 채드윅 소령에게 한 이 답변이었다. "세 가지 방식의 전수가 있는데, 접촉·바라봄·침묵에 의한 전수가 그것입니다." 이것은 스리 바가반이 보통 그렇게 하듯이 무인격적인 교의적 진술을 하는 경우이지만, 거기서 그 특정한 질문에 대한 답변을 발견할 수 있었다. 그 말은 잘 알려진 것이며, 그 세 가지 전수 방식은—힌두들에 따르면—알을 부화하기 위해 알을 품고 있어야 하는 새와, 알을 보기만 해도 되는 물고기, 그리고 알을 생각하기만 해도 되는 거북이의 경우에 비유된다. 바라봄이나 침묵에 의한 전수는 이 시대에 아주 드물게 되었다. 그것은 **아루나찰라**의, 곧 다끄쉬나무르띠의 침묵 전수(*mouna-diksha*)이며, 특히 스리 바가반이 가르친 **자기탐구**라고 하는 직접적인 길에 적합한 전수의 방식이다. 따라서 그것은 본질적으로도 그렇고 편리한 위장책도 제공한다는 점에서, 이중적으로 적합한 것이었다.

바라봄(친견)에 의한 전수는 아주 실제적인 것이었다. 스리 바가반은 그 헌신자를 향해 이글거리는 듯이 강렬한 당신의 시선을 고정하곤 했다. 그 광채, 당신 눈의 그 힘은 그 사람을 뚫고 들어가서 사고 과정을 허물어 버리는 것이었다. 그것은 때로는 마치 어떤 전류가 사람의 몸을 지나가는 것 같았고, 때로는 광대한 평안, 빛의 홍수이기도 했다. 한 헌신자는 그것을 이렇게 묘사했다. "갑자기 바가반이 당신의 빛나는, 투명한 눈을 내게로 돌리셨다. 그 전까지는 내가 당신의 응시를 오래 견디지 못했다. 이제는 그 강력하고 경이로운 눈을 그대로 마주 바라보았는데, 얼마나 오래였는지는 알 수 없다. 그 눈길은 나를 일종의 진동(기운의 파동)으로 사로잡았고, 그 진동이 귀에 또렷이 들릴 정도였다." 그러고 나면 늘, 이제는 자신이 스리 바가반에게 사로잡혔고, 이제부터는 당신이 책임지며 당신이 이끌어 주신다는 느낌, 그 의심할 수 없는 확신이 따라오는 것이었다. 아는 사람들은 전수가 언제 일어나는지 알아차리곤 했지만, 그것은 보통 눈에 잘 띄지 않았다. 그것은 베다 찬송을 하는 도중에, 지켜보는 사람이 거의 없을 때 일어날 수도 있고, 헌신자가 문득 날이 새기 전이나 회당에 사람이 거의 또는 전혀 없을 때 스리 바가반께 가 봐야겠다는 충동을 느낄 때 일어날 수도 있었다. 침묵에 의한 전수도 마찬가지로 실제적이었다. 그것은 띠루반나말라이에 직접 갈 수 없어서 자신의 가슴을 스리 바가반에게 향한 사람들에게로 들어갔다. 어떤 때는 나떼사 무달리아르의 경우처럼 꿈속에서 베풀어지기도 했다.

일단 한 헌신자를 사로잡아서 침묵의 전수를 베풀고 나면, 당신의 인도와 가호 면에서 어떤 **스승**도 스리 바가반만큼 확고할 수가 없었다. 당신은 시바쁘라까삼 삘라이에게 해준—나중에 『나는 누구인가?』로 출판된—답변에서 이렇게 확인해 주었다. "호랑이의 입 안에 떨어진 먹이가 결코 도망칠 수 없듯이, **스승**의 **은총**을 얻은 사람은 분명히 구원될 것이고, 결코 버림받지 않을 것입니다."

L. 하르츠(Hartz)라는 네덜란드인 헌신자는 짧은 시간 동안밖에 머무를

수 없었는데, 떠날 때 자신의 결심이 약해질까 걱정되었는지 어떤 확언을 요청했고 이런 답을 들었다. "설사 그대가 바가반을 놓아버린다 해도 바가반은 그대를 놓아버리지 않을 것입니다."

두 명의 다른 헌신자―체코 외교관과 무슬림 교수―는 그 확언이 이례적으로 힘이 있고 직접적인데 놀라, 그것이 하르츠에게만 해당되는지 모든 헌신자에게 해당되는지 여쭈었고, "모두에게지요"라는 답을 들었다.

또 한번은 한 헌신자가 자신의 내면에서 아무 진보를 느끼지 못하자 실의에 빠져 말했다. "이와 같이 계속하다가는 제가 지옥으로 갈까 걱정입니다." 그러자 스리 바가반이 대답했다. "만약 지옥으로 가면 바가반이 그대를 뒤따라가 도로 데려올 것입니다."

헌신자의 삶의 여건조차도 그의 수행[영적인 진보]을 증진시킬 수 있게끔 스승에 의해 조성된다. 한 헌신자는 이런 말씀을 들었다. "스승은 안에도 있고 밖에도 있습니다. 그래서 그는 그대를 내면으로 몰아넣을 조건을 만들어내고, 동시에 중심으로 그대를 끌어당길 수 있게 내면을 준비해 줍니다."

만약 마음이 스리 바가반에게로 향해지지 않은 사람이, 당신께서 가르침을 주시느냐고 물으면 당신은 어떤 수수께끼 같은 답변을 하거나 아니면 전혀 답을 하지 않았는데, 어느 경우나 부정적인 답변을 한 것으로 간주되곤 했다. 사실 당신의 가르침은 당신의 전수와 같이 침묵을 통한 것이었다. 그러면 마음이 그것이 노력해야 할 방향으로 말없이 향해졌다. 헌신자라면 그 정도는 이해해야 했다. 구두로 확언해 주어야 할 사람은 극히 적었다.

이미 이야기한 V. 벤까뜨라만의 이야기가 이 점을 잘 보여준다. 그는 청년 시절에 스리 라마크리슈나의 대단한 헌신자였지만, 육신을 가진 살아 있는 **스승**의 필요성을 느꼈다. 그래서 강렬한 소망의 열의로 그에게 기도했다. "스승님, 당신 못지않게 완전한 살아 있는 **스승**을 만나게 해 주십시오." 그러고 난 직후에 그는 스리 라마나에 관한 이야기를 들었다. 당시 스리 라마나는 산기슭의 아쉬람으로 내려온 지 몇 년 되지 않았을 때였다. 그는 꽃 공양물을 가지고 그곳을 찾아갔다. 공교롭게도(그것이 바람직할 경우에는 늘 그런 일이 일어나곤 하지만) 그가 도착했을 때 회당에는 다른 사람이 아무도 없었다. 스리 바가반은 침상에 기대어 누워 있었고, 당신 뒤의 벽에는 그가 기도를 드렸던 스리 라마크리슈나의 초상이 걸려 있었다. 스리 바가반은 화환을 반으로 자르더니 시자를 시켜 절반은 그 초상 위에 걸게 하고 다른 절반은 어머니 사원의 링감 위에 걸라고 했다. 벤까뜨라만은 홀가분하고 편안한 느낌이 들었다. 그는 집에 왔고, 그의 목적은 달성되었다. 그는 자기가 오게 된 경위를 이야기했다. 스리 바가반이 물었다. "그대는 다끄쉬나무르띠를 알지요?"

"그분은 침묵의 가르침을 베푸신 걸로 압니다." 그가 대답했다.

그러자 스리 바가반이 말했다. "그대가 여기서 받게 될 가르침이 그것입니다."

이 침묵의 가르침은 사실 아주 다양했다. 스리 바가반이 말하거나 글로 쓴 것은 비짜라(vichara), 곧 **자기탐구**에 대한 것이 가장 많았고, 따라서 당신은 대다수 사람들이 이 시대에는 너무 가파르게 느껴지는 지知의 길(Jnana-marga)만을 제시한 것이라는 의견도 대두되었다. 그러나 사실 당신은 보편적이었고, 지知의 길 못지않게 **헌신**의 길도 제시하여 모든 기질의 사람들에게 가르침을 제공했다. 당신에게 사랑과 헌신은 심연을 건너 구원救援으로 가는 다리이다. 당신은 많은 헌신자들에게 그 외에는 다른 길을 제시하지 않았다.

그 벤까뜨라만은 얼마 지난 뒤 자기가 어떤 수행도—즉, 닦아야 할 어떤 행법도—교시 받지 못하자 초조해져서 불평을 했다.

"그러면 그대는 여기 어떻게 왔습니까?" 스리 바가반이 물었다.

"당신을 생각하면서요, 스와미님."

"그렇다면 그것도 그대의 수행입니다. 그거면 충분하지요." 그리고 사실 그가 어디를 가든 바가반에 대한 생각 또는 기억이 늘 함께하기 시작하더니, 그에게서 뗄래야 뗄 수 없게 되었다.

헌신의 길은 순복의 길과 실제로 동일하다. 모든 짐이 **스승**에게 던져진다. 스리 바가반은 이것도 권장하였다. 한 헌신자에게는 이렇게 말했다. "저에게 내맡기십시오. 그러면 제가 그 마음을 처치하겠습니다." 다른 사람에게는 이렇게 말했다. "침묵만 지키십시오. 그 나머지는 바가반이 할 것입니다." 또 데바라자 무달리아르에게는 "그대가 할 일은 순복하고 일체를 저에게 맡기는 것뿐입니다"라고 하였다. 그리고 당신은 종종 이렇게 말했다. "두 가지 길이 있습니다. 그대 자신에게 '나는 누구인가?' 하고 묻거나, 아니면 **스승**에게 순복하십시오."

그렇지만 순복하기, 마음을 고요하게 하여 **스승의 은총**을 온전히 받을 수 있게 하기란 쉽지 않다. 그것은 부단한 노력, 부단한 기억을 요하며, **스승의 은총**만이 그것을 가능케 한다. 많은 사람들은 그런 노력에 도움을 얻기 위해 헌신 기타 행법들을 사용했다. 스리 바가반은 그런 수단들을 실제로 권하는 일은 좀처럼 없었지만, 그것을 승인하고 인가했다.

눈에 보이지는 않아도 더없이 강력한 것은 **삿상**(*sat sangh*)의 힘이었다. 문자적으로 이것은 '**존재와의 친교**'를 뜻하지만, 수행의 한 수단으로서는 '**사뜨**(*Sat*), 곧 존재를 깨달은 사람과의 친교'를 의미하는 말로 사용된다.

스리 바가반은 이것을 최고로 높이 평가하였다. 「실재사십송 보유補遺」의 첫 다섯 연이 이것을 찬양하는 데 바쳐지고 있다. 그 연들이 포함되게 된 내력도 독특하다. 에짬말의 양녀가 과자 한 꾸러미를 싼 종이에 그 중의 한 연이 산스크리트로 쓰여 있는 것을 발견하고, 그 내용에 감명을 받아 그것을 외워 두었다가 스리 바가반 앞에서 암송했다. 당신은 그것의 중요성을 알고 그것을 타밀어로 옮겼다. 당신이 「보유」 40연을 편집하면서 일부는 손수 짓고 다른 것들은 번역하고 있을 때, 이 연과 역시 산스크리트에서 유래한 다른 네 연도 거기에 포함되었다. 그 중 제3연은 스승과의 친교가 다른 모든 방법들보다 수승하다고 말하고 있다. "진인들과의 친교를 얻는다면 자기 규율의 온갖 방법들이 무슨 소용 있으랴? 서늘하고 부드러운 남풍이 불어오는데 부채가 무슨 소용 있으랴?"

스리 바가반과의 친교는 미묘한 내적 변화를 일으켰지만, 그 효과는 여러 해가 지나서야만 눈에 띌 수도 있다. 당신은 가끔 헌신자들에게 그것이 그들에게 갖는 가치를 분명하게 설명해 주곤 했다. 제3장에서 언급한 학교 친구인 랑가 아이야르에게 당신은 언젠가 이렇게 말했다. "만일 그대가 **진인**과 함께 있으면, 그는 그대에게 미리 짜놓은 천을 줍니다." 그 의미는, 다른 방법으로는 그대가 실을 받게 되어 그대 자신이 그것으로 천을 짜야 한다는 뜻이었다.

순다레사 아이야르는 열두 살에 헌신자가 되었다. 열아홉 살쯤 되었을 때는 스스로에게 만족하지 못하고, 더 의식적이고 강렬한 노력이 필요하다고 느꼈다. 그는 읍내에 사는 재가자였지만 거의 매일 스리 바가반을 찾아가고 있었다. 그러나 이제는 엄격한 절제로써, 자신이 그러한 친교를 가질 만한 근기가 될 정도의 무집착과 다부진 정진력을 갖출 때까지는 다시 가지 않기로 결심했다. 백 일이 되도록 그는 스리 바가반을 멀리했다. 그러다가 '바가반을 뵙지 않아서 내가 뭐가 더 나아졌나?' 하는 생각이 들었다. 그래서 다시 찾아갔다. 스리 바가반은 스깐다쉬람 입구에서 그를 맞으면서 물었다. "나를 찾아오지 않더니 얼마나 나아졌나?" 그런 다음 당신은, 설사 제자가 삿상이 자신에게 미치는 효과를 알아차리지 못하거나 자신에게 어떤 진보가 있는지 모른다 해도, 삿상은 중요하고 힘이 있다는 것을 이야기해 주었다. 당신은 그것을 밤에 잠을 자고 있는 아이에게 엄마가 음식을 먹이는 것에 비유했다. 아이는 안 먹었다고 생각하지만, 엄마는 아이가 음식을 먹었고, 사실 그 음식이 아이를 지탱하고 있다는 것을 알고 있다는 것이었다.

이 사례는 **진인**의 기운 범위 안에 살 때 자동적으로 받는 혜택 이상의 것을 의미한다. 즉, 그것은 **스승**이 그의 감화력을 의식적으로 쏟아줌을 뜻하는 것이다. 한번은 스리 바가반이 이 점을 인상적으로 확언해 주었다. 그것을 체험해 본 사람에게는 그런 어떤 확언도 필요 없지만 말이다. 순다레사 아이야르는 당신의 눈에서 흘러나와 헌신자들을 지탱해주는 **은총**을 말하면서 당신을 찬양하는 타밀 노래를 지었다. 스리 바가반이 그의 표현을 바로잡아 주면서 말했다. "아니야, 흘러나오는 게 아니라 투사되는 거지. 왜냐하면 그것은 선택된 사람들에게 **은총**을 의식적으로 쏟아주는 과정이거든."

제자도 스승의 **은총**을 완전히 자기 것으로 하기 위해 노력해야 하는데, 이를 위해 스리 바가반이 부단히 설한 방법이 **자기탐구**(*vichara*), 즉 "나는 누구인가?" 하는 물음이었다. 이것은 당신이 우리 시대의 필요에 부응하기 위해 도입한 수행법이었고, 여기에는 어떤 비밀이나 숨김도 없었다. 당신은 이 방법의 수승함에 대해 아주 확고한 입장을 보였다. "**자기탐구**는 조건지워지지 않은 절대적 존재로서의 진정한 그대 자신을 깨달을

호랑이가죽 위에 좌정한 바가반

수 있는, 단 하나의 확실한 수단이며 유일한 직접적 수단입니다. … 자기탐구 아닌 수행법을 통해 에고나 마음을 소멸하려고 하는 것은 마치 도둑이 경찰관이 되어 도둑, 즉 자기 자신을 잡으려고 하는 것과 같습니다. 자기탐구만이 에고도 마음도 실재하지 않는다는 진리를 드러낼 수 있고, 우리로 하여금 진아 혹은 절대자의 순수하고 무차별한 존재를 깨닫게 해줄 수 있습니다. 진아를 깨닫고 나면 알아야 할 그 무엇도 남지 않습니다. 왜냐하면 그것은 완전한 지복이고, 모든 것이기 때문입니다."
(『마하르쉬의 복음』, 제2권 1장).

14. 가르침 235

"자기탐구의 목적은 온 마음을 그것의 근원에 집중시키는 것입니다. 따라서 그것은 한 '나'가 또 다른 '나'를 찾는 것이 아닙니다."(상동)

온 마음을 그것의 근원에 집중한다는 것은, 그것을 안으로 돌려 그 자신을 향하게 한다는 것이다. 그 가르침은 명상을 하며 앉아서 "나는 누구인가?" 하고 묻는 동시에, 주의를 심장에―가슴 왼쪽의 신체적 기관이 아니라 오른쪽의 영적인 심장에―집중하라는 것이다.5) 질문자의 성품에 따라 스리 바가반은 먼저 신체적 측면을 강조하기도 하고, 정신적 측면을 강조하기도 했다. 즉, 심장에 대한 집중을 강조하기도 하고, "나는 누구인가?" 하는 물음을 강조하기도 했다.

가슴 오른쪽의 영적인 **심장**은 요가에서 말하는 차크라(*chakras*)의 하나가 아니다. 그것은 에고-자아(ego-self)의 중심이자 근원이며 **진아**의 거주처이고, 따라서 합일의 장소이다. 심장이 이 부위에 있다고 하는 어떤 경전적 근거나 다른 근거가 있느냐는 질문을 받자, 스리 바가반은 당신 자신이 그렇다는 것을 발견했고, 나중에 아유르베다(Ayurveda)[힌두 의학체계의 하나]에 관한 한 권의 말라얄람어 책에서도 그것이 확인되고 있는 것을 본 적이 있다고 말했다.6) 당신의 가르침을 따랐던 사람들 역시 그렇다

---

5) T. 자기탐구와 심장에 대한 집중을 이렇게 결부시키는 것에 대해 다음과 같은 반론도 있다: "바가반은 '나'의 근원은 '나'라는 생각 자체에 주의를 집중함으로써 발견되는 것이지, 몸 안의 특정 부위에 집중함으로써 찾아지지 않는다고 하면서 이러한 해석을 여러 번 배척하였다. 그는 … 그것을 결코 자기탐구와 결부시키지 않았다."(David Godman, *Be As You Are*, p.72). 반면에 저자는 그의 자서전 *My Life and Quest*(p.107)에서 자기탐구를 "마음을 그 자신에 대한 탐구, 곧 존재에 대한, '내가 있음'에 대한 순수한 자각 속에 예리하게 붙들어두는 것"으로 묘사하면서, "바가반은 자기탐구를 하는 사람들에게 두뇌에 집중하지 말고 오른쪽 심장에 집중할 것을 권했다. 자각의 느낌은, 모든 것에 편재하는 심장에 그저 집중함으로써 시작된다. 그저 앉아서, 심장 속의 '내가 있음'의 느낌, 존재의 느낌에 집중하는 동시에, '나는 누구인가?' 하고 묻는 것이다"라고 설명한다(강조는 옮긴이). 그는 심장에 대한 집중을 '특정 부위에 대한 집중'이라기보다 '자각' 수행의 일환으로 본 것이다.
6) 성경 「전도서」, 10:2에서 "현자의 심장은 오른쪽에 있지만, 우자愚者의 심장은 왼쪽에 있다"고 한 것을 참고하라. T. 바가반은 위 말라얄람어 책에 나온 대목을 타밀어로 옮겼고, 그것은 나중에 「실재사십송 보유」 제18연으로 되었다.

는 것을 발견했다. 이것은 **자기탐구**(*vichara*)를 사용할 때 워낙 근본이 되므로, 『마하르쉬의 복음』에서 스리 바가반이 이것을 어느 정도 자세히 설명한 대화 하나를 여기에 다시 살펴보는 것도 가치가 있을 것이다.

헌신자: 스리 바가반께서는 **심장**이 육신 안의 특정 부위, 즉 가슴의 중심선에서 오른쪽으로 손가락 두 개 폭 지점에 있다고 하셨습니다.

바가반: 예, 진인들의 증언에 따르면 그것이 영적인 체험의 **중심**입니다. 이 영적인 **심장중심**(Heart-centre)은 피를 밀어 보내는 같은 이름의 근육성 기관과는 사뭇 다릅니다. 영적인 **심장중심**은 몸의 한 기관이 아닙니다. **심장**에 대해서 그대가 말할 수 있는 것은 그것이 그대의 존재의 바로 **핵심**이며, 그대가 깨어 있든 잠들어 있든 꿈을 꾸든, 일을 하고 있든 삼매에 몰입해 있든, (그 산스크리트어 단어가 문자적으로 의미하듯이) 그대가 그것과 실제로 동일하다는 것이 전부입니다.

헌: 그렇다면 어떻게 그것이 몸의 어느 부위에 위치한다고 할 수 있겠습니까? **심장**에 어떤 장소를 정한다는 것은 공간과 시간을 넘어서 있는 **그것**에 생리학적 한계를 설정한다는 의미가 될 것입니다.

바: 그 말은 맞지만, **심장**의 위치에 대해 질문하는 사람이 자기는 몸을 가지고, 또는 몸 안에, 존재한다고 생각하고 있습니다. … 진인이 순수한 **의식**으로서의 **심장**을 몸 없이 체험할 때 그는 몸을 전혀 자각하지 못하기 때문에, 그가 신체적 자각을 가지고 있을 때 하는 일종의 회상에 의해, 그 절대적 체험을 육신의 한계 내에서 어디라고 위치지우는 것입니다.

헌: 저같이 **심장**에 대한 직접적 체험도 없고 그에 따른 기억도 없는

사람에게 그 문제는 이해하기가 좀 어려운 듯합니다. 심장의 위치 그 자체에 대해서는 아마 우리가 일종의 추측에 의존해야 할 것입니다.

바: 만약 심장의 위치 결정이 추측에 의존한다면, 무지한 사람에게조차도 그 문제는 거의 고려할 만한 가치가 없습니다. 아니지요, 그대가 의존해야 할 것은 추측이 아니라 틀림없이 직관입니다.

헌: 누구에게 그런 직관이 있습니까?

바: 누구에게나 있지요.

헌: 스리 바가반께서는 저도 심장에 대한 그런 직관적 앎을 가지고 있다는 말씀이십니까?

바: 아니, 심장에 대한 것이 아니라, 그대의 정체성(자기인식)과 관련한 심장의 위치에 대한 직관이지요.

헌: 스리 바가반께서는 제가 육신 안의 심장의 위치를 직관적으로 알고 있다는 말씀이십니까?

바: 왜 아니겠습니까?

헌: (자기 자신을 가리키며) 스리 바가반께서 말씀하시는 것은 저에게 개인적으로 그렇다는 것입니까?

바: 그렇지요. 그것이 직관입니다. 그대는 바로 지금 자신을 손짓으로 어떻게 가리켰습니까? 그대의 손가락으로 가슴 오른쪽을 가리키지 않았습니까? 그것이 정확히 심장중심이 있는 곳입니다.

헌: 그렇다면 심장중심에 대한 직접적 앎이 없으면, 저는 이 직관에 의존해야 하는군요?

바: 그게 뭐가 잘못입니까? 초등학생이 "합계를 맞게 낸 건 저예요" 하거나, 그대에게 "제가 뛰어가서 당신께 책을 갖다 드릴까요?" 할

때, 그가 합계를 맞게 낸 자기 머리를 가리킵니까, 아니면 그대에게 책을 갖다 주러 얼른 움직이는 자기 다리를 가리킵니까? 아니지요. 두 경우 모두 그의 손가락은 아주 자연스럽게 가슴 오른쪽을 가리키고, 그렇게 해서 그의 안에 있는 '나'인 것의 **근원**이 거기라는 심오한 진리를 자기도 모르게 표현합니다. 그와 같이 그가 그 자신을, 곧 **진아**인 **심장**을 가리키게 하게 하는 것은 하나의 틀림없는 직관입니다. 그 행위는 다분히 무의식적이고 보편적입니다. 다시 말해서 그것은 모든 사람의 경우에 동일합니다. 육신 안의 **심장중심**의 위치에 대해, 그대는 이보다 더 강력한 어떤 증거가 필요합니까?

그래서 이 가르침은 앉아서 오른쪽 심장에 집중하면서 "나는 누구인가?" 하고 물으라는 것이다. 그 명상 중에 생각이 일어나면 그 생각들을 따라가서는 안 되며, 그것을 지켜보면서 "이 생각은 무엇인가? 이것은 어디서 왔는가? 그리고 누구에게 왔는가? 나에게. ─그러면 나는 누구인가?" 하고 물어야 한다. 그래서 면밀히 살펴보면 그 생각이 사라지고, 기본적인 '나'라는 생각(I-thought)으로 돌아간다. 만약 순수하지 못한 생각들이 일어나면 그것도 같은 방법으로 처리해야 한다. 왜냐하면 수행은 실제로 정신분석학에서 한다고 주장하는 일과 같은 것을 하기 때문이다. 즉, 무의식에서 오물들을 청소하고 그것을 밝은 곳에 드러내어 파괴하는 것이다. "예, 명상 중에는 온갖 생각이 다 일어납니다. 그것은 극히 당연합니다. 왜냐하면 그대의 안에 숨어 있던 것이 나오기 때문입니다. 만약 그것이 일어나지 않는다면, 그것이 어떻게 소멸될 수 있겠습니까?"(『마하르쉬의 복음』, 제1권 3장).

모든 상념 형상들(thought-forms)은 이런 방식의 명상에는 낯설다. 가끔 어떤 헌신자가 스리 바가반에게 '내가 그다(I am He)'와 같은 주제나 다른 어떤 주제를 탐구 중에 사용해도 되느냐고 물으면, 당신은 늘 그런 것을 금했다. 한번은 한 헌신자가 이런저런 명상 주제를 제시하자, 당신은 이렇게 설명했다. "모든 생각은 **깨달음**과 부합하지 않습니다. 우리가 해야 할 일은 자기 자신에 대한 생각과 다른 모든 생각을 배제하는 것입니다. 생각과 **깨달음**은 사뭇 별개입니다."

"나는 누구인가?" 하는 물음에는 아무 답변이 없다. 답변이 있을 수 없는 것이, 그것은 모든 다른 생각의 근원인 '나'라는 생각을 해체하고, 그 너머로 뚫고 들어가 생각이 없는 고요함에 이르기 때문이다. "명상 도중 그 탐구에 '나는 **시바다**(Sivoham)'와 같은 암시적 답변들을 마음에게 주면 안 됩니다. 참된 답은 저절로 나올 것입니다. 에고가 줄 수 있는 어떤 답변도 옳을 수 없습니다." 그 답은 제1장 말미에서 언급한 깨어나는 자각의 흐름으로서, 자기 존재의 정수精髓 자체로서 진동하면서도 비인격적인 것이다. 부단한 수행으로써 이것을 점점 더 빈번하게 만들어야 하며, 그러다 보면 그것이 명상 중에만 아니라 말과 행위의 저변에서도 지속되게 된다. 그럴 때에도 여전히 **자기탐구**를 사용해야 한다. 왜냐하면 에고가 그 자각의 흐름과 휴전을 하려고 시도할 것이고, 만일 한 번 봐주면 그것이 점점 힘이 강해지고, 그런 다음—마치 히브리인들이 약속의 땅에 살게 허용해 준 이방인들처럼—우위를 되찾으려고 싸움을 걸어올 것이기 때문이다. 스리 바가반은 (예컨대 시바쁘라까삼 삘라이에게 해준 답변에서처럼) 마지막까지 탐구를 계속해 나가야 한다고 강조했다. 어떤 상태, 어떤 능력, 어떤 지각이나 환영幻影이 다가와도, **진아**만이 남을 때까지는, 그것들이 누구에게 오는가 하는 물음이 늘 있어야 한다.

사실 환영과 능력은 마음을 분산시키는 요인이어서, 신체적 힘이나 쾌락에 대한 집착만큼이나 마음을 여지없이 속박하여 마음이 스스로 자기가 진아로 변모했다고 착각하게 만들 수 있다. 그리고 세간적 권력이나 쾌락과 마찬가지로, 그것을 가진 것보다도 가지고 싶어 하는 것이 훨씬 더 해롭다. 나라싱하스와미가 한번은 스리 바가반 앞에 앉아서 비베카난다의 생애와 말씀을 타밀어로 번역하고 있었다. 스리 라마크리슈나가 단 한 번 접촉해 주자 비베카난다가 모든 사물을 하나의 본체로 지각하게 되었다는 유명한 사건을 묘사한 대목에 이르자, 그는 그런 지각은 바람직하지 않을까, 그리고 스리 바가반도 자기에게 접촉이나 바라봄으로써 그런 지각을 하게 해주실 수 있을까 하는 생각이 들었다. 종종 있는 일이듯이, 그의 마음을 어지럽히던 그 질문을 바로 그 순간에 다른 헌신자가 던졌다. 헌신자들이 초능력을 성취할 수도 있느냐고 에짬말이 여쭈었던 것이다. 그때는 스리 바가반이 「실재사십송」―이 작품은 그 「보유補遺」와 함께 당신의 교의敎義 해설편이라 할 만하다―을 짓고 있을 무렵이었는데, 당신은 그 질문에 대한 답변으로 시편(stanza) 하나를 지었다. "영원한 **실재** 안에 확고히 안주하는 것이 진정한 싯디(*siddhi*-성취, 초능력)라네. 다른 성취들은 모두 꿈속에서 소유하는 싯디와 같네. 우리가 깨어나면 그것들이 실재하는가? 실재 안에 자리잡아 환幻에서 벗어난 사람이 그런 것들에 신경을 쓸까?"(「실재사십송」, 제35연).

신비능력(occult)은 영적인 사람에게 하나의 장애이다. 능력과―그보다 더하지만―능력에 대한 욕망은 구도자를 가로막는다. 스리 바가반이 산스크리트에서 타밀어로 번역한 「데비깔롯따람(*Devikalottaram*)」에서는 이렇게 말하고 있다. "누가 직접 주겠다 해도 마술적 능력 따위를 받아들여서는 안 되니, 왜냐하면 그것은 야수를 결박하는 밧줄과 같아서 조만간 그 사람을 끌어내릴 것이기 때문이다. 지고의 해탈은 그런 데에 있지 않으며, 그것은 **무한한 의식** 안에서가 아니면 달리 어디서도 찾을 수 없다."(「데비깔롯따람」, 제66-67송 참조).

하던 이야기로 돌아가 보자. 스리 바가반이 제시한 **자기탐구**는 명상의 한 기법일 뿐만 아니라 삶의 한 기법이기도 하다. 그것을 늘 해야 하는지, 아니면 정해진 명상 시간에만 할 것인지를 묻는 질문에, 당신은 "늘" 해야 한다고 답했다. 이것은 세간적 삶의 포기(출가)를 당신이 인가해 주지 않은 이유를 알 수 있게 해 준다. 왜냐하면 수행에 장애였던 바로 그 환경이 이렇게 해서 수행의 도구로 전환되기 때문이다. 궁극적으로 수행이란 에고를 공략하는 것일 뿐이다. 에고가 희망과 두려움, 야망과 분노, 혹은 모종의 정념이나 욕망을 붙들고 버티는 한 아무리 많은 황홀경이나 명상도 수행을 성공으로 이끌 수 없다. 스리 라마(Sri Rama)[7]와 자나까 왕(King Janaka)[8]은 세간에 살면서도 집착에서 벗어나 있었다. 스리 바가반에게 바위를 굴러 내리려고 했던 그 사두는 세간을 떠났음에도 집착에 매여 있었다.

그런 한편 이것은 어떤 전쟁 계획이 없는 단순한 비이기적 행위만으로 충분하다는 것을 뜻하지는 않는다. 왜냐하면 에고는 미묘하고 집요하며, 그것을 소멸하고자 하는 그런 행위들 속에서조차도 겸허함을 자부하거나 금욕을 즐김으로써 피난처를 구하기 때문이다.

일상 활동 속에서 어떤 생각이 누구에게 일어나는지를 자문하는 **자기탐구**는 하나의 전쟁 계획이며 아주 강력한 계획이다. 비감정적인 생각, 예컨대 어떤 책이나 영화에 대한 의견에 그것을 사용할 때는 그렇게 보

---

7) T. 『라마야나』의 주인공인 비슈누의 7번째 화신.
8) T. 고대인도 비데하 국의 왕. 그는 진인 아쉬따바끄라(Ashravakra)의 가르침을 듣고 진아를 깨달은 뒤에도, 왕으로서 계속 통치했다.

이지 않을지 모르나, 어떤 감정적인 생각에 사용하면 그것이 놀라운 힘을 발휘하여 그 감정의 뿌리 자체를 친다. 우리가 상처를 받았고 분노를 느낀다—누가 상처를 받고 누가 분노하는가? 누가 즐거워하거나 낙담하며, 화내거나 의기양양해하는가? 우리는 백일몽에 빠지거나 성공을 거둘 것 같다고 예상하면, 명상이 에고를 꺼지게 하는 만큼이나 강력하게 에고를 부풀리게 된다. 그런데 그런 순간에 **자기탐구**의 칼을 뽑아 그 뒤엉킨 번뇌를 절단하려면 힘과 경각심을 요한다.

삶의 활동들 속에서도 스리 바가반은 **자기탐구**와 병행하여 신의 의지에 순복하고 내맡길 것을 권장한다. 당신은 자신의 부담과 책임을 자기가 지고 있다고 생각하는 사람을, 기차가 짐을 다 운반해 주는데도 기차 안에서 자기가 짐을 들고 있겠다고 고집하는 사람에 비유했다. 현명한 승객은 짐을 선반에 얹어놓고 편안히 앉아 있는 것이다. 당신이 제시한 모든 권고와 모범은 자기잇속(self-interest)을 약화시키고 '내가 행위자다' 하는 환상을 공략한다는 하나의 초점으로 모아진다.

유명한 국민회의(Congress) 일꾼인 잠날랄 바자지(Jamnalal Bajaj)9)가 한 번은 아쉬람에 와서 물었다. "스와라지(swaraj)[정치적 독립]를 바라는 욕구는 올바른 것입니까?"

스리 바가반이 대답했다. "예, 그 목표를 향한 오랜 실천 작업은 점점 시야를 넓혀주어 그 개인이 점차 나라에 합일됩니다. 그러한 개인의 합일은 바람직하며, 그 행위는 비이기적 업業(nishkamyakarma)10)입니다."

스와미에게서 자신의 정치적 목표를 승인 받자 아마도 신이 났을 잠날랄이 한층 더 분명한 보증을 얻고 싶어서, 그에 대한 논리적 귀결로

---

9) *T.* 인도의 독립투쟁 중심 조직인 국민회의를 도운 기업가. Bajaj 그룹의 창업자이다.
10) *T.* 사심 없는 행위(selfless action). 무상無相에서 '상相'이란 '내가 행위자라는 관념'이다.

보이는 질문을 던졌다. "만약 스와라지가 오랜 투쟁과 끔직한 희생 끝에 얻어진다면, 그 사람이 그 결과에 기뻐하는 것은 온당치 않습니까?"

그러나 그는 실망했다. "그렇지요. 그 투쟁의 과정에서 그는 자신을 더 **높은 힘**에 내맡겼어야 하고, 그 힘을 명심하여 결코 놓쳐버리지 않아야 합니다. 그렇다면 어떻게 신나할 수 있겠습니까? 그는 자기 행위의 결과에 상관조차 하지 말아야 합니다. 그럴 때만 그것이 비이기적인 것이 됩니다."

다시 말해서 우리의 활동 결과는 **신**에게 달려 있고, 우리가 책임져야 하는 것은 그 활동의 순수성과 초연함이 전부이다. 더욱이 우리가 자기 잇속 없이 옳은 일을 단지 그것이 옳기 때문에 하게 되면, 거기서 성취되는 가시적 결과와는 별개로, 그리고 그 결과가 말해줄 수 있는 것보다 더 미묘한 방식이기는 해도 더 힘 있게, 우리는 다른 사람들을 이롭게 하는 것이다. 우리는 또 아주 직접적으로 우리 자신을 이롭게 한다. 사실 초연한 행위는 우리의 미래 운명을 형성할 좋은 업을 축적하는 정확한 은행 계좌라고 말할 수도 있을 것이다.

어떤 방문객이 질문하는 이와 같은 경우에, 스리 바가반은 어떠한 마음의 태도가 사회적 또는 정치적 활동을 유효한 수행(sadhana)으로 만들어 주는지 설명했지만, 당신의 헌신자들에게는 그런 활동을 맡는 것을 만류했다. 그들이 삶 속에서 그들 나름의 역할을 하되, 옳은 일을 단지 그것이 옳기 때문에 하는 순수성과 초연함으로 해 나가면 족한 것이었다. 설사 세상의 현재 상태가 조화롭지 않게 보인다 할지라도, 그것은 더 거대한 조화의 일부이다. 그리고 우리가 **진아지**를 계발하면 이러한 조화를 알게 될 뿐만 아니라, 사건의 흐름을 변화시키려는 노력에 의해서보다 훨씬 더 큰 조화로운 영향력을 발휘할 수 있게 된다. 이 문제에 관한 스리 바가반의 가르침은 폴 브런튼과의 대화에서 요약된다.

브런튼: 우리가 중대한 시대를 살고 있으니, 마하르쉬께서는 세계의 미래에 대한 당신의 견해를 말씀해 주시겠습니까?
바가반: 왜 미래를 걱정해야 합니까? 그대는 현재도 제대로 알지 못합니다. 현재를 돌보십시오. 그러면 미래는 스스로 알아서 하겠지요.
브: 세계는 곧 친선과 상호 부조의 새로운 시대로 들어가겠습니까, 아니면 혼란과 전쟁 속으로 빠져들겠습니까?
바: 세계를 다스리는 **분**이 있는데, 세계를 돌보는 것은 그의 일입니다. 세계에 생명을 준 **분**이 그것을 돌보는 법도 알고 있습니다. 그가 이 세상이라는 짐을 지고 가지, 그대가 아닙니다.
브: 하지만 우리가 편견 없는 눈으로 주위를 돌아보면, 그런 자비로운 배려가 어디서 오는지 알기 어렵습니다.
바: 그대가 있기에 세계가 있습니다. 그대 자신을 이해하지 못하고서 세계를 이해하려고 하는 것이 무슨 소용 있습니까? 그것은 **진리** 추구자들이 고려할 필요가 없는 질문입니다. 사람들은 그런 온갖 질문에 기력을 낭비합니다. 먼저 그대 자신 이면의 **진리**를 알아내십시오. 그러면, 그대 자신도 그 일부인 세계의 이면에 있는 **진리**를 더 잘 이해하는 위치에 있게 될 것입니다.

이 마지막 문장에서 바가반은 그 순간 질문자가 그 자신이라고 여기는 에고를 뜻하는 말로 '그대 자신'이라는 단어를 사용하고 있다는 점에 유의해야 한다. 진정한 **자아**(진아)는 세계의 일부가 아니라 세계의 **진아**이자 **창조자**이다.

삶의 활동들 속에서 **자기탐구**를 해 나가라는 권고는 그것의 전통적 사용법을 확장하면서 우리 시대의 필요에 맞게 응용한 것이었다. 그것을 명상법으로 삼아 직접 실천하는 것이 가장 순수한, 그리고 가장 열렬한 (오래된) 수행법이다. 스리 바가반에게는 그것이 자연발생적으로, 배운 바도 없이 다가오기는 했으나, 그것은 옛 리쉬들의 전통 안에 있는 것이다. 진인 바쉬슈타(Sage Vasishta)는 이렇게 썼다. "이 '나는 누구인가?' 하는 탐구는 **진아**에 대한 탐색이며, 개념적 사고라고 하는 독초의 씨앗을 태워버리는 불이라고 말해진다." 그러나 이전에는 그것이 순수한 지知의 길(*Jnana-marga*)로서만 존재했고, 가장 단순하면서도 가장 심오한 것으로서, 가장 순수한 이해력을 갖춘 사람들에게만 전수되고, 그들만이 세간의 번잡함에서 벗어나 부단한 명상 속에서 따르던 궁극의 비법이었다. 반면에 **행위의 길**(Karma-marga)은 세간의 삶을 살아가는 사람들을 위한 길로서, 『바가바드 기타』에서 규정하는 그런 **봉사**의 삶을 살되 자기 행위의 결과에 집착하지 않고—다시 말해서 어떤 에고성(egoism)의 자취도 없이 초연하게—행위하는 것이었다. 이 두 길은 이제 하나로 융합되어 우리 시대의 새로운 상황에 맞는 하나의 새로운 길이 되었다. 이것은 외적인 종교 의식을 병행하든 않든, 사무실이나 작업장에서도 아쉬람이나 산굴에서 못지않게 묵묵히 실천할 수 있는 길이며, 그저 한 번 명상 시간을 가진 다음 하루 종일 그 기억을 이어가기만 하면 되는 것이다.

"결국 숨겨져 있던 모든 것이 알려지게 될 것이다."11) 교의상, 그리스도의 이 말은 궁극적이고 가장 비밀스런 길을 공개적으로 천명하고 그것을 우리 시대에 맞게 응용함으로써 성취된다. 스리 바가반이 한 일이 바로 이것이다.

---

11) *T*. 성경, 「마태복음」 10:26; 「마가복음」 4:22 참조.

사실 이 새로운 길은 지知의 길과 행위의 길의 융합 이상이다. 그것은 박띠(bhakti)[사랑 혹은 헌신]이기도 하다. 왜냐하면 그것은 순수한 사랑—진아, 곧 내적 스승에 대한 사랑이며, 바가반에 대한 사랑이자 신에 대한 사랑—을 산출하기 때문이다. 스리 바가반은 『마하르쉬의 복음』에서 이렇게 말한다. "진아에 안주하는 영원하고 끊임없고 본래적인 상태가 지知(Jnana)입니다. 진아에 안주하기 위해서는 진아를 사랑해야 합니다. 신은 진실로 진아이기 때문에, 진아를 사랑하는 것이 신을 사랑하는 것입니다. 그리고 그것이 헌신(Bhakti)입니다. 지知와 헌신은 그래서 똑같은 하나입니다."(『마하르쉬의 복음』, 제1권 4장).

스리 바가반이 권장한 지知와 헌신은 사뭇 다른 길로 보일지 모르지만 실은 보기보다 훨씬 더 가깝고, 하나가 다른 하나를 배제하지도 않는다. 사실 그것들은 방금 묘사한 단 하나의 통합적인 길로 융합될 수 있다.

한편, 외적인 스승에 대한 순복은 그의 은총을 통해, 자기탐구(vichara)가 발견하고자 하는 내적인 스승에게로 이어진다. 그리고 다른 한편, 자기탐구는 고요함과 순복으로 이어진다. 두 방법 모두 마음을 직접 가라앉히려고 분투하는 것인데, 다만 하나는 외적인 스승 앞에서 더 그렇게 하고, 다른 하나는 내적인 스승 앞에서 더 그렇게 한다. 간접적인 수행 방법들은 오히려 마음을 강화하고 증강시켜서, 결국 그것이 영靈 앞에서 순복할 수 있을 만큼 충분한 힘과 폭을 얻게 하려고 한다. 스리 바가반이 "도둑이 경찰관이 되어 도둑, 즉 그 자신을 잡으려고 하는 것"이라고 했던 것이 바로 이것이다.[12] 물론 마음이 순복하기 전까지는 그것이 강화되고 정화되어야 하는 것이 사실이지만, 스리 바가반의 은총 하에서

---

12) T. 자기탐구는 에고, 즉 마음의 뿌리를 직접 소멸하려는 방법인데 반해, 다른 수행법들은 에고를 유지하면서 마음을 없애려고 하는 것이므로, 도둑이 자신을 잡으려는 것과 같다.

자기탐구를 하면 이것이 자동적으로 일어난다.

크리슈나 지브라자니라는 헌신자가 언젠가 이에 대해 질문했다. "여러 책에서는, 진아 깨달음을 얻을 수 있게 자기 자신을 준비시키기 위하여 모든 훌륭한 자질 혹은 신적인 자질들을 계발해야 한다고 합니다."

그러자 스리 바가반이 대답했다. "모든 훌륭한 자질 혹은 신적인 자질은 지知 안에 포함되고, 모든 나쁜 자질 혹은 악마적 자질은 무지(ajnana) 안에 포함됩니다. 지知가 다가오면 모든 무지가 사라지고 모든 신적인 자질들이 자동적으로 따라옵니다. 만약 어떤 사람이 진인이면 그는 거짓말을 하거나 어떤 나쁜 일도 할 수 없습니다. 분명히 어떤 책에서는 이런저런 자질들을 계발하여 궁극적 해탈(Moksha)을 준비해야 한다고 말하지만, 지知 곧 자기탐구의 길(vichara marga)을 따르는 사람들에게는 그들의 수행 자체만으로 모든 신적인 자질을 갖추는 데 충분합니다. 그들은 달리 어떤 것도 할 필요가 없습니다."(『바가반과 함께 한 나날』, 46-7-18).

그러나 사실 자기탐구가 얼마나 접근 가능한지(누구나 할 수 있는 것인지)를 물을 수도 있을 것이다. 스리 바가반이 스깐다쉬람에서 내려온 직후에 편집된 『영적인 가르침』에서는, 한 헌신자가 "영적인 자질이 어떠하든, 모든 구도자들이 진아를 탐색하는 이 탐구의 방법을 바로 채택하여 실천에 옮길 수 있습니까?"라고 물은 것으로 나와 있다. 당신은 이렇게 답변했다. "아닙니다. 그것은 성숙된 영혼들만을 위한 것입니다. 다른 사람들은 그들 각자의 정신적·도덕적 발전에 적합한 다른 방법들로 자신에게 필요한 훈련과 수행을 거쳐야 합니다."

비루팍샤 시절에도 당신이 그 비슷한 답변을 했다는 것이 『스리 라마나 기타』로 출간된 가르침들에 나와 있다. 그 '다른 방법들'에는 종교적이고 헌신적인 의식儀式, 명상, 염송, 진언, 호흡 제어 등이 포함된다. 이런 것들은 **자기탐구**의 예비적 수행일 뿐 아니라 그것과 병행해서도 닦을 수 있다. 많은 헌신자들은 스리 바가반에게 자기들이 어떤 스승에게서 그런 방법들을 제시받아 닦았다고 하거나, 그것을 하는 것에 대해 당신의 인가를 요청했고, 당신은 자애롭게 경청한 뒤 승인해 주곤 했다. 그러나 누가 그 다른 방법들이 떨어져나가는 것을 발견했을 때는 그것도 승인해 주었다. 한 헌신자가 이전에 하던 다른 방법들로는 더 이상 도움이 안 된다면서 그것을 그만두려고 당신의 인가를 요청하자, 당신은 이렇게 대답했다. "예, 다른 모든 방법들은 **자기탐구**로 귀결될 뿐입니다."

당신이 산기슭의 아쉬람에 사시던 후기에는 **자기탐구**를 하는 데 그런 어떤 제한을 두었다는 기록이 없다. 오히려 당신이 그 길(자기탐구)을 묻는 모든 사람에게 그것을—심장에 대한 집중법과 함께—분명하게 권장하시는 것을 우리는 들었다. 이로써 우리는 스리 바가반이 제시한 새로운 형태의 **자기탐구**에 이르러서야 그것이 (당신의 **은총**을 통해 그것을 닦기를 열망하게 된13)) 모든 사람에게 실제로 접근 가능한 것이 되었다는 결론에 이를 수 있을 것이다.

한편 증거를 가지고 이야기하는 한, **자기탐구**를 닦기를 열망한 사람이 적다는 것도 우리는 알 수 있었다. 사실 아쉬람에 와서 삶의 신비에 대한 설명을 해 달라든가, 자신에게 평안을 가져다주거나 자신의 인격을 정화하고 강화시켜 줄 어떤 규율을 일러 달라고 요청한 많은 사람들은 비이원론의 교의를 이해하거나 **자기탐구** 수행을 닦는 것과는 거리가 아주 먼 것이 분명했기 때문에, 그런 피상적 관찰자는 자신이 적은 위안밖에 얻지 못한 것처럼 보이는 데 대해 실망하거나 화를 내기 쉬웠다. 그

---

13) *T.* **자기탐구**에의 열망이 '**은총**을 통해' 일어나게 된다는 뜻이다. 원래 **자기탐구**는 근기를 성숙시키는 예비수행이 필요했지만, 바가반은 그것을 방법적으로 진일보시키는 한편, 당신이 베푸는 **은총**을 통해 평범한 구도자들의 근기를 성숙시켜 그 열망을 갖게 해준 것이다.

러나 피상적인 사람들만 그랬다. 왜냐하면 우리가 더 면밀히 관찰하면 진짜 답변은 구두 답변이 아니라 질문자의 마음에 두루 스며들기 시작하는 침묵의 감화력이라는 것을 알 수 있었기 때문이다.

스리 바가반은 말로 설명을 할 때 궁극적 진리를 고수했다. 진인은 그것만을 인정하기 때문이다. 그것은 당신이, 진인은 타자성을 넘어서 있기 때문에 어떤 인간관계도 가지고 있지 않고, 따라서 누구도 당신의 제자라고 부르지 않는다는 말씀을 고수한 것과 마찬가지였다. 그러나 마음에 작용하는 당신의 침묵의 은총은 (앞에서, 단순히 순복하거나 마음을 고요하게 하고 싶어 한 사람들에 대해 이야기할 때 이미 말했듯이) 그 마음이 자신의 발전을 위해 가장 적합한 '다른 방법들'을 스스로 찾아낼 수 있게 해주었다. 말로 교시할 필요가 없었다. 각자 자신의 성품에 따라 자신의 이해 정도와 신심에 비례하여 도움을 받았다. "스승의 은총은 바다와 같습니다. 만일 제자가 컵 하나를 가지고 오면 한 컵밖에 얻지 못하겠지요. 바다의 인색함을 불평해도 소용없습니다. 그릇이 크면 클수록 더 많이 가져갈 수 있습니다. 그것은 전적으로 그에게 달렸습니다."

한 헌신자의 어머니인 연로한 프랑스인 여사가 아쉬람을 방문했다. 그녀는 이 철학을 이해하지도 못했고 이해하려고도 하지 않았다. 그러나 그전에는 이름만 가톨릭 신자인 정도였는데, 아쉬람을 방문한 뒤부터는 독실한 가톨릭 신자가 되었다. 그녀는 그 변화가 스리 바가반의 감화력 때문이라는 것을 인정했다. 말로 하는 설명보다 이 같은 발전적 변화들이 더 실질적인 가르침이었다.

또한 시간이 가면서 갈수록 증장되는 스리 바가반의 자애로움이 헌신자들을 당신에게 더 꽉 붙들어 매게 되고, 그리하여 그들의 심장이 헌신을 통해 **자기탐구**를 준비하게 만든다고 말할 수도 있을 것이다. 헌신자들뿐만 아니라 일시적 방문객들도 당신의 얼굴이 말년에 얼마나 부드럽고 광채가 나는지 알아보는 사람이 더 많아졌다. **자기탐구**가 **지**知를 통해 **사랑**으로 이어지듯이, 당신은 **사랑**을 통해 그들을 **지**知로 이끌었다. 내면의 **진아**에 대한 탐색이 당신으로 현현된 **진아**에 대한 무한한 사랑을 일깨웠듯이, 당신에 대한 헌신은 마음을 내면으로 돌려 당신이 현현한 진아로 향하게 했다.

한 헌신자는 그것을 이렇게 표현한다. "그토록 매혹적이고, 그토록 믿을 수 없을 만큼 자애롭고, 그토록 지혜로우며, 그러면서도 갓 태어난 아이 같은 천진함을 지닌 당신의 얼굴을 바라보는 것―당신은 알아야 할 모든 것을 아시네. 가끔 심장 속에서 하나의 진동이 시작되네―바가반―그것은 형태를 취한 내 존재의 핵심, 나 자신의 외부화된 심장―나는 누구인가?―그리하여 사랑은 탐구에 이른다네."

스리 바가반처럼 어떤 **스승**이 수행의 기법을 말과 글로써 공개적으로 서술하는 것은 통상 있는 일이 아니었다. 왜냐하면 그런 기법은 그것을 사용하는 사람이 자신의 **스승**에게서 그것을 가르침(upadesa)으로 전해 받았을 때만 유효한 것이었기 때문이다. 이 문제에서 스리 바가반이 가져온 혁신은, 다른 어떤 관점에서는 이 **자기탐구**를 누구나 할 수 있는가 하는 물음을 던지게 한다. 즉, **스승**이 개인적으로 권하지 않은 어떤 수행을 누구나 할 수 있느냐는 것이다.

스리 바가반 자신도 수행의 기법은 스승이 그것을 권했을 때만 유효하다는 보편적 전통을 지지했다. 한번은 어떤 사람이 아무렇게나 골라잡은 진언을 염해도 이익을 얻을 수 있느냐는 질문을 받았을 때 당신은 이렇게 답변했다. "아닙니다. 그가 그 진언들을 전수 받아야 합니다."

그러면 당신은 어떻게 해서 **자기탐구**를 공개적으로 설명하고, 때로는 방문객들에게 당신의 책에 쓰여 있는 설명들을 읽어보라고까지 했던가? 유일한 설명은, 당신은 띠루반나말라이에서 당신에게 직접 다가갈 수 있었던 소수의 사람들의 스승 훨씬 이상이었다는 것이다. 권위는 당신에게 있으므로, 당신이 재가를 내린 것이다. 많은 사람들이 스승을 찾지만 스승이 드문 이 영적으로 어두운 시대에, 바가반 자신이 당신을 찾고 의지하는 모든 이의 참스승(Sadguru), 곧 신적 안내자로서 지상에 화현하여, 당신의 은총을 통해 그것을 할 수 있다고 느끼게 된 모든 사람이 할 수 있는 하나의 수행법을 선포한 것이다.

자기탐구를 사용하는 것은 띠루반나말라이에 갈 수 있었던 사람들에게 국한되지 않았을 뿐 아니라, 힌두들에게만 국한된 것도 아니었다. 스리 바가반의 가르침은 모든 종교들의 핵심이며, 숨겨져 있던 것을 공개적으로 선포하고 있다. 비이원론은 도교와 불교의 중심적인 근본 원리이다. 내적 스승의 원리는 그 의미가 충만하게 회복된 '당신 안의 그리스도(Christ in you)'의 원리이며, 자기탐구는 이슬람 교의의 궁극적 진리인 샤하다(shahada), 즉 '하느님 외에는 어떤 신도 없다'는 것을 관통한다. 진아(Self) 외에는 어떤 자아(self)도 없다는 것이다. 스리 바가반은 종교들 간의 차이를 넘어서 있었다. 당신은 힌두 책들을 볼 수 있었기 때문에 그 책들을 읽고 그 용어들에 따라 설명했지만, 누가 묻는다면 다른 종교들의 용어로도 설명할 준비가 되어 있었다. 당신이 권장한 그 수행법은 어떤 종교에도 의존하지 않았다. 힌두들만 당신을 찾아온 것이 아니라 불교도, 기독교도, 무슬림, 유대교도, 파르시교도(조로아스터교도) 등도 찾아왔고, 당신은 그 누구도 자기 종교를 바꿀 것을 기대하지 않았다. 스승에 대한 헌신과 그의 은총의 흐름은 모든 종교의 더 깊은 실체에 이르게 하며, 자기탐구는 모든 종교의 이면에 있는 궁극적 진리에 이르게 한다.

15. 헌신자들

윗줄 왼쪽부터: 꾼주 스와미, 무루가나르, 비스와나타 스와미
아랫줄 왼쪽부터: 수리 나감마, 무나갈라 벤까따라마이아, 데바라자 무달리아르

헌신자들은 대체로 아주 보통 사람들이었다. 모두가 학자나 지식인은 결코 아니었다. 사실 자신의 이론에 매몰된 일부 지식인들이 살아 있는 **진리**를 인식하지 못하고 스스로 떨어져 나가는 일이 드물지 않았던 반면, 단순한 사람들은 계속 남아 당신을 숭배하면서, 자신의 성실성으로 바가반의 은총을 끌어내곤 했다. **자기탐구**는 지知의 길로 불리기 때문에 때로는 지적인 사람들만 그것을 따를 수 있다고 여겨지기도 하지만, 그 주안점은 이론적 지식이 아니라 심장을 이해하는 것이다. 이론적이거나 교의적인 지식은 도움이 될 수도 있지만, 그에 못지않게 하나의 장애일 수도 있다.

스리 바가반은 이렇게 썼다. "'문자를 아는 우리의 탄생은 어디서 왔는가?' 하고 물어서 운명의 문자를 지워버리려 하지 않는 사람들의 학식이 무슨 쓸모가 있겠습니까? 그들은 축음기같이 되어버렸습니다. 아니면 그들이 무엇입니까, 오 **아루나찰라시여**! 학식은 있어도 에고가 가라앉지 않은 사람들보다 오히려 무식한 사람들이 구제됩니다."(「실재사십송 증보」, 제35-36송). 운명의 문자를 지워버린다는 말은, 인간의 운명은 자기 이마에 쓰여져 있다는 힌두적 관념을 가리키며, 따라서 자신의 업(karma)을 초월한다는 의미이기도 하다. 그것은 제5장에서 말한 것, 즉 운명의 교의(업의 이론)는 노력의 가능성을 배제하지 않으며, 실은 노력이 필요하다는 것을 재차 확인해 준다.

물질적 부와 심령적 능력이 그렇듯이, 학식 자체는 비난 받지 않았다. 그 세 가지 모두 그것을 얻으려는 욕망과 그것에 대한 집착으로 인해 사람의 눈이 멀고, 참된 목표에서 벗어나게 된다는 점에서 비난 받았다. 앞서 인용한 옛 문헌(『데비깔롯따람』, 제67송)에서 말하듯이, 심령적 능력은 야수를 결박하는 밧줄과 같다. 필요한 것은 똑똑함이 아니라 성실성이었고, 이론이 아니라 이해였으며, 정신적 자만이 아니라 겸허함이었다. 특히 회당에서 누가 노래를 부를 때, 스리 바가반은 유명한 사람에게는 형식적 관심을 보일지 몰라도, 비록 서툴어도 참된 헌신으로 노래하는 사람에게는 빛나는 **은총**을 쏟아주시곤 했다.

당연히 헌신자들 중에는 힌두들이 가장 많았지만 그 밖의 사람들도 많이 있었다. 스리 바가반을 세계적으로 널리 알리기로는 『비밀 인도에서의 탐색(A Search in Secret India)』을 쓴 폴 브런튼 만한 이가 없었다.

후년에 아쉬람 안팎에서 눌러앉아 살던 이들 중에는, 큰 체구에 군인답고 관대하며 쩌렁쩌렁한 목소리의 채드윅 소령, 도도한 성품과 귀부인의 풍모를 지녔던 파르시교도 딸레야르칸 부인(Mrs. Taleyarkhan), 이라크 출신의 조용하고 나서지 않는 S. S. 코헨, 어딘가 구세계 무슬림 귀족의 매력을 지녔던 은퇴한 페르시아어 교수 하피즈 사이에드 박사(Dr. Hafiz Syed) 등이 있었다. 미국, 프랑스, 독일, 네덜란드, 체코슬로바키아, 폴란드 기타 많은 곳에서 온 방문객들도 길거나 짧은 기간 동안 머물렀다.

스리 바가반의 손아래 친척인 비스와나탄(Viswanathan)은 1923년에 19세의 젊은이로 와서 눌러앉았다. 그때 처음 온 것은 아니었지만, 이때는 그가 회당으로 들어서자마자 스리 바가반이 물으셨다. "부모님께 작별 인사는 하고 왔나?"

그 질문은 이번에는 그가 당신 곁에 머무르기 위해 온 것임을 인정한다는 것이었다. 그는 자기도 바가반이 그랬던 것처럼 그냥 쪽지 하나만 남겼는데, 어디로 가는지 밝히지 않았다고 시인했다. 스리 바가반은 그에게 집으로 편지를 쓰라고 했지만, 어떻든 그의 아버지는 아들이 어디로 갔을 거라고 짐작했고, 그 문제를 상의하러 왔다. 그는 이 문제에 대해 열린 마음을 가지고 있었다. 그는 스와미를 격찬하는 이야기를 많이 듣기는 했으나, 스와미가 벤까따라만이던 시절에 그를 손아래 친척으로만 알고 지냈기에 당연히 당신을 **신적인** 존재로 생각하기 어려웠다. 그러나 **친존**에 이르자 그의 몸이 경외감으로 부들부들 떨렸고, 자신도 모르게 머리를 땅바닥에 대고 엎드린 뒤에야 자기가 절을 한 줄 알았다.

"여기서는 옛날 그 벤까따라만의 모습을 전혀 볼 수 없군요!" 그가 외쳤다.

그러자 스리 바가반이 웃었다. "아, 그 친구요! 그는 오래 전에 사라졌지요."

한번은 당신이 예의 유머러스한 어투로 비스와나탄에게 말했다. "자네는 적어도 산스크리트어는 알고 집을 떠났지. 내가 집을 떠날 때는 아무것도 몰랐다니까."

산스크리트어를 알고 있고 경전을 공부했던 사람들이 또 있었다. 그들 중에는 은퇴하고 사두로 살면서 수년간 아쉬람 일기를 적었던 무나갈라 벤까따라마이아 교수, 그리고 띠루반나말라이에서 직업 활동을 계속한 이미 언급한 교장 선생 순다레사 아이야르가 있었다.

비스와나탄과 같은 해에 무루가나르(Muruganar)도 왔는데, 그는 으뜸가는 타밀 시인의 한 사람이다. 스리 바가반 자신도 이따금 그의 시를 인용하거나 그것을 낭독하곤 했다. 그는 「사십송」을 합쳐서 한 권의 책으로 만들었고, 그에 대한 뛰어난 타밀어 주석서도 썼다. 음악가 마나바시

라마스와미 아이야르(Manavasi Ramaswami Aiyar)는 더 오래된 헌신자이다. 스리 바가반보다 몇 살 위였던 그는 1907년에 처음 당신을 찾아왔다. 그는 스승님을 찬양하는 아름다운 노래들을 짓기도 했다.

라마스와미 삘라이(Ramaswami Pillai)는 청년이던 1911년에 대학을 나오자마자 바로 와서 머물렀다. 비스와나탄이나 무루가나르와 마찬가지로 그도 사두로서 살았다. 그러나 그의 경우는 헌신과 봉사를 통한 길을 택한 편이었다. 1947년에 한번은 스리 바가반이 산 위로 일상적 산책을 나갔다가 돌에 발을 다쳤다. 다음날, 머리가 이미 희끗희끗했지만 아직 건장하던 라마스와미 삘라이는 계단을 만들면서 산허리 위로 길을 내기 시작했다. 그는 일념으로 매일 새벽부터 저녁까지 일을 했다. 그리하여 마침내 가장자리를 돌로 튼튼히 받치고, 바위를 딛고 올라서야 했던 곳은 정으로 깎아 계단을 만들고 흙비탈에도 돌계단을 설치한 길이 완성되었다. 그 길은 철저하게 잘 만들어졌는데, 워낙 철저하게 만들어져 그 후 지금까지 장맛비에도 유실되지 않고 있다. 그러나 유지 보수를 하지 못하고 있다. 왜냐하면 길이 완성된 지 얼마 지나지 않아 스리 바가반의 건강이 나빠져 당신이 산 위로 걷는 것을 그만두셨기 때문이다.

이미 언급한 옛 학교친구 랑가 아이야르는 띠루반나말라이에 한 번도 정주한 적은 없지만, 그와 그의 가족은 자주 찾아오곤 했다. 그는 스리 바가반과 같은 반에서 공부하고, 함께 놀고 레슬링도 했던 사람이었는데, 늘 거리낌 없이 이야기도 하고 농담도 하는 것을 즐겼다. 초년의 비루팍샤 시절에 그는 스와미가 된 옛 친구가 어떤 모습일지 보려고 왔다가, 이내 자기가 신 같은 존재 앞에 서 있음을 알아차렸다. 그의 형인 마니는 그렇지 않았다. 그는 학교 후배이던 이 젊은 스와미를 멸시하듯 바라보며 서 있었다. 그러나 스리 바가반이 마주 바라보자 마니는 그 충격

15. 헌신자들 257

에 당신의 발 앞에 엎드리고 말았다. 그 후 그도 헌신자가 되었다. 랑가 아이야르의 아들 중 한 명은 스리 바가반과 신지神知(Divine Knowledge)의 '결혼'을 축하하는 긴 타밀어 시를 지었다.

『마하르쉬의 복음』의 대부분은 폴란드인 망명자 모리스 프리드먼과의 대화를 편집한 것이다. 폴란드 여사 두 사람은 아쉬람에서 잘 알려진 인물이다. 노이 부인(Mrs. Noye)은 자신의 고국인 미국으로 돌아가지 않으면 안 되었을 때 눈물을 참지 못했다. 스리 바가반이 그녀를 위로했다. "왜 울지요? 그대가 어디로 가든 저는 그대와 함께 있습니다."

그것은 바가반의 모든 헌신자에게 해당되는 말이다. 당신은 늘 그들과 함께한다. 만약 그들이 당신을 기억하면 당신도 그들을 기억할 것이다. 설사 그들이 당신을 놓아버려도 당신은 그들을 놓아버리지 않겠지만, 그럼에도 불구하고 그런 말씀을 개인적으로 듣는 것은 큰 축복이었다.

내 아이들 셋은 띠루반나말라이에 사는 유일한 유럽인 아이들로서, 헌신자들 중에서도 두드러졌다. 1946년 12월의 어느 날 저녁에 스리 바가반이 그 중 위의 두 아이를 명상에 입문시켰는데, 그 체험을 그들이 제대로 묘사하지 못한다면 더 나이 많은 사람들도 마찬가지일 것이다. 열 살이던 키티(Kitty)는 이렇게 썼다. "오늘 저녁에 회당에 앉아 있을 때 바가반이 내게 미소를 지으셨고, 나는 눈을 감고 명상하기 시작했다. 눈을 감자마자 아주 행복함을 느꼈고, 바가반이 나에게 아주 아주 가까이 계시다는 것과 당신이 내 안에 계시다는 것을 느꼈다. 그것은 무엇에 대해 즐거워하고 신나하는 것과는 달랐다. 무슨 말을 해야 할지 모르겠는데, 단지 아주 행복하고, 바가반이 너무 사랑스럽다는 것이다."

그리고 일곱 살이던 애덤(Adam)은 이렇게 썼다. "나는 회당에 앉아 있을 때 행복함을 느끼지 못했다. 그래서 기도를 하기 시작했고 아주 행복

애덤과 바가반

함을 느꼈다. 그러나 새 장난감을 가지는 것과는 달랐고, 그냥 바가반과 모두를 사랑하는 느낌이었다."

아이들이 회당에 자주 혹은 오래 앉아 있었다는 것은 아니다. 앉고 싶으면 앉기도 했지만, 여기저기서 놀기를 더 많이 하는 편이었다.

막내아이 프래니어(Frania)가 일곱 살이었을 때 위의 두 아이가 자기 친구들 이야기를 하고 있었다. 친구다운 친구가 없던 프래니어도 이에 질세라 자기는 사이에드 박사가 이 세상에서 가장 친한 친구라고 말했다. 스리 바가반께 그 말씀을 드렸다.

"아?" 당신이 형식적 관심을 가지고 대답했다.

"애 엄마가 '그럼 바가반은 어떠니?' 하고 물었습니다."

"아!" 이번에는 당신이 고개를 돌리고 정말 관심을 표했다.

"프래니어가 말했습니다. '바가반은 이 세상에 안 계셔'라고요."

"아!" 당신은 기쁜 표정으로 똑바로 앉으면서 집게손가락을 당신의 코 옆에 댔는데, 그것은 놀라움을 표시할 때 하시는 동작이었다. 당신은 그 이야기를 타밀어로 옮겨서 회당 안에 들어온 다른 사람들에게 몇 번이나 즐거이 들려주었다.

나중에 사이에드 박사가 아이에게 바가반이 이 세상에 안 계시면 어디 계신 거냐고 물으니, 아이가 대답했다. "당신은 어디나 계셔요."

그래도 그는 코란을 논하는 기분으로 계속 물었다. "당신이 침상에 앉아 계시고, 먹고 마시고, 걸어 다니시는 걸 보면서, 어떻게 우리가 당신이 이 세상 사람이 아니라고 말할 수 있어?"

그러자 아이가 대답했다. "우리 다른 이야기해요."

하지만 헌신자들에 대해 무슨 이야기를 해도 사람들이 서운해 할 수 있다. 왜냐하면 언급할 만한 다른 사람들이 늘 있기 때문이다. 예컨대 데바라자 무달리아르나 T. P. 라마짠드라 아이야르만큼 스리 바가반과 자유롭게 이야기할 수 있는 사람은 거의 없었는데, 라마짠드라 아이야르의 할아버지는 언젠가 젊은 시절의 스리 라마나를 온 힘을 다해 자기 집—스리 라마나가 띠루반나말라이에 온 이후 식사를 했던 유일한 집—으로 모셔가서 예법을 갖춘 식사를 대접했던 사람이다. 믿을 수 없을 정도로 다양한 표정을 보여주는 스리 바가반의 아름다운 사진을 많이 찍은 사람은 T. N. 크리슈나스와미 박사이며, 그는 마드라스에서 이따금 찾아오곤 했다. 아쉬람에서 일어난 사건들에 대한 가장 생생하고 즐거운 이야기들 중 일부로서 스리 바가반의 친존의 매력을 발산하는 것은 여성 헌신자 나감마(Nagamma)가 마드라스의 은행 지배인인 자기 오빠 D. S. 샤스뜨리에게 텔루구어로 써 보낸 편지들에 들어 있다. 또 스리 바가반에게 거의

단체사진(바가반 좌우에 요기 라마이아와 '도감' 찐나 스와미가 앉아 있다)

혹은 전혀 말을 할 필요를 느끼지 못한 헌신자들이 있었다. 운명이 점지해 준 대로 자신이 태어난 읍이나 마을에서부터 기회가 닿을 때마다 온 재가자들이 있었고, 한 번 짧게 방문한 뒤 그때부터—비록 스승님의 신체적 친존에 있지는 않다 해도—당신의 제자가 된 사람들도 있었다. 그리고 당신을 한 번도 뵙지 못했지만 멀리서 침묵의 전수를 받았던 사람들도 더러 있었다.

스리 바가반은 옷차림이나 행동에서 뭔가 기이한 모습을 보이거나, 황홀경을 과시하는 어떤 모습도 제지했다. 환영과 능력(초능력)에 대한 사람들의 욕망을 당신이 승인하지 않았다는 것과, 재가자들이 가정과 직업적인 삶의 여건 속에서 노력하는 쪽을 당신이 선호했다는 것은 이미 살펴보았다. 당신은 헌신자들에게 어떤 괄목할 만한 변화도 야기하지 않았는데, 이는 그런 변화들이 기초가 없는 상부 구조물같이 나중에 무너질 수 있기 때문이었다. 사실 어떤 헌신자가 자기 자신에게서 전혀 어떤 진보도 발견하지 못하면 낙심하여, 자기가 진보하지 않는다고 하소연하는 일들이 가끔 있었다. 그런 경우에 스리 바가반은 위로를 해 주거나 아니면 이렇게 대꾸할 때도 있었다. "아무 진보가 없다는 것을 그대가 어떻게 압니까?" 그리고 당신은 진보가 이루어지는 것을 아는 것은 제자가 아니라 스승이라고 설명하곤 했다. 제자는 지어지고 있는 건물이 자기 마음의 시야에 들어오지 않는다 하더라도, 자기 일을 꾸준히 해 나가야 하는 것이었다. 이것은 어려운 길처럼 들릴 수도 있겠지만, 바가반에 대한 제자들의 사랑과 당신의 미소가 갖는 자애로움이 거기에 묘미를 부여했다.

묵언(*mouna*)과 같이 과장된 노선도 당신은 만류했다. 적어도 한 번은 스리 바가반이 이 점을 분명히 했다. 채드윅 소령이 다음날부터 묵언자(*mouni*)가 되려 한다는 것을 들은 당신은 그런 수행에 반대하는 말씀을 자세하게 하면서, 언어가 하나의 안전판이며 말을 포기하는 것보다는 자제하는 것이 낫다고 지적하고, 혀로 말하기를 포기한 대신 연필로 말하는 사람들을 조롱하셨다. 진정한 묵언은 심장 안에 있으며, 많은 사람들 가운데 있으면서도 홀로 있을 수 있듯이 말 가운데서도 침묵하고 있을 수 있는 것이다.

때로는 과장된 모습들이 있었던 것도 사실이다. 앞 장에서 설명한 대로 당신의 가르침(*upadesa*)이 드러나지 않게 주어지는 것과 마찬가지로, 스리 바가반은 무엇을 명시적으로 명하거나 금하는 일이 좀처럼 없었다. 하지만 어떤 과장된 노선을 취해 본 사람들은, 스스로 자인하지는 않았다 해도 당신이 그것을 승인하지 않는다는 것을 느꼈음이 분명하다. 왜냐하면 그럴 때는 그들이 거의 어김없이 회당에 모습을 드러내지 않았기 때문이다. 한 헌신자가 정신적 균형을 잃을 뻔했던 그런 사례가 하나 생각나는데, 스리 바가반은 분명하게 "그녀는 왜 나한테 오지 않는 거지?"라고 말씀하셨다. 이런 말씀의 의미를 제대로 이해하기 위해서는, 당신이 누구에게 명시적인 지시를 하거나 누구에게 오라거나 가라고 말하는 것을 얼마나 신중하게 회피했는지, 누가 당신을 그렇게 하도록 하려고 어떤 수를 써도 당신이 얼마나 능숙하게 받아넘겼는지, 당신의 뜻을 아주 조금만 내비쳐도 그것이 얼마나 구속력 있고 소중하게 여겨졌는지를 알아야 한다.

이 사례에서는 그 헌신자가 오지 않았고, 그러고 얼마 후 그녀의 마음은 혼란에 빠지고 말았다. 이런 일이 한두 번이 아니었다. 아주 정상적인 분위기인데도 당신을 찾아온 어떤 사람들에게는 스리 바가반에게서 방사되는 그 대단한 힘이 너무 강했다. 그런 경우에는, 그 사람이 마음의 균형이 무너지자마자 은둔하기를 그만두고 아쉬람에 나오기 시작하는 것을 볼 수 있었다. 때로는 스리 바가반이 그런 사람을 마치, 그러지 말아야 하고 그러지 않을 수 있는데도 제멋대로 행동한 버릇없는 아이인 양 꾸짖는 것도 볼 수 있었다. 당신의 감화력을 받고 어떤 싸움을 벌이기 시작하다가 그 사람이 가까스로 다시 정상 상태로 돌아오는 경우들의 비율이 상당히 높았다.

전체적인 모습을 그리려다 보니 그런 사례들을 이야기하지 않을 수 없었지만, 여기에 지면을 할애했다고 해서 그런 경우들이 빈번했다고 생각해서는 안 된다. 그런 일은 늘 드물게 일어났다.

스리 바가반의 방법들에 대해서는 명확히 무엇이라고 규정하기 어렵다. 왜냐하면 예외들이 종종 발견되기 때문이다. 당신의 가르침이 명시적인 경우들도 있었는데, 특히 누군가가 혼자 당신에게 다가갈 수 있었을 때는 그랬다. 아쉬람 근처에 집을 하나 지었던 은퇴한 수의사 아난따

나라얀 라오는 그의 처남이 중병이 들어 있던 마드라스로 몇 번이나 급히 불려가곤 했다. 한번은 그런 전보를 받자 늦은 저녁이었는데도 그것을 곧장 스리 바가반께 들고 갔다. 그전에는 별 관심을 보이지 않던 당신이 이번에는 이렇게 말했다. "그래, 그래. 가 봐야 되지." 그리고 죽음이란 중요하지 않다는 말씀을 하기 시작했다. 라오는 집으로 가서 아내에게 이번에는 처남이 그 병에 죽을 것이 분명하다고 말했다. 그들은 마드라스로 갔고, 한 이틀 뒤에 그의 처남은 세상을 떠났다.

가끔은 어느 헌신자가 '라마나'란 이름을 하나의 진언으로 사용하라는 교시를 받는 것과 같은 더 적극적인 사례들도 있다고 들었지만, 그런 경우들은 결코 많이 이야기되지 않았다.

보통은 헌신자가 스스로 어떤 결정을 내린 다음 그것을 잠정적으로 선언하곤 했다. 그런 결정은 그의 수행의 일부였다. 잘한 결정일 때는 당신이 승인의 미소를 지어 그 사람을 기쁘게 했고, 어쩌면 짤막한 동의의 말씀을 해줄 때도 있었다. 그 결정이 승인받지 못했을 때도 보통 그것을 알아차릴 수 있었다. 한번은 한 재가자가 띠루반나말라이를 떠나 어느 다른 읍으로 가면 자신이 보수가 더 나은 직업을 구할 수 있을 거라고 선언했다. 스리 바가반이 웃으며 말했다. "누구든지 계획이야 세울 수 있지." 그 계획은 결국 실현되지 않았다.

인도의 한 정치 지도자가 마드라스에 가서 집회를 열고 있을 때 그를 숭배하던 한 시자가 거기 가겠다고 당신의 허락을 구했다. 스리 바가반은 마치 그 말을 듣지 못한 것처럼 바위 같은 얼굴로 앉아 있었다. 그런데도 그 시자는 떠났다. 그는 이 집회 저 집회 뛰어다녔으나, 가는 데마다 너무 늦었거나 아니면 입장이 허락되지 않았다. 그가 돌아오자 스리 바가반이 그를 놀려댔다. "그래, 자네는 허락도 없이 마드라스에 갔단 말이지? 간 보람이 있었던가?" 당신은 에고가 아예 없었기 때문에, 당신 자신의 행위에 대해서도 마치 남의 행위에 대해 이야기하듯 자연스럽게, 비개인적으로 이야기하거나 농담을 할 수 있었다.

스리 바가반의 감화력은 우리를, 환경에 의해 야기되는 쾌락과 고통, 희망과 근심으로부터 우리 자신의 참된 성품인 내적인 행복으로 향하게 해주기 마련이었다. 헌신자들 중에는 이것을 깨닫고 당신에게 전혀 아무것도, 심지어 마음속의 기도로도 청하지 않고, 그 대신 소망을 일으키는 집착을 극복하려고 노력한 사람들이 있었다. 그들이 완전히 성공하지는 못했다 할지라도, 만일 어떤 외적인 이익—더 큰 사랑, 더 큰 확고함, 더 큰 이해 아닌 어떤 것—을 요청하러 스리 바가반께 다가간다면, 그것은 당신에 대한 일종의 배신으로 보였을 것이다. 만일 번뇌가 찾아온다면 그 대처 방법은 그것을 없애려고 하는 것이 아니라, "이 번뇌가 누구에게 있는가? 나는 누구인가?" 하고 물으면서, 탄생도 죽음도 어떤 번뇌도 겪지 않는 그것과의 의식적인 동일시에 더 가까이 다가가는 것이었다. 그리고 어떤 사람이 그런 의도로 스리 바가반께 의지하면, 그 사람에게 평안과 힘이 흘러들곤 했다.

인간의 본성이 원래 그렇듯이, 살면서 겪는 사건들 속에서 스리 바가반의 조력과 보호를 청하는 헌신자들도 있기는 했다. 그들은 관점이 좀 달라서 바가반을 자신의 아버지나 어머니로 간주했고, 어떤 어려움이나 위험이 닥쳐올 때마다 당신에게 의지했다. 그들은 어디에 있든, 당신에게 그런 일에 대해 편지를 써 보내거나 아니면 그저 당신께 기도했다. 그러면 그들의 기도에 응답이 있었다. 그 어려움이나 위험을 모면하거나, 그것이 불가능하거나 이롭지 않은 경우에는 그것을 견딜 수 있는 평안과 용기가 그들에게 흘러들었다. 스리 바가반의 의지에 따른 개입 없이도 도움이 자동적으로 왔다. 그런 일이 단순히 그 헌신자의 믿음 때문에 가능했다는 것은 아니다. 그것은 그 헌신자의 믿음에 응하여 당신에게서 방사되는 은총 때문이었다.

어떤 헌신자들은 당신의 의지 없이, 또 때로는 그런 상황을 당신의 마음이 알지도 못하는데 이런 힘이 구사되는 것을 궁금해 했다. 데바라자 무달리아르가 한번은 그에 대해 자신이 스리 바가반께 질문한 것을 기록해 두었다.

"만약 바가반의 경우에도 모든 진인들의 경우와 같이 마음이 소멸되어, 당신께서 어떤 타자성(bheda)도 보지 않으시고 단 하나의 진아만 보신다면, 어떻게 각기 다른 제자나 헌신자를 상대하면서 그에게 연민을 느끼거나 그를 위해 무엇을 해주실 수가 있습니까?" 나는 당신께 이 점을 여쭈었고 이렇게 덧붙였다. "저와 여기 저와 함께 있는 다른 많은 사람들은, 저희가 어떤 어려움을 강하게 느낄 때, 저희가 어디에 있든 바가반께 마음속으로 호소하면 거의 즉시 도움이 온다는 것을 분명히 느낍니다. 바가반의 오랜 헌신자인 어떤 사람이 당신께 옵니다. 그는 지난번 바가반을 만나 뵙고 돌아간 뒤 자신이 겪은 온갖 어려움을 이야기하기 시작합니다. 바가반께서는 그의 이야기를 끈기 있게, 동조하며 경청하시는데, 이따금 놀라움을 표하면서 '저런! 그래요?' 등의 추임새를 넣으십니다. 그 이야기는 종종 이런 말로 끝납니다. '다른 모든 것이 실패하자 결국 바가반께 호소했고, 오직 바가반께서 저를 구해주셨습니다.' 바가반께서는 이 모든 것을 마치 그것이 새로운 소식인 양 경청하시고, 심지어 나중에 오는 다른 사람들에게 들려주기까지 하십니다. '아무개가 저번에 우리와 함께 있다가 간 뒤로 이런저런 일이 있었던 것 같군요'라고 말입니다. 저희는 바가반께서 결코 몰랐던 척하시는 법이 없다는 것을 알고 있고, 그래서 적어도 한 차원에서는, 당신께서 그 이야기를 듣기 전까지는 어떤 일이 일어났는지 일체 모르고 계셨던 것으로 보입니다. 그런 한편 저희가 보기에는, 저희가 괴로움 속에서 도움을 청하는 순간 당신께서는 저희들의 호소를 듣고 이런저런 방식으로 도움을 보내주시고, 만일 어떤 이유에서든 그 어려움을 모면하거나 변경할 수 없다면 최소한 그것을 견딜 수 있는 용기나 다른 방편들을 베풀어 주신다는 것이 분명합니다." 내가 이 말씀을 바가반께 다 하고 나자 당신이 대답하셨다. "그렇지요. 그 모든 일은 자동적으로 일어납니다."[1)]

스리 바가반이 의도적으로 초자연적 능력을 구사하는 경우는 아주 드물었다. 더욱이 설사 당신이 그랬다 하더라도, 그런 일은 당신의 전수나 가르침만큼이나 감춰져 있었다. 후년의 시자들 중에 라자고빨 아이야르라는 재가자가 있었다. 그에게는 라마나라는 이름을 지어준 세 살쯤 된 아들이 있었는데, 매일 스리 바가반께 달려와서 절을 하곤 하던 쾌활한 꼬마였다. 어느 날 저녁, 날이 저물어 헌신자들이 돌아간 뒤에 이 아이가 뱀에 물렸다. 라자고빨 아이야르는 아이를 안고 회당으로 곧장 달려갔다. 그럼에도 회당에 당도했을 때는 아이가 이미 시퍼렇게 되어 숨을 할딱이고 있었다. 스리 바가반은 아이의 몸 위로 손을 쓸어내리며 말했다. "너는 괜찮다, 라마나야." 그리고 아이는 괜찮았다. 라자고빨 아이야르는 헌신자들 몇 사람에게 그 이야기를 했지만, 사람들 사이에서 많이 이야기되지는 않았다.

---

1) *T. Devaraja Mudaliar, My Recollections of Bhagavan Sri Ramana*(4판), pp.100-1.

서로 애매하게 겹치기는 하지만, 스리 바가반께 은택을 청하는 것과 자신의 보호와 복리를 당신께 의지하는 것은 구분해야 한다. 후자는 당신이 분명히 승인했다. 만일 누가 그들의 복리를 책임질 부담을 당신께 던져 버리면 당신은 그것을 받아들였다. 당신은 「아루나찰라 시바」(「문자 혼인화만」)에서 스승에 대한 제자의 태도를 묘사하면서 이렇게 썼다. "당신께서 저를 불러들이지 않으셨나요? 제가 왔으니 저를 돌보시는 것은 이제 당신의 책임입니다"(제94연). 한번은 당신이 한 헌신자의 요청으로 『바가바드 기타』에서 42절을 뽑아 그것을 당신의 가르침을 표현할 수 있게 다른 순서로 배열했는데, 그 중에 이런 절이 있다. "나는 타자성 없이 나를 명상하고 나를 숭배하며, 그런 마음으로 늘 안주하는 사람들의 복리를 보호하고 지켜주겠노라."(「바가바드 기타 요지」, 제31연) 가혹한 시련과 믿음을 시험하는 불안한 기간들은 있을 수 있겠지만, 스리 바가반께 믿음을 갖는 헌신자는 늘 보살핌을 받는다.

16. 쓰신 저작들

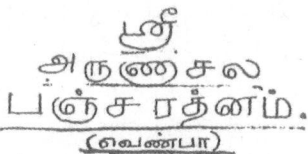

ஸ்ரீ
அருணசல
பஞ்ச ரத்னம்
(வெண்பா)

1. அருணிறை வான வமுதக் கடலே
விரிகதிரால் யாவும் விழுங்கு — மருண
கிரிபரமான் மாவே கிளருளப்பூ நன்றுய்
விரிப்பிறிதி யாக விளங்கு.

2. சித்திரமா மிஃதெல்லாஞ் செம்மலேயே நின்பாலே
யுத்திதமாய் நின்றே யொடுங்கிடுமா — னித்தியமு
நானென நிதய நடித்திடுவை யாலுனபோ
தானிதய மென்றிடுவர் தாம்.

바가반의 타밀어 친필

스리 바가반의 전체 저작은 분량 면에서 아주 적고, 그것조차도 거의 모두가 헌신자들의 특정한 필요에 부응하기 위해 쓰신 것들이다. 데바라자 무달리아르는 그의 일기에서, 스리 바가반이 아쉬람을 방문했던 한 시인에 대해 이야기하실 때 이에 관해 어떻게 말씀하셨는지를 기록하고 있다.

"그런 것은 모두 마음의 활동일 뿐입니다. 마음을 연습시키면 시킬수록, 그리고 시를 성공적으로 잘 지으면 지을수록 그대가 갖는 평안은 더 적어집니다. 평안을 얻지 못한다면 그런 것을 성취하는 것이 무슨 소용 있습니까? 그러나 그런 사람들에게 이런 말을 해도 그들에게는 와 닿지 않습니다. 그들은 침묵을 지키지 못합니다. 그들은 노래를 지을 수밖에 없고 …. 여하튼 저에게는 책을 쓰거나 시를 짓겠다는 생각은 결코 떠오르지 않습니다. 제가 지은 모든 시는 누군가가 요청하거나 어떤 특정한 사건과 관련해서 지어진 것입니다. 「실재사십송」만 하더라도 지금은 그에 대한 수많은 주석서와 번역본들이 존재하지만, 한 권의 책으로 구상된 것이 아니고 그때그때 지어진 시들을 나중에 무루가나르 등이 하나의 책으로 정리한 것입니다. 누구도 그렇게 해 달라고 요구하지 않았는데 저에게 자연발생적으로 다가와서, 말하자면 제가 그것을 짓도록 강요한 유일한 시들은 「아루나찰라 11연시」와

「아루나찰라 8연시」입니다. 「11연시」의 첫 구절은 어느 날 아침 저에게 다가왔고, '내가 이런 말들과 무슨 상관이 있나?' 하면서 제가 그것을 억누르려 했지만 억눌러지지 않아서 결국 그 말들을 데려오는 노래를 하나 지었지요. 그러자 모든 단어들이 아무 애씀 없이 술술 흘러나왔습니다. 같은 방식으로 다음날 제2연이 만들어졌고, 이어지는 연들도 이어서 매일 한 연씩 지어졌습니다. 제10연과 11연만 같은 날 지어졌습니다."[1]

그리고 당신은 「8연시」를 어떻게 지었는지를 특유의 생생한 표현으로 이렇게 묘사하였다.

"다음날 저는 산을 돌려고 나섰습니다. 빨라니스와미가 제 뒤에서 걷고 있었는데, 우리가 얼마쯤 갔을 때 아이야사미(Aiyasami)가 그를 도로 불러 종이와 연필을 주면서 이렇게 말했던가 봅니다. '스와미님은 지금 며칠째 매일 시를 짓고 계십니다. 오늘도 그러실지 모르니 이 종이와 연필을 가지고 가시는 게 좋겠습니다.'"

"저는 빨라니스와미가 한동안 제 곁에 없다가 나중에 저를 따라잡은 것을 보고서야 그것을 알게 되었지요. 그날 저는 비루팍샤로 돌아오기 전에 「8연시」 중의 6연을 지었습니다. 그날 저녁인가 다음날인가 나라야나 레디가 왔습니다. 그는 당시 벨로르에서 싱어사社의 대리인으로서 살고 있었는데, 이따금 찾아왔지요. 아이야사미와 빨라니스와미가 그에게 그 시들에 대해 이야기하자 그가 말했습니다. '그 시들을 저에게 바로 주십시오. 그러면 가져가서 인쇄하겠습니다.' 그는 이미

---

1) T. 이 인용문과 그 다음 인용문은 『바가반과 함께 한 나날』, 46-5-9 참조.

책을 몇 권 간행했었지요. 그가 시를 가져가겠다고 계속 고집하자, 저는 그러면 그래도 된다고 하면서 처음 11연의 시는 하나의 시 형태로 출판하고, 다른 운율로 되어 있는 나머지 시들은 다른 시 형태로 출판해도 될 거라고 했습니다. 그리고 필요한 분량을 채우려고 즉시 2연을 더 지었고, 그는 19연의 시 모두를 출판하기 위해 가져갔습니다."

많은 시인들이 여러 언어로 스리 바가반께 바치는 노래들을 지었는데, 그 중에서도 두드러진 이는 산스크리트어로 지은 가나빠띠 샤스뜨리와 타밀어로 지은 무루가나르이다. 위에 인용된 대화에서 스리 바가반이, 시를 짓는 것은 수행을 위해 내면으로 돌릴 수 있을 기력을 낭비하는 것이라고 불승인하기는 했지만, 당신 앞에서 시들이 노래로 불려질 때는 자비롭게 경청하고 관심을 보이기도 했다. 당신에 관한 산문 책들과 논설들도 쓰여졌고, 당신은 종종 그것들을 낭독하게 하거나 모든 사람이 이해할 수 있도록 번역하게 했다. 그럴 때 우리는 당신이 갖는 관심이 얼마나 개인성을 떠나 있고 아이같이 천진한지 놀라곤 했다.

스리 바가반이 직접 썼다고 할 수 있는 두 권의 산문체 책이 있다. 비루빡샤 시절의 초년에 당신은 여전히 묵언을 하고 있었지만, 감비람 세샤이야르(Gambiram Seshayyar)에게 여러 번 글로 가르침을 주었는데, 세샤이야르가 죽은 뒤에 그것이 정리되어 『자기탐구』라는 제목의 책으로 출판되었다. 마찬가지로, 같은 시기에 시바쁘라까삼 삘라이에게 해준 답변들은 『나는 누구인가?』라는 책의 형태로 확장되고 정리되었다. 아쉬람에서 출판한 다른 산문체 책들은 당신이 쓴 것은 아니고 질문들에 대한 답변으로 당신이 한 구두 설명들을 기록한 것이며, 따라서 모두 대화 형태로 되어 있다.

당신의 시들은 두 부류로 나누어지는데, 주로 박띠(bhakti), 즉 사랑과 헌신을 통한 접근 방법을 표현하는 것들과, 한결 교의적인 것들이 그것이다. 전자의 부류는 「아루나찰라에 바치는 다섯 찬가(Five Hymns to Sri Arunachala)」로 이루어져 있고, 모두 비루팍샤 시절에 지어진 것이다. 이 시들에 나오는 헌신의 요소는 비이원론(Advaita)을 조금이라도 버렸다는 의미가 아니며, 그것은 지知와 완벽히 융합된다. 이 시들은 지은 분은 사실 지고의 지知 안에, 열망의 고통이 아니라 합일의 지복 안에 자리 잡고 있었지만, 시들 자체는 구도자 혹은 헌신자의 관점에서 지어졌다. 그 시들이 헌신자의 가슴에 그토록 강력한 호소력을 갖는 것은 이 때문이다.

그 중의 두 편, 즉 「8연시」와 「11연시」에 대해서는 이미 이야기했다. 후자에서 스리 바가반은 구도자로서 쓰고 있을 뿐 아니라, 실제로 "지고의 지知를 성취하지 못한 사람"이라는 단어들을 사용했다. 헌신자 중의 한 사람인 A. 보스가 분명한 확인을 얻고 싶어서 당신께 왜 그렇게 쓰셨는지, 그것은 헌신자들을 위해 헌신자의 관점에서 지어진 것인지를 여쭈었다. 스리 바가반은 그렇다고 시인했다.

「다섯 찬가」의 마지막 작품은 스리 바가반이 처음에 산스크리트어로 짓고 나서 타밀어로 옮긴 것이다. 그것을 지으시게 된 사연이 놀랍다. 가나빠띠 샤스뜨리가 당신께 산스크리트어로 시 한 수를 지어 달라고 청하자, 당신은 웃으면서 당신이 산스크리트어 문법의 기초를 모르고, 산스크리트어 시의 운율도 아는 게 없다고 대답했다. 샤스뜨리는 운율 하나를 당신께 설명해 드린 다음 한 번 해 보시라고 간청했다. 그날 저녁 당신은 산스크리트어로 된 다섯 연의 완벽한 시를 지었다. 그것은 다음과 같이 번역되고 있다.

은총 가득한 감로甘露의 바다시여, 당신의 광휘 안에 우주를 삼키시는, 오, 아루나찰라, 지고자시여! 당신은 해가 되시어 제 심장의 연꽃을 지복 안에서 개화하게 하소서.

오, 아루나찰라! 당신 안에서 우주의 모습이 이루어지고, 머무르다가 해체됩니다. 이 수수께끼 속에 진리의 기적이 있습니다. 당신은 심장들 안에서 '나'로서 춤추고 계신 내면의 진아이시니, '심장'이 바로 당신의 이름입니다. 오, 하느님!

번뇌 없는 마음으로 내면으로 향하여 '나'라는 의식이 어디서 일어나는지를 탐색하는 사람은 진아를 깨달아, 마치 강이 바다에 합쳐질 때처럼 당신 안에서 안식합니다. 오, 아루나찰라!

바깥 세계를 내버리고 마음과 호흡을 제어하면서, 요기는 당신을 내면에서 명상하기 위해 당신의 빛을 보고 당신 안에서 기쁨을 발견합니다. 오, 아루나찰라!

자기 마음을 당신께 바치고, 당신을 보면서 늘 우주를 당신의 형상으로 보는 자, 언제나 당신을 찬미하고 당신을 다름 아닌 진아로 사랑하는 자, 그는 당신과 하나 된 비할 바 없는 스승이니, 당신의 지복 안에서 사라집니다. 오, 아루나찰라!

이 시구들은 다른 네 찬가보다 더 교의적인데, 깨달음에 이르는 세 가지 주요한 길, 곧 접근 방법을 요약하고 있기 때문이다. 이 시들에 관해 훗날 스리 바가반은 이렇게 설명했다. "제3연은 사뜨(Sat)[존재]의 측면, 제4연은 찌뜨(Chit)[의식]의 측면, 그리고 제5연은 아난다(Ananda)[지복]의 측면을 다루고 있습니다. 지知 수행자(Jnani)는 마치 강이 바다에 합일되듯이 사뜨, 즉 실재와 하나가 되고, 요기는 찌뜨의 빛을 보며, 헌신 수행자(bhakta)나 행위 요기는 아난다의 물결 안에 잠겨듭니다."

그러나 「다섯 찬가」에서 가장 감동적이고 가장 사랑받는 것은 108연의 「아루나찰라 문자혼인화만(Arunachala Aksharamanamalai)」인데, 영어로는 '아루나찰라 시바'라는 후렴으로 보통 알려져 있다. 스리 바가반이 비루팍샤에 거주하던 초년에 빨라니스와미와 다른 스와미들은 일단의 헌신자들을 위해 읍내로 탁발을 나가곤 했다. 하루는 그들이 스리 바가반에게 자신들이 탁발 나갈 때 부를 헌가를 하나 지어달라고 청했다. 당신은 성자들이 지은 고상한 노래가 많고 그 중 많은 것이 잊혀졌으니 새 노래를 지을 필요가 없다고 대답했다. 그래도 그들은 계속 당신에게 간청했고, 며칠 후 당신은 산 주위로 오른돌이(pradakshina)를 나가면서 연필과 종이를 가져갔다가 산을 도는 도중에 이 108연의 시를 지었다.

시를 짓는 동안 당신의 뺨에는 환희의 눈물이 흘러내려 때로는 눈을 뜰 수 없었고 목이 메기도 했다. 이 시는 헌신자들에게 크나큰 신심을 고취시키는 작품이 되었다. 열망의 모든 고통과, 성취의 모든 지복이 그 빛나는 상징적 표현들에서 반영되고 있다. 지知의 완성이 헌신의 황홀경과 결합된다. 그러나 더없이 가슴에서 우러난 이 시들은 아직 진리를 추구하고 있는 헌신자의 관점에서 지어졌다. 이것은 또한 108연의 시 첫 글자가 타밀 알파벳순으로 되어 있는 이합시離合詩(acrostic)이기도 하다. 그럼에도 어느 한 연도 그보다 더 자연발로적일 수 없다. 어떤 헌신자들이 스리 바가반께 그 연들 중 일부를 해석해 달라고 청했지만, 당신은 이렇게 대답했다. "그대가 그것을 생각해 낸다면 저도 그러겠습니다. 저는 그것을 지을 때 생각을 하지 않았습니다. 그냥 그것이 나오는 대로 썼을 뿐입니다."

옛날의 한 전설에서, 일단의 리쉬(Rishis), 곧 현자들이 자기네 가족과 함께 숲 속에 살면서 까르마(karmas), 즉 의식적儀式的이고 헌신적인 행위와 염송을 닦고 있었다. 그렇게 해서 그들은 초자연적 능력을 성취했고, 궁극적으로 지고의 해탈을 얻기를 바랐다. 그러나 이 점에서 그들은 잘못 생각했다. 그들에게 이 오류를 납득시켜 주기 위해 시바가 그들 앞에 한 사람의 탁발 수행자의 모습으로, 아름다운 여인 모히니로 변장한 비슈누를 동반하고 나타났다. 모든 리쉬들은 모히니에게 반했고, 그들의 아내들은 시바에게 반해 버렸다. 그 결과 그들의 평정심이 흐트러졌고 그들의 능력도 감퇴하기 시작했다. 이것을 알자 그들은 시바가 적敵인 것이 분명하다고 판단하고 뱀들과 호랑이, 코끼리를 주문으로 불러내어 시바를 공격하게 했다. 그러나 시바는 그 뱀들을 그냥 하나의 꽃목걸이로 삼아 버렸고, 호랑이와 코끼리는 죽여서 호랑이 가죽은 샅가리개로 하고 코끼리 가죽은 숄로 해버렸다. 그러자 리쉬들은 그의 능력이 더 대단한 것을 인정하고, 그의 앞에 절을 하고 자기들에게 가르침을 달라고 간청했다. 그제야 시바는 그들의 오류를 설명해 주면서, 행위(의식·헌신행위)는 행위(업)에서의 해방을 가져다 줄 수 없다는 것, 까르마(karma)는 창조계의 메커니즘(작동 방식)이지 원인은 아니라는 것, 그리고 행위를 넘어서 내관內觀으로 나아가는 것이 필요함을 가르쳤다.

시인이자 헌신자인 무루가나르는 이 이야기를 타밀어 시로 지었다. 그러나 시바가 리쉬들에게 가르침을 주는 대목에 이르렀을 때는 시바의 화신인 바가반에게 그것을 써달라고 요청했다. 이에 바가반은 「우빠데사 사람(Upadesa Saram)」, 즉 '가르침 30송'을 지었다. 이 작품에서 당신은 경건하고 사심 없는 활동(수행으로서의 '행위')을 먼저 든 뒤, 그것이 유익하기는 하지만 염송이 더 효과적이고, 소리 내어 하는 염송보다 말없는 염송이 더 효과적이며, 내관은 그보다도 더 효과적이라고 설명한다. 스리 바가반은 '30송'을 산스크리트어로 번역했다. 이 산스크리트 본은 매일 스리 바가반 앞에서 베다와 함께 찬송되었고, 지금도 당신의 은총의 삼매당(samadhi shrine) 앞에서 매일 그렇게 찬송되고 있다는 점에서 하나의 경전으로 간주된다.2)

스리 바가반이 가르친 교의는 이 시와 「실재사십송(Ulladu Narpadu)」, 그리고 두 번째 사십송인 그 「보유補遺」에서 가장 폭넓게 설명된다.

「실재사십송」에 대해서는 많은 번역이 이루어졌고, 그에 관한 주석서들도 쓰여졌다. 이 작품은 보편성이 있고 지혜가 응축되어 있어 주석이 필요하다. 하지만 그것은 앞서 인용한 대화에서 스리 바가반이 말했듯이, 하나의 연속적인 시로서 지어진 것이 아니라 그때그때 경우에 따라 지어진 시들로 이루어져 있다. 보충적인 「사십송」(「사십송 보유」) 중의 어떤 것은 심지어 스리 바가반 자신이 지은 것이 아니라 다른 출처에서 가져온 것이기도 하다. 다른 데 이미 적합한 시가 존재할 때는 당신이 굳이 새로 지을 필요가 없다고 생각했기 때문이다. 그렇기는 하나 이 시들 전체는 당신의 교의에 대한 가장 온전하고 심오한 해설이다.

이 두 가지 부류 외에도 몇 가지 짧은 시들도 있다. 이들 시에는 유머도 담겼다. 하나는 남인도에서 즐겨 먹는 음식인 뽑빠둠(poppadum)을 만드는 법에 대한 상징적 표현 속에 수행에 대한 가르침을 담고 있다.3) 하루는 스리 바가반의 어머니가 뽑빠둠을 만들면서 당신에게 좀 도와달

---

2) T. '30송'의 타밀어 원시는 「우빠데사 운디야르(Upadesa Undiyar)」이고, 이것을 산스크리트어·텔루구어·말라얄람어로 번역한 것이 「우빠데사 사람(Upadesa Saram)」이다. 타밀어 빠라야나에서는 화요일에 「우빠데사 운디야르」를 창송한다.
3) T. Poppadum은 타밀어로 appalam, 께랄라어로 pappadum이며, 북인도에서는 papad로 알려져 있다. 바가반의 시 제목은 Appalap Paattu, 곧 '압빨람의 노래'이다.

라고 했다. 이에 당신은 그녀를 위해 자연발로적으로 이 상징적인 요리법을 지었다.

시인 압바야르(Avvayar)[4]가 한번은 위장胃腸에 대한 불평을 이렇게 썼다. "너는 단 하루도 음식 없이는 못 살 테고, 한 번에 이틀 분은 받지도 않겠지. 너는 내가 너 때문에 고생하는 걸 모르지. 오, 한심한 위장아! 너하고는 사이좋게 지낼 수가 없다!"

어느 날은 아쉬람에서 잔치가 있었는데, 모두가 다소간 속이 더부룩한 느낌이었다. 그러자 스리 바가반이 압바야르의 시구를 패러디했다. "너는 너의 위장인 나에게 단 한 시간도 휴식을 주지 않겠지. 날이면 날마다, 시간마다 계속 먹어대지. 너는 내가 너 때문에 고생하는 걸 모르지. 오, 문제덩어리 에고야! 너하고는 사이좋게 지낼 수가 없다."

스리 바가반이 마지막 시를 지은 것은 1947년이었다. 이때는 어떤 요청에 응한 것은 아니었지만, 그래도 그것은 어떤 탁월한 솜씨를 엿볼 수 있는 작품이다. 왜냐하면 당신은 그것을 처음에 텔루구어로, 그러나 타밀시 운율 형식에 맞추어 지었고, 그런 다음 그것을 타밀어로 옮겼기 때문이다. 그것은 「진아 5연시(Ekatmapanchakam)」라고 불린다.

> 자기(진아)를 잊어버리고 몸을 자기로 착각하면서 무수한 탄생을 거듭하다가, 마침내 진아를 발견하고 진아가 되는 것은, 온 세상을 헤매는 꿈을 꾸다가 깨어나는 것과 같네.
>
> 진아로 존재하면서도 "나는 누구인가?" 하고 묻는 사람은, 술에 취해서 자기 자신이 누군지, 자기가 어디 있는지 묻는 사람과 같네.

---

[4] *T.* 타밀 지역의 '할머니(Avvai)' 성자. 흔히 Avvaiyar로 표기되며, 10세기 인물로 추정된다.

사실은 몸이 자기(진아) 안에 있는데도 자기가 지각력 없는 몸 안에 있다고 생각하는 것은, 어떤 인물이 투사되는 영화의 스크린을 그 인물 안에 있다고 생각하는 것과 같네.

(금으로 만들어진) 장신구가 금과 별개로 어떤 존재성을 갖는가? 진아와 별개로 몸이 어디 있는가? 무지한 자는 몸을 자기로 착각하지만, 진아를 아는 진인은 진아를 자기로 안다네.

그 하나인 진아, 곧 실재만이 영원히 존재한다네. 태초의 스승(Adi Guru)[다끄쉬나무르띠]조차 침묵 속에서 그것을 드러냈는데, 누가 그것을 말로 전달할 수 있으리오?

몇 가지 번역 작품도 있는데, 주로 샹까라짜리야 저작을 옮긴 것이다. 언젠가 비루팍샤 산굴에 온 방문객이 샹까라짜리야의 『분별정보分別頂寶(Vivekachudamani-분별의 정수리 보석)』 한 권을 놓고 갔다. 스리 바가반은 그것을 훑어본 뒤 감비람 세샤이야르에게 그것을 읽어보라고 권했다. 그러나 그는 산스크리트어를 몰랐고, 그래서 타밀어로 된 것을 원했다. 빨라니스와미가 타밀어 운문체로 된 것을 하나 빌려왔다. 그것을 본 세샤이야르는 출판사에 한 권을 보내달라는 편지를 냈지만 절판되었다는 말을 들었다. 그래서 그는 스리 바가반께 타밀어 산문으로 간단한 번역을 좀 해 달라고 청했다. 스리 바가반은 그것을 쓰기 시작했으나 진도가 많이 나가기 전에 세샤이야르가 앞서 주문했던 운문본을 받았다. 그래서 당신은 그 작업을 미완성으로 놓아두었다. 몇 년 후 다른 헌신자가 진지하게 간청하자 당신은 중단했던 작업을 재개하여 그것을 마무리했다. 그제야 그 헌신자는, 자신이 그 번역을 끝내 달라고 청한 것은 그것을 출판하기 위해서였다고 말했다. 이 말을 들은 스리 바가반은 서문을 쓰면서, 타밀어 운문 번역본이 이미 존재하기는 하지만 산문 의역본도 쓸모가 있을지 모른다고 말했다. 그 서문 자체에 그 책의 요지와, 교의와 길에 대한 간결한 설명이 담겨 있다.

당신이 마지막으로 쓰신 작품은 샹까라짜리야의 「진아각지송眞我覺知頌(Atma Bodha)」에 대한 타밀어 번역본이다. 당신은 그 책을 아주 초기의 비루팍샤 시절부터 가지고 있었지만, 그것을 번역할 생각은 전혀 하지 않고 있었다. 1949년에 누군가가 보낸 타밀어 번역본 하나가 아쉬람으로 왔는데, 아마 그다지 완벽하지 않은 번역이었을 것이다. 그 직후 스리 바가반 자신이 손수 번역본 하나를 만들어야겠다는 충동을 느꼈다. 며칠 동안 당신은 그것을 무시했지만, 그 번역문의 말들이 마치 이미 써둔 것처럼 한 연 한 연 눈앞에 떠올랐다. 그래서 당신은 종이와 연필을 달라고 하여 그것을 적어 내려갔다. 그 작업이 워낙 술술 이루어졌기 때문에 당신은 웃으면서 말하기를, 어떤 사람이 나타나서 그것은 실은 자기 작품인데 당신이 베꼈다고 주장하지 않을까 겁난다고 했다.

스리 바가반의 작품들 중에는 또한 당신이 한 헌신자의 요청에 따라 『바가바드 기타』에서 42연을 골라내어 당신의 가르침을 표현할 수 있도록 재배열한 것이 있다. 이것은 「천상의 노래(The Song Celestial)」라는 제목으로 영역되어 있다.5)

---

5) T. 바가반은 나중에 그 42연을 독자적 타밀시로 번역하여 「바가바드 기타 요지(Bhagavad Gita Saram)」라고 이름 붙였다(『라마나 마하르쉬 저작 전집』 참조). 「천상의 노래」는 그 타밀시를 영역한 것이 아니라 저자와 한 인도인 학자가 『바가바드 기타』에서 그 42연을 새로 영역한 것이다.

17. 대삼매大三昧

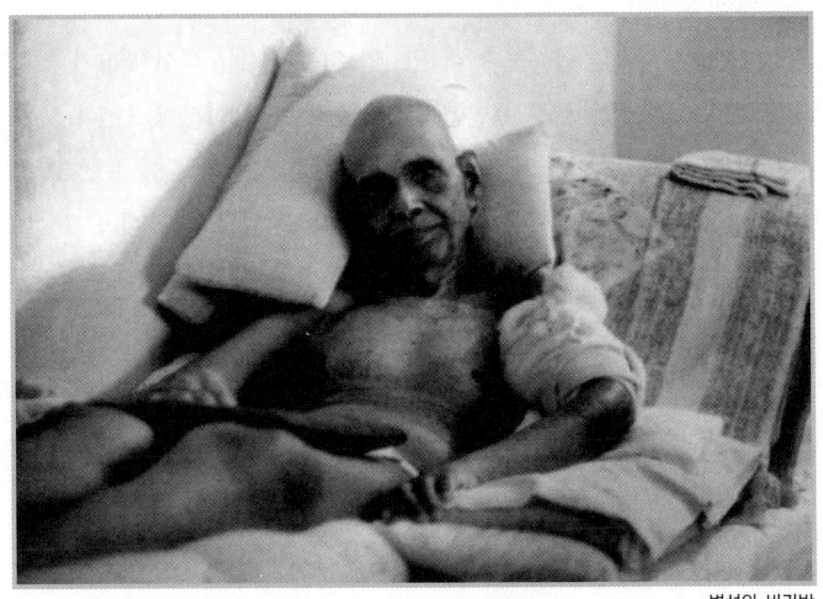

병석의 바가반

스리 바가반이 육신을 벗기 전 수년 동안, 적어도 1947년부터는 당신의 건강 때문에 사람들이 긴장했다. 당신은 류머티즘으로 다리를 절었을 뿐 아니라, 그것이 등과 어깨까지 침범했다. 또 그와 별개로, 몸이 많이 쇠약해진 느낌이 있었다. 다만 당신 자신은 그에 주의를 기울이지 않았다. 사람들은 아쉬람 음식보다 더 영양가 있는 식사를 하실 필요가 있다고 느꼈지만, 당신은 어떤 특별한 것도 받는 데 동의하지 않으셨다.

당신은 아직 일흔이 되지 않았는데도 훨씬 더 연세가 들어 보였다. 근심 걱정을 많이 한 탓은 아니었다. 왜냐하면 근심하는 기색이라고는 전혀 없었기 때문이다. 당신은 어떤 근심도 알지 못했다. 단지 연로하고 몸이 너무 약한 것이었다. 원기왕성하고 건장하던 분, 평생 거의 병을 몰랐고 어떤 슬픔이나 근심도 없는 분이, 왜 연세보다 그렇게 많이 늙어 보여야 했던가? 세상의 죄를 스스로 떠맡는 분—헌신자들의 업(karma)을 경감해 주는 분이었으니, **시바**가 세계를 파멸에서 구할 수 있었던 것은 오로지 휘저어진 독을 자신이 마셨기 때문이었다.[1] 스리 샹까라는 이렇게 썼다. "오 **샴부**(Sambhu)[2], **생명의 주이시여!** 당신은 당신의 헌신자들의 세속적 삶의 짐까지 짊어지십니다."

---

1) *T.* 시바는 천신들이 불사약을 만들려고 휘젓던 우유의 바다가 독으로 변해 삼계三界 중생들의 생명을 위협하자, 그들을 구하기 위해 그 독을 대신 마셨다고 한다. 그러나 아주 삼키지는 않고 목에다 두어 목이 푸르게 변했기 때문에, '목이 푸른 분(Nilakantha)'으로 불렸다.
2) 시바의 이름의 하나.

늘 눈에 잘 띄지 않게, 스리 바가반이 신체적으로도 그 짐을 짊어지신 다는 많은 징후들이 있었다. 크리슈나무르티라는 이름의 헌신자는, 여성 헌신자인 자나끼 암말(Janaki Ammal)이 발행하는 한 타밀어 저널에서, 하루는 자기가 회당에 가서 앉아 있을 때 집게손가락에 심한 통증이 있었던 일을 이야기하고 있다. 그는 아무에게도 말하지 않았는데, 놀랍게도 스리 바가반이 당신 자신의 손의 같은 손가락을 붙잡고 문지르는 것이 보였고, 그의 통증은 사라졌다. 다른 많은 사람들도 그와 비슷하게 고통이 덜어진 경우들을 알고 있다.

스리 바가반에게 지상에서의 삶이란 아껴 써야 할 보물이 아니었다. 그것이 얼마나 오래가느냐에 대해 당신은 무관심했다. 한번은 회당 안에서 당신이 얼마나 오래 사실 것인가에 대한 토론이 있었다. 어떤 이들은 점성학자들이 당신이 여든 살까지 사실 거라고 말했다고 했고, 어떤 이들은 점성학자들이 정확하지 않다고 하거나, 더 이상 해소해야 할 업이 없는 스리 바가반께 그런 것이 해당되겠느냐고 의문을 표시했다. 당신은 미소를 지었지만 토론에는 가담하지 않고 듣기만 하셨다. 이것을 보고 새로 온 사람이 궁금해서 물었다. "바가반께서는 그에 대해 어떻게 생각하십니까?" 당신은 대답하지 않았지만, 데바라자 무달리아르가 당신을 대신해 "바가반은 그에 대해 생각하지 않으시지요"라고 대답하자 승인하듯이 미소를 지으셨다. 당신 생애의 마지막 1년 전체가 이 점을 잘 보여준 기간이었다. 헌신자들은 당신이 고통 받는 것을 슬퍼하면서 돌아가시지 않을까 두려워했지만, 당신은 그러지 않았다.

1949년 초에 당신의 왼팔 팔꿈치 아래쪽에 작은 혹 하나가 나타났다. 그것은 심각하게 보이지 않았으나, 2월에 아쉬람 의사가 그것을 잘라냈다. 그러자 한 달도 안 되어 그것이 다시 나타났는데, 먼저보다 더 크고

17. 대삼매 283

더 아팠으며, 이번에는 하나의 악성 종양으로 판명되어 모두가 예삿일이 아니라고 여기게 되었다. 3월 말경에 마드라스에서 의사들이 와서 수술을 했다. 그 상처는 제대로 아물지 않았고, 팔의 위쪽에서 더 크게 종양이 다시 자라나기 시작했다.

그때부터는 올 것이 오고야 말겠구나 하는 비통함과 체념의 분위기가 있었다. 현대의학의 의료인들은 자기들로서는 그 종양을 치료할 수 없고 수술만 할 수 있으며, 라듐 치료를 한다 해도 그것이 다시 재발할 수 있고, 그렇게 되면 그것은 결국 치명적인 것이 될 것임을 밝혔다. 다른 의료 계통(전통의학)의 사람들은 자기들이 그것을 치료할 수 있는데, 수술을 하면 그것이 더 나쁜 형태로 돌아올 뿐이라고 믿었다. 사실 그렇게 되었지만, 그들은 제때 시술을 하는 것이 허락되지 않았다.

3월의 수술 후에 종양이 다시 나타났을 때 의사들은 팔을 절단하면 어떻겠느냐고 했지만, 진인의 몸은 절단하면 안 된다는 전통이 있었다. 실은 진인의 몸은 금속이 뚫고 지나가서도 안 되었고 수술조차도 전통에 위배되는 것이었다. 스리 바가반은 수술은 받았지만 절단은 거부했다. "큰일 날 것처럼 야단할 이유가 없습니다. 몸뚱이 자체가 하나의 병입니다. 그것이 자연히 끝을 보게 합시다. 그것을 왜 절단합니까? 환부를 간단하게 싸매기만 하면 족합니다."

"큰일 날 것처럼 야단할 이유가 없다"는 당신의 말씀은, 그에 이어 하신 말씀과 의학적 소견에도 불구하고 당신이 회복될지 모른다는 희망을 갖게 했다. 그러나 당신에게는 죽음이란 전혀 야단할 이유가 아니었다.

당신은 또 "때가 되면 모든 일이 잘 될 것입니다"라고 말씀하여 사람들에게 희망을 갖게 했다. 그러나 사실, 사태의 귀결이 결국 올바른 것이었다는 것을 깨닫지 못한 것은 우리였다. 당신은 그것을 결코 의심하지 않았다.

이 무렵 당신은 『바가바땀(Bhagavatam)』에 있는 시 한 구절[제11부, 13장, 36연]을 타밀어로 번역하고 있었다. "열매를 맺는 업의 결과인 몸이 가만히 있든 돌아다니든, 살든 죽든, 진아를 깨달은 진인은 그것을 알지 못하네. 마치 술에 취해 무감각해진 사람이 자기가 옷을 입고 있는지 알지 못하듯이."

얼마 후 당신은 『요가 바쉬슈탐(Yoga Vasishtam)』에 나오는 시편 하나를 설명했다. "자신이 형상 없는 순수한 자각임을 발견한 진인은 비록 검에 몸이 쪼개진다 해도 영향을 받지 않네. 사탕 과자는 깨지거나 으깨어져도 단맛을 잃지 않는다네."

스리 바가반이 정말 고통을 받았는가? 당신은 한 헌신자에게 이렇게 말했다. "그들은 이 몸을 바가반이라고 여기고 그에게 고통이 있다고 합니다. 딱한 일이지요!" 그리고 시자 중의 한 사람에게는 이렇게 말했다. "마음이 없으면 고통이 어디 있나?" 그럼에도 당신은 정상적인 신체적 반응과 뜨겁고 찬 것에 대한 정상적인 감각을 보여주었다. 헌신자인 S. S. 코헨은 몇 해 전에 당신이 이렇게 말씀하셨다고 기록하고 있다. "만약 진인의 손이 칼에 베인다면 다른 사람과 마찬가지의 통증이 있을 것이다. 그러나 그의 마음이 지복에 들어 있기 때문에, 그 통증을 남들만큼 그렇게 심하게 느끼지는 않는다." 진인의 몸이 부상을 입지 않는다는 것이 아니라, 그가 자신을 그 몸과 동일시하지 않는다는 것이다. 의사들과 시자 중 몇 사람은 (당신의 몸에) 통증이 있다는 것과, 후기 단계에서는 그것이 극심했다는 것을 확신했다. 사실 의사들은 스리 바가반이 통증에 무관심한 것과, 수술을 받고 있는 중에도 전혀 신경을 쓰지 않는 것에 놀랐다.

당신이 겪는 고통이라는 문제는 우리의 업이라는 문제와 마찬가지로 이원성의 관점에서 볼 때만 존재한다. 당신의 관점, 즉 **비이원성**의 관점에서는 그 어느 것도 아무 실재성이 없었다. 이러한 의미에서 당신은 헌신자들에게 누차 이렇게 말했다. "여러분이 제가 병이 났다고 생각할 때만 제가 병이 난 것입니다. 여러분이 제가 건강하다고 생각하면 저는 건강할 것입니다." 헌신자가 그 자신의 몸과 몸의 고통이 실재한다고 믿는 한, 그에게는 스승의 몸이 실재하고 고통도 받는 것이었다.

3월의 수술이 있고 난 한두 주일 뒤에 한 시골 의원이 그의 치료법을 써보도록 허락받았으나, 치유하지는 못했다. 치료를 허락받지 못한 다른 사람에게는 스리 바가반이 이렇게 말했다. "그대는 약을 아주 공들여 만들었으니, 개의치 말기 바랍니다." 그것은 결코 당신 자신의 상태를 생각해서 한 말이 아니라, 당신을 치료하고 싶어 한 사람들에 대한 배려와, 어떤 의사든 당신을 책임진 사람에 대한 의리에서 한 말일 뿐이었다. 가끔 당신은 사람들이 당신의 몸에 과도한 관심을 갖는다고 이의를 제기했다. 병세에 차도가 좀 있어 보일 때마다 당신은 몇 번이나, 더 이상 어떤 치료도 받지 않겠다고 선언하셨다.

이제 육종肉腫(sarcoma)으로 진단된 그 종양은 당신의 얼마 남지 않은 기력을 소모시켰다. 그러나 쇠약해졌는데도 당신의 얼굴은 더 부드럽고, 더 자애롭고, 더 빛나게 아름다워졌다. 이따금 당신의 아름다움은 바라보기가 거의 고통스러울 정도였다.

팔은 무거웠고 염증이 생겼으며, 종양은 커져 갔다. 가끔 당신은 "통증이 있다"고 시인했지만, "내가 통증을 가졌다"고는 결코 말씀하실 분이 아니었다. 8월에 세 번째 수술이 이루어졌고, 환부 조직을 파괴하면 종양의 재발을 막을 수 있지 않을까 싶어서 상처를 라듐으로 치료했다. 수술이 끝나고 몇 시간 지나지 않은 그날 오후, 스리 바가반은 자비롭게도 그 수술이 이루어진 시약소의 베란다에 앉아 헌신자들이 줄지어 지나가면서 당신을 친견할 수 있게 했다. 우리는 당신이 기진해 있는 것을 볼 수 있었지만, 당신의 얼굴에는 어떤 고통의 기미도 없었다. 나는 이날에 맞추어 마드라스에서 왔는데, 당신 앞에 섰을 때는 당신의 미소가 워낙 눈부셔서 당신이 기진맥진한 것조차도 보이지 않을 정도였다. 다음날 정오에 당신은 회당으로 돌아가셨다. 시약소에 있는 다른 환자들에게 불편을 주지 않기 위해서였다.

또 이제는 의학적인 것을 훨씬 넘어서, 이것은 불가피한 과정이라는 더 깊은 어떤 느낌이 있었다. 스리 바가반은 무엇이 적절한 것인지 알고 계셨고, 우리에게 당신의 몸의 죽음을 견뎌낼 힘을 주려고 했던 것이다. 사실 이 길고 고통스러운 병은, 불가피한 이별을 우리에게 준비시키는 한 방편으로 보이게 되었다. 처음에는 많은 사람들이 그것을 견뎌낼 수 없을 거라고 느꼈지만 말이다. 산지(서부의 산간지역)의 기숙학교에 다니고 있던 키티는 편지에서 그 이야기를 듣고 이런 답장을 보내왔다. "그 이야기를 들으니 너무 유감이지만, 바가반께서는 우리를 위해 무엇이 최선인지 알고 계셔요." 그녀의 편지를 바가반께 보여드리자 당신의 얼굴이 즐거움으로 환해지면서, "당신을 위해 무엇이 최선인지"라고 하지 않고 "우리를 위해 무엇이 최선인지"라고 말한 그녀의 지혜를 칭찬했다.

당신은 그 병의 고통을 슬퍼하는 사람들에 대해 무한한 자비심을 가지고 계셨고, 그들의 슬픔을 덜어주려고 했다. 그 고통을 제거하고 죽음을 몇 년 더 연기하는 쉬운 방법으로가 아니라, 사람들에게 그 몸은 바가반이 아니라는 것을 깨닫도록 하는 근본적인 방법으로 그러셨다. "그들은 이 몸을 바가반으로 여기고 그에게 고통이 있다고 합니다. 딱한 일이지요! 그들은 바가반이 그들을 떠나 어디로 가버릴 것이라고 낙담합니다. 그가 어디로 갈 수 있으며, 어떻게 갑니까?"

8월의 수술이 있고 나서 몇 주일 동안은 차도가 있어 보였다. 그러나 11월에 그 종양은 팔의 더 위쪽, 어깨 가까이에서 다시 나타났다. 12월에 네 번째이자 마지막 수술이 이루어졌다. 이 수술의 상처는 결코 아물지 않았다. 의사들도 이제 자기들은 더 이상 어떻게 할 수 없다고 시인했다. 나을 가망이 없었고, 만일 종양이 다시 나타나면 완화제를 쓸 수 있을 뿐이었다.

자얀띠는 1950년 1월 5일에 들었다. 슬픔에 젖은 많은 군중이 이 70회 탄신일에 참석하러 모였는데, 대다수는 이것이 당신의 마지막 생신이라고 느끼고 있었다. 당신은 친견을 베풀었고, 당신을 찬양하여 작곡된 많은 새 노래들을 경청했다. 어떤 노래들은 당신이 가사를 죽 읽기도 했다. 읍내에서 큰 사원의 코끼리가 와서 당신 앞에 절하고 코를 당신의 발에 갖다 댔다. 북인도에서 온 한 라니(라자의 비妃)는 그 장면의 활동사진(비디오)을 찍는 것을 허락받았다.3) 잔치가 벌어졌지만 그 저변에는 근심의 슬픔이 어려 있었다.

많은 사람들은 그것이 몇 주일이냐 며칠이냐의 문제라고 이미 느끼고 있었다. 병이 나을 가망은 없다고 선언된 터였기에, 사람들은 스리 바가반께 어떤 치료를 시도해 봐야 할지 직접 말씀해 달라고 했다. 당신이 말했다. "제가 언제 무슨 치료를 부탁한 적이 있습니까? 저를 위해 이것저것 원하는 것은 여러분이니, 그 점에 대해서도 여러분끼리 합의해서 하십시오. 만약 저에게 묻는다면, 제가 처음부터 이야기한대로 어떤 치

---

3) T. 이 활동사진의 보존 여부는 확인되지 않았다. 그러나 다른 사람들이 이런저런 때에 찍은 10편의 짧은 활동사진들은 'The Archival Films: 1935-1950'이라는 비디오테이프에 담겨 나왔다.

료도 필요 없다고 늘 말하겠지요. 일이 되어 가는 대로 되게 하십시오."

그 뒤에야 동종요법(homeopathy)을 써보고, 그런 다음 아유르베다 치료도 해 보았지만 너무 늦었다.

스리 바가반은 신체적으로 더 이상 할 수 없을 때까지 당신의 정상적인 일과를 지켰다. 해뜨기 한 시간 전에 목욕을 했고, 아침저녁으로 정해진 시간에는 앉아서 친견을 베풀었으며, 아쉬람 서신들을 훑어보고 아쉬람 출판물들의 인쇄를 감독하면서 종종 이런저런 제안도 하셨다. 1월 이후로 당신은 너무 쇠약해져서 회당에 앉아 친견을 베푸실 수가 없었다. 회당 바로 동쪽의 진입로 건너편에 곁방이 딸린 작은 욕실 하나가 지어져 있었고, 끝 무렵에는 당신이 그곳에 머물렀다. 밖에는 작고 좁은 베란다가 있었는데, 여기에 당신의 침상을 놓았다. 당신의 병환 소식을 듣고 띠루반나말라이로 수백 명씩 몰려온 헌신자들은 여기서 바로 마지막 날까지 여전히 당신을 친견했다. 친견이 아직 가능한 한, 당신은 어떤 일이 있어도 그것을 중단하지 못하게 했다. 헌신자들은 오전과 오후에는 회당의 베란다에서 당신을 향해 앉아 있곤 했다. 나중에 당신이 친견을 베풀기에 너무 약해지자, 그들은 아침저녁으로 당신 방의 열려진 문 앞을 줄을 지어 지나가곤 했다. 하루는 당신의 상태가 심상치 않아 친견이 중단되었지만, 당신은 정신이 들자마자 불만을 표시하고, 친견을 재개하라고 명했다.

일단의 헌신자들은 매일 당신의 회복을 위한 기도와 헌가를 노래했다. 그런 것이 효험이 있느냐는 질문을 받자 당신은 미소를 지으며 이렇게 대답했다. "좋은 활동에 참여하는 것은 확실히 바람직하지요. 계속하라고 하세요."

종양은 아물지 않은 상처 바로 위에서 다시 나타났다. 이제는 위로 올라가 어깨 근처였고, 전신이 중독되어 심한 빈혈증이 시작되었다. 의사들은 그 통증이 극심할 것이 분명하다고 했다. 당신은 어떤 영양도 거의 섭취할 수 없었다. 가끔 주무시면서 신음하는 소리는 들렸지만 당신은 다른 어떤 통증의 표시도 보이지 않았다. 이따금 마드라스에서 의사들이 살펴보러 왔고, 당신은 늘 그러듯이 예의 바르게, 기쁘게 맞이했다. 마지막까지 당신이 맨 처음 묻는 말은, 그분들에게 식사를 드렸느냐, 그분들을 잘 보살펴 드리고 있느냐 하는 것이었다.

당신의 유머 감각도 그대로였다. 당신은 그 종양에 대해 마치 그것이 당신과 아무 상관없는 어떤 것인 양 농담을 하시곤 했다. 한 여자는 슬퍼하면서 그 방 근처의 기둥에 머리를 찧었다. 당신은 놀란 표정을 하고 나서 말했다. "저런, 나는 그녀가 코코넛을 깨트리는 줄 알았지."

시자들과, 의사이자 헌신자인 T. N. 크리슈나스와미 박사에게 이야기하실 때 당신은 이렇게 설명했다. "몸은 그 위에 온갖 맛난 음식이 배식된 바나나 잎과 같네. 우리가 거기서 음식을 먹고 나면 그 잎을 가져다 보관하나? 그것이 제 용도에 쓰였으니 우리는 그걸 내버리지 않나?"

또 한번은 시자들에게 말씀하셨다. "온갖 것에서 도움을 필요로 하고 나서까지 이 몸뚱이라는 짐을 누가 날라야 하나? 자네들은 그것을 나르려면 네 사람이 필요한 이 짐을, 내가 끌고 다니기를 기대하나?"

그리고 어떤 헌신자들에게는 이렇게 말씀하셨다. "가령 여러분이 땔나무 가게에 가서 땔나무를 한 짐 산 다음, 짐꾼을 고용해 집으로 가져간다고 합시다. 여러분이 그와 함께 길을 가는 동안, 짐꾼은 목적지에 도착하기를 몹시 고대하겠지요. 그래야 짐을 부려놓고 쉴 수 있으니 말입니다. 그와 마찬가지로, 진인은 자신의 육신을 몹시 벗어버리고 싶어 합니다." 그런 다음 당신은 그 설명을 수정했다. "이 설명은 어느 정도까지

타당하지만, 엄격히 말해서 이마저도 그리 정확하지는 않습니다. 진인은 자신의 몸을 벗어버리고 싶어 하지조차 않습니다. 몸이 있든 없든 똑같이 무관심하며, 그것을 거의 의식하지 못합니다."

한번은 누가 여쭈지 않았는데도 당신이 한 시자에게 해탈을 이렇게 정의했다. "자네 해탈이 뭔지 아나? 존재하지 않는 불행을 없애버리고 늘 있는 **지복**을 성취하는 것, 그게 해탈이야."

비록 의사들이 실패하기는 했지만, 당신이 여전히 당신 자신의 능력으로 그 병환을 떨쳐버릴지 모른다는 희망을 완전히 버리기는 어려웠다. 한 헌신자가 당신에게, 회복되는 것이 바람직하다는 생각을 단 한 번만 하셔도 충분히 나으실 테니 그렇게 해 주시라고 애걸하자, 당신은 거의 냉소적으로 대답했다. "누가 그런 생각을 할 수 있단 말인가!"

그리고 그저 당신이 회복하겠다고 결심하시기만 해달라는 헌신자들에게는 이렇게 말했다. "그것을 결심할 누가 있습니까?" 그 '타자', 곧 운명의 흐름을 거스를 수 있는 개인이 당신 안에 더 이상 존재하지 않았다. 당신은 '존재하지 않는 불행'을 없애버렸던 것이다.

어떤 헌신자들은 자신들의 복리를 위해 그런 간청을 했다. "바가반이 안 계시면 저희들은 어떻게 되겠습니까? 저희들은 자신들을 돌보기에 너무 약합니다. 저희는 일체를 당신의 **은총**에 의존하고 있습니다." 그러면 당신은 이렇게 대답했다. "여러분은 몸에 너무 많은 중요성을 부여합니다." 이것은 당신의 몸이 죽어도 당신의 **은총**과 인도引導는 중단되지 않을 것임을 분명히 의미하는 것이었다.

같은 맥락에서 당신은 이렇게 말했다. "그들은 내가 죽는다고 말하지만 나는 가버리는 것이 아니다. 내가 어디로 갈 수 있겠는가? 나는 여기 있다."

파르시 교도인 헌신자 딸레야르칸 부인이 호소했다. "바가반! 그 병을 저에게 대신 주십시오. 제가 감당하겠습니다!" 그러자 당신이 대답했다. "그런데 누가 그것을 나에게 주었단 말이오?"

그러면 누가 그것을 당신에게 주었던가? 그것은 우리의 업(karma)이란 독毒 아니었던가?

한 스웨덴인 사두가 꿈을 꾸었는데, 바가반의 아픈 팔이 열리더니 형클어진 회색 머리의 여자 얼굴 하나가 거기에 보이는 것이었다. 이것은 그 병이, 당신이 어머니에게 해탈을 베풀 때 당신이 대신 받은 어머니의 업을 뜻한다고 해석되었지만, 다른 사람들은 그 여자가 모든 인류를 의미한다거나 마야 자체라고 해석하기도 했다.

4월 13일 목요일, 한 의사가 스리 바가반께 폐 안의 울혈을 경감하기 위한 완화제를 가져왔지만 당신은 그것을 거부했다. "필요 없어요. 이틀 안에 모든 일이 잘 될 것이니까."

그날 밤 당신은 시자들에게, 당신 혼자 있겠으니 가서 잠을 자거나 명상을 하라고 명했다.

금요일에 의사들과 시자들은 그날이 마지막 날임을 알았다. 아침에 당신은 다시 그들에게, 가서 명상을 하라고 명했다. 정오 무렵에 유동식을 가져가자 평소처럼 시간을 정확히 지키는 당신이 시간을 물었고, 그런 다음 이렇게 덧붙였다. "그러나 이제부터 시간은 상관없어."

당신은 시자들에게 여러 해 동안 시봉해 준 데 대해 세심히 치하하면서 이렇게 말했다. "영어에는 '고맙다'는 단어가 있지만, 우리는 산또샴 (*santosham*)['나는 기쁘다']이라고만 말하지."

오전에 군중이 길게 줄을 지어 그 열려진 문간을 지나갔는데, 다들 슬픔과 근심으로 말이 없었다. 오후 4시와 5시 사이에도 한 번 더 그렇게 했다. 그들은 거기서, 병으로 망가진 그 몸이 쭈그러들고, 갈비뼈는 불거지고 피부는 검게 변해 있는 것을 보았다. 그것은 보기 안쓰러운 통증의 자취였다. 그래도 이 마지막 며칠간 어떤 때는 각 헌신자가 그를 알아보신다는 직접적인 눈길, 그 눈부시게 꿰뚫는 듯한 시선을 받았는데, 그들은 그것을 당신이 작별의 **은총**을 쏟아주는 것으로 느꼈다.

그날 오후의 친견이 있은 뒤 헌신자들은 각자의 집으로 돌아가지 않았다. 걱정이 되어 그곳을 떠나지 못했다. 해질 무렵 스리 바가반은 시자들에게 당신을 일으켜 앉혀 달라고 했다. 그들은 이미 몸을 움직일 때마다, 그리고 몸에 손을 한 번 대는 것마다 고통스럽다는 것을 알고 있었지만, 당신은 그것은 염려하지 말라고 했다. 당신은 시자 한 명이 당신의 머리를 받친 상태로 앉아 있었다. 한 의사가 당신에게 산소를 공급하기 시작했지만 당신은 오른손을 내저어 그를 물러나게 했다. 그 작은 방에는 의사들과 시자 등 열두어 명의 사람들이 있었다.

시자 두 사람이 당신에게 부채질을 해 드리고 있었고, 밖에 있던 헌신자들은 창문을 통해 그 움직이는 부채들을 홀린 듯이 응시했다. 그것은 아직까지 부채질을 해 드릴 살아 있는 육신이 있다는 표시였다. 미국의 한 큰 잡지사 기자 한 명이 조바심을 내며 돌아다녔는데, 그는 자신도 모르게 감동을 받은 것이 심란하여, 자기가 띠루반나말라이를 떠나 정상적인 상태가 되었다고 생각되기 전에는 기사를 쓰지 않겠다고 마음먹었다. 그의 곁에는 프랑스 사진기자[4]도 한 사람 있었다.

예기치 않게, 회당 밖의 베란다에 앉아 있던 일단의 헌신자들이 '아루나찰라-시바'[문자혼인화만(*Aksharamanamalai*)] 노래를 부르기 시작했다. 그것

---

[4] *T*. 사진작가 앙리 카르티에-브레송(Henri Cartier-Bresson)을 가리킨다. 본 장의 표지와 본문에 수록된 두 장의 사진은 그가 찍은 것이다.

을 듣자 스리 바가반의 눈이 열려 빛났다. 당신은 뭐라고 표현할 수 없는 자애로운 미소를 잠깐 지어 보였다. 당신의 눈가에는 지복의 눈물이 방울방울 흘러내렸다. 한 번 더 깊은 숨이 있었고, 더 이상은 없었다. 몸부림도, 경련도 없었으며, 다른 어떤 죽음의 표시도 없었다. 단지 다음 숨이 들어오지 않았다.

잠시 동안 사람들은 망연히 서 있었다. 노래는 계속되었다. 프랑스 사진기자가 나에게 다가와서 정확히 몇 분에 일어난 일이냐고 물었다. 그것이 저널리스트의 비정함이라고 생각해 화가 난 나는 모른다고 무뚝뚝하게 대답했다. 그런 다음 문득 스리 바가반이 어떤 경우나 변함없이 예의 바르셨던 것을 상기하고, 8시 47분이었다고 정확하게 대답해 주었다. 나는 이제 그가 하는 말, 즉 자신이 흥분했다는 것, 자기가 바깥의 도로를 천천히 걸어오고 있었는데 바로 그 순간 엄청나게 큰 별 하나가 천천히 하늘을 가로질러 갔다고 하는 것을 들을 수 있었다. 많은 사람들이 ―심지어 멀리 떨어진 마드라스에서까지― 그 별을 보았고, 그것이 무엇을 말해주는지를 느꼈다. 그것은 **아루나찰라**의 정상을 향해 북동쪽으로 나아갔다.

최초의 명함이 가신 뒤에 슬픔의 오열이 마구 터져 나왔다. 시신은 앉은 자세로 바깥의 베란다로 모셔내 왔다. 사람들이 보려고 베란다의 난간으로 몰려들었다. 한 여자는 실신했고, 다른 사람들은 엉엉 울었.

시신을 회당 안의 침상 위에 모시고 화만을 걸어드렸고, 헌신자들은 그리로 몰려가서 그 주위에 앉았다. 우리는 그 얼굴이 삼매에 든 바위 같은 모습이려니 했는데, 그런 것이 아니라 통증의 흔적이 역력하여 우리의 가슴을 저미게 했다. 밤 동안 차츰차츰 그 얼굴에 신비로운 안정감의 분위기가 돌아왔다.

대삼매에 든 바가반

그날 밤새도록 헌신자들은 큰 회당에 앉아 있었고, 읍내 사람들은 놀란 침묵 속에서 들고났다. 읍내에서부터 행렬이 올라왔다가 돌아가면서 '아루나찰라-시바' 노래를 불렀다. 회당 안의 일부 헌신자들은 찬양과 슬픔의 노래들을 불렀고, 다른 사람들은 말없이 앉아 있었다. 더없이 두드러진 것은 슬픔이 아니라 그 저변의 평온함이었다. 왜냐하면 그들은 당신을 잃기는 했으나, 당신의 은총이 그들의 삶의 의미 자체였던 사람들이었기 때문이다. 이미 그 첫 밤도 그랬지만 이어진 날들에는 훨씬 더, 당신이 "나는 가버리는 것이 아니다. 내가 어디로 갈 수 있겠는가? 나는 여기 있다."고 하신 말씀이 얼마나 긴요한 말씀이었는지가 분명해졌다. '여기'라는 단어는 어떤 한계를 뜻하는 것이 아니라, 진아가 있다는 것,

어디나 존재하는 그것에는 가는 것도, 변하는 것도 없다는 것을 뜻한다. 그럼에도 불구하고 헌신자들이 바가반의 내적인 친존을 느끼고, 띠루반나말라이에서 계속되는 신적 친존을 느낌에 따라, 그들은 그것을 사랑과 보살핌으로 가득한 하나의 약속으로 간주하기 시작했다.

   밤샘을 하는 동안 매장에 관해 결정을 내려야 했다. 시신을 신 회당 안에 매장할 수도 있겠다고 생각했지만, 많은 헌신자들이 그 생각에 반대했다. 신 회당은 어떤 의미에서 사원의 부속 건물이므로 스리 바가반의 사당이 어머니의 사당에 종속되는 것으로 보여, 사물의 참된 질서가 거꾸로 된다고 느꼈던 것이다. 다음날 전체적 합의에 의해서 구 회당과 사원 사이의 공간에 구덩이를 파고 신성한 예법을 갖추어 시신을 매장했다. 입추의 여지 없이 들어찬 군중은 말없는 슬픔 속에서 지켜보았다. 당신의 사랑스런 얼굴은 더 이상 볼 수 없었고, 당신의 음성도 더 이상 들을 수 없었다. 이때부터는 무덤 위에 세워진, 잘 다듬은 검은 돌로 만든 링감—**시바의 상징**—이 외적인 표시였고, 내적으로는 사람들의 심장에 새겨진 당신의 발자국이 남았다.

18. 계속된 친존親存

라마나스라맘의 명상 회당(바가반의 침상 위에 당신의 사진이 놓여 있다.)

　군중은 **흩어졌고**, 아쉬람은 마치 불 꺼진 벽난로같이 버림받은 장소 같아 보였다. 그럼에도 **영적인 스승**이 세상을 떠난 뒤에 흔히 그런 것과 같은 격심한 슬픔이나 절망은 없었다. 유난히 두드러지던 정상적인 평온 상태가 여전히 지속되었다. 스리 바가반이 헌신자들에게 이것을 얼마나 세심한 배려와 자비심으로 준비시켰는지가 분명히 인식되기 시작했다. 그렇기는 하나, 당신과 사별한 처음 며칠과 몇 주 동안에는 띠루반나말라이에 머무르고 싶어 하는 사람이 거의 없었고, 그리고 싶었던 사람들도 그럴 수가 없었다.

　행위 속에서 신심을 표현하던 사람들은 아쉬람을 운영하기 위한 위원회를 구성했다. 니란자나난다 스와미도 그들과 함께 일하는 데 동의했고, 그들은 그를 위원회의 종신 총재로 받아들이는 데 동의했다. 다른 사람들은 그들이 살고 있는 각지의 읍에서 사바(sabhas), 즉 단체들을 결성하여 정기적인 만남을 가졌다.

　불행하게도, 말썽을 부리거나 스스로 돋보이려고 한 사람들이 없었다고는 말할 수 없다. 그것은 **영적인 스승**이 몸을 버릴 때 늘 있는 일이기는 하나, 그런 사람은 아주 적었고 대다수 헌신자들은 안정되어 있었다.

　여러 해 전에, **스승님**이 더 이상 육신으로 계시지 않을 때 아쉬람이 어떻게 운영되어야 하는지를 규정하는 유언장을 하나 작성해 둔 게 있었다. 일단의 헌신자들이 이것을 만들어 스리 바가반께 가져갔고, 당신은 그것을 아주 주의 깊게 읽어본 뒤 승인했다. 그런 다음 그들은 모두 입회인으로 거기에 서명했다. 간략히 말해, 그것은 당신의 삼매지와 어머니 삼매지에서 매일 예공(puja)을 올려야 한다는 것, 니란자나난다 스와미의 아들의 가족을 부양해야 한다는 것, 그리고 띠루반나말라이의 영적인 중심지(라마나스라맘)를 계속 유지해 나가야 한다는 것 등을 규정하고 있었다. 나중에 좀 다른 종류의 유언장을 작성하려는 시도들이 있었지만, 스리 바가반은 그것을 전혀 고려하지 않았다.

위대한 유산이자 의무인 것은 바로 세 번째 조항이다. 헌신자들은 각자의 성품과 그릇에 따라 여기에 기여하고 있다. 말없이 앉아서 명상하는 것 이상은 하지 않는 사람들도 있고, 그저 여건이 허락할 때 와서 위안을 받고 가슴에서 우러난 신심과 감사의 마음을 쏟는 사람들도 있다. 그들은 "강설은 개인들을 몇 시간 동안 즐겁게 해줄지 모르지만 그들을 향상시키지 못할 수 있습니다. 반면에 침묵은 영구적이며, 전 인류에게 이익을 줍니다."[1]라고 말한 스승의 제자들인 것이다. 그들의 명상이 바가반의 엄청난 영적인 침묵에 미치지는 못한다 해도, 그것은 당신의 은총을 받을 뿐만 아니라 (세상에) 전달하여 효과를 가져오게 되어 있다. 그리고 몇 사람이 함께 예배하거나 명상하면 그 효과가 누적될 것이다.

어떤 이들은 연설이나 저술로써 관심을 유발하는데, 그런 관심이 성숙되면 더 깊은 이해를 얻을 수도 있을 것이다.

외적인 활동에 더 끌리는 사람들은 조직화하는 일을 떠맡는다. 그것도 하나의 수행이며, 수행으로서 이루어질 때만 스리 바가반에게 용납될 수 있다. 그들은 궁극적으로 명상 회당 하나를 건립하고 싶어 한다. 지금은 어머니 사원과 구 회당 사이, 단순한 돌 삼매지 위에 링감 하나가 모셔

---

[1] T. 『라마나 마하르쉬와의 대담』, 대담 20 참조.

져 있고, 야자수 잎 지붕으로 덮여 있다.2)

도처에서 당신의 **친존**이 느껴지지만, 장소에 따라 분위기의 차이는 있다. 아침저녁으로는, 당신의 신체적 친존 앞에서 했던 것처럼 같은 시간에 삼매지 앞에서 하는 빠라야나(*parayanam*)가 있다. 헌신자들이 그곳에 앉아서 명상을 하면, 그것은 그들이 회당 안에서 당신 앞에 앉아 있을 때와 같다. 똑같은 힘, 똑같이 미묘한 당신의 인도가 있다. 빠라야나를 하는 동안 삼매지에서는 예공을 올리고 바가반의 108명호를 찬송한다. 그러나 구 회당에는 당신이 오래 기거하셨던 친근감이 배어나는 한결 부드럽고 정겨운 분위기가 있다. **대삼매**(*Mahasamadhi*) 후 몇 달이 지나서 이 회당은 화재로 손상되었지만, 다행히 소실되지 않았다.3)

당신이 마지막 날들과 마지막 시간을 보낸 그 작은 방(열반실)도 있다. 거기 걸려 있는 큰 사진은 살아 있는 듯 헌신에 반응한다. 여기에는 스리 바가반이 사용했거나 만지셨던 여러 가지 물건들—당신의 지팡이와 물주전자, 공작 부채, 회전식 서가, 많은 자질구레한 물건들이 있다. 그리고 이제 영원히 비어 있는 침상. 이 방에는 무한히 애잔하고, 표현할 수 없이 자애로운 뭔가가 있다.

신 회당에는 스리 바가반의 상像 하나가 안치되어 있다. (삼매지에도) 상을 하나 설치해야 한다는 것이 유언장 조항 중의 하나였다. 그러나 적합한 상을 만들 조각가를 아직 찾지 못했다. 그는 스리 바가반의 불가사의함을 느끼고 당신에게서 영감을 받지 않을 수 없을 것이다. 왜냐하면 그

---

2) *T.* 이 삼매지 위에 1962년에 화강암 기둥과 닫집으로 지은 삼매당(Samadhi Shrine)이 지어지고, 1970년에는 그 앞에 화강암 바닥의 널찍한 회당이 건립되어 전체가 하나의 삼매전(Samadhi Hall)으로 불리게 되었다. 여기서 매일 예공(*puja*)과 빠라야나가 거행되며, 많은 헌신자들이 삼매당 주위를 오른돌이 한다.
3) *T.* 구 회당은 1926년에 처음 짓고 중간 중간 보수를 했다. 그러나 세월이 가면서 벽과 지붕이 너무 퇴락하자, 1986년에 바닥은 그대로 두고 벽과 지붕만 철거한 뒤 더 견고한 자재로 다시 지었다. 지금은 '명상 회당(meditation hall)'으로 불린다.

라마나스라맘의 삼매전. 뒤쪽이 바가반의 삼매당이다.

것은 인간의 모습을 빚는 일이 아니라 그런 모습들을 통해 빛난 신적인 힘과 아름다움을 표현해 내는 문제이기 때문이다.[4]

아쉬람 경내가 신성해져 있을 뿐 아니라 주변 동네가 다 그렇게 되었다. 이곳에 감도는 평안은 일체를 두루 포괄하고 널리 스미는데, 수동적 평안이 아닌 생동하는 어떤 환희로움이다. 공기 자체가 당신의 **친존**으로 향기롭다.

그렇다. 당신의 **친존**은 띠루반나말라이에 국한되지 않는다. 그런 적도 없었다. 헌신자들은 어디에 있든 당신의 **은총**과 지지, 당신의 내적인 **친존**을 발견한다. 그것은 그저 강력한 것이 아니라 지금이 전보다 한층 더 강력하다. 하지만 지금도 여전히 띠루반나말라이를 찾아가는 기쁨은 영혼에 새겨지고, 그곳에 거주하는 것은 묘사할 수 없는 아름다움이 있다.

---

4) T. 삼매지에는 그 후 바가반의 좌상이 안치되었고, 근년에는 표면에 금칠을 했다.

생에서 생을 거듭하며 자신의 헌신자들을 인도하기 위해 지구상으로 돌아오겠다고 약속했던 성자들이 있었지만, 스리 바가반은 환생을 의미할 수 있는 에고의 자취가 조금도 남아 있지 않은 완전한 진인이었고, 헌신자들은 그것을 이해했다. 당신의 약속은 달랐다. "나는 가버리는 것이 아니다. 내가 어디로 갈 수 있겠는가? 나는 여기 있다." "나는 여기 있겠다"고도 하지 않고 "나는 여기 있다"고 한 것이다. 왜냐하면 진인에게는 어떤 변화도, 어떤 시간도, 과거와 미래의 어떤 차이도, 어떤 가버림도 없고, 전체 시간이 그 안에 자리한 영원한 '지금'과, 도처에 편재하는 무공간의 '여기'만이 있기 때문이다. 당신이 확언한 것은 당신의 계속되고 중단 없는 친존과 당신의 계속된 인도였다. 오래 전에 당신은 시바쁘라까삼 삘라이에게 이렇게 말했다. "스승의 은총을 얻은 사람은 확실히 구원받을 것이며 결코 버림받지 않을 것이다." 그래서 병환의 막바지에 헌신자들이 마치 당신이 그들을 버리기라도 하듯 자신들의 약함을 호소하면서 당신이 계속 필요하다고 했을 때, 당신은 이미 보았듯이 이렇게 대꾸한 것이다. "여러분은 몸에 너무 많은 중요성을 부여합니다."

그들은 이 말씀이 얼마나 진실한 것인지를 이내 발견했다. 당신은 그 어느 때보다도 더 내적인 스승이 되었다. 당신에게 의존하던 사람들은 이제 당신의 인도가 더 적극적이고 더 강력하다는 것을 느낀다. 그들의 생각은 더 부단히 당신에게 고정된다. 내적인 스승에게로 이르는 자기탐구는 더 쉬워졌고 접근하기가 더 좋아졌다. 명상을 하면 은총의 더 즉각적인 흐름을 받게 된다. 좋은 행위든 나쁜 행위든, 행위들의 과보는 더 신속하고 강하게 돌아온다.

사별의 첫 충격이 가시고 나자 헌신자들은 띠루반나말라이로 다시 이끌리기 시작했다. 계속된 친존을 느끼는 것은 내향적인 타입의 사람들뿐만이 아니다. 헌신자의 한 사람인 T. N. 크리슈나무르티 박사는 자신이 개인적 사랑과 헌신으로만 스리 바가반에게 묶여 있다고 믿었고, 대삼매 이후에는 슬퍼하면서 이렇게 말했다. "저 같은 사람들에게는 모든 것이 끝나버렸습니다." 그러나 몇 달 후 그는 띠루반나말라이를 방문하고 돌아와서 말했다. "그 예전에도 지금 같은 이런 평안과 아름다움은 결코 없었습니다." 그리고 내향적인 사람들만이 그런 계속된 내적 인도를 느끼는 것은 아니다. 그것은 헌신에 대한 즉각적 반응이다.

헌신자들은 늘 하나의 대가족 같았지만, 이제는 그들 사이에 더 강한 동료 의식이 생겨났다. 그들은 구 회당에서 만나 스리 바가반의 가르침을 토론하고 추억을 교환하면서, 전에는 누구도 이야기할 필요를 느끼지 못했던 자신들의 체험과 스리 바가반의 말씀을 드러냈다.

아루나찰라 산의 신비에도 접근하기가 더 쉬워졌다. 전에는 이 산의 힘을 전혀 느끼지 못하던 사람들이 많았다. 그들에게는 그것이 여느 산과 같이 바위와 흙과 덤불로 이루어진 하나의 산에 불과했다. 앞 장에서 언급한 딸레야르칸 부인이 한번은 자신의 손님 한 사람과 함께 산 위에 앉아서 스리 바가반에 대한 이야기를 하고 있었다. 그녀가 말했다. "바가반은 걸어다니는 신이시고 우리의 모든 기도는 응답이 있답니다. 그것이 제 경험이에요. 바가반께서는 이 산이 신 자신이라고 말씀하십니다. 저는 그것을 다 이해하지는 못하지만, 바가반께서 그렇다고 말씀하시니 저는 그것을 믿어요." 페르시아 궁정의 문화 전통이 여전히 남아 있던 그녀의 무슬림 친구가 대답했다. "우리 페르시아인들의 믿음에 따라, 만약 비가 내리면 저는 그것을 하나의 증거로 받아들이겠어요." 거의 즉시 소나기가 내렸고, 그들은 흠뻑 젖어 산을 내려와 그 이야기를 들려주었다.

그러나 그 영靈이 몸을 버리고 밝은 별 하나가 산 쪽으로 건너가던 때부터, 헌신자들은 이 산이 성스러운 터전임을 더 직접적으로 느끼고 있다. 그들은 이 산에서 바가반의 신비를 느끼고 있는 것이다.

옛 전설에 의하면 **아루나찰라** 산은 소원을 성취시켜 준다 하여, 수천 수백 년 동안 순례자들이 은택을 구하는 기도를 하며 이 산을 찾아갔다. 그러나 이 산의 평안을 더 깊이 느끼는 사람들은 무엇을 원하지 않는다. **아루나찰라**가 은총을 베푸는 방식은 바로 바가반의 방식, 즉 우리를 원함에서 벗어나게 하는 것이고, 그것이 위대한 성취이기 때문이다.

"당신이 형상을 가지신 것으로 보고 제가 가까이 다가갈 때, 당신은 지상의 한 산으로 서 계십니다. 당신의 형상을 형상이 없는 것으로 보고 추구하는 사람은, 형상 없는 허공을 찾아 지상을 여행하는 사람과 같습니다. 무념으로 **당신의** 성품을 관조하는 것은, 바다에 잠기는 설탕 인형처럼 자신의 정체성을 잃는 것입니다. 제가 누구인지를 깨닫게 될 때, 저의 이 정체성이 (당신 외에) 달리 무엇입니까? 드높은 **아루나 산**으로 서 계신 **당신이시여!**"(「아루나찰라 8연시」, 제3연)

전에 여기 있으면서 신체적 형상을 한 스리 바가반의 아름다움을 본 적이 있는 사람들만 그 끌림을 느끼는 것은 아니다. 그들은 헤아릴 수 없는 행운을 가졌지만, 다른 사람들도 당신에게, **아루나찰라**에게 끌린다. 그런 사람으로 둘만 언급하면 족할 것이다. 하우즈 양(Miss Howes)은 폴 브런튼의 『비밀 인도에서의 탐색』을 읽고 난 뒤 **아루나찰라**에 갈 기회를 14년이나 기다렸다. 그리고 여건이 되어 대삼매 후에야 갈 수 있었다. 직장을 그만두고 재물을 팔아서 필요한 자금을 마련했다. 그녀는 불과 몇 주일밖에 머무를 수 없었지만, 당신의 **친존의** 은총을 느끼고 이렇게 말했다. "당신이 돌아가신 것을 알았을 때 실망했어야 한다고 생각했지만, 실망하지 않았죠. 온 보람이 있었고 매 순간 그랬습니다. 이제는 제가 다시 돌아올 날을 고대할 수밖에 없군요."

돌아오는 것은 바가반의 손에 달렸다. 지금도 그전처럼, 당신은 당신이 원하는 사람을 당신 자신에게로, 그리고 띠루반나말라이로 이끄신다. 하우즈 양은 지난 경험으로 미루어 자신이 돌아가면 새 직장을 얻는 데 어려움이 없을 것으로 자신했지만, 이번은 그렇게 되지 않았다. 몇 주일이 지나도 마땅한 일자리가 나타나지 않았다. 그러다가 좋은 자리 하나가 났다는 말을 듣고 면접을 했더니, 그녀가 원하면 채용하겠다면서 다만 근무지가 인도라고 했다. 그래서 그녀가 돌아오는 것이 쉬워졌다.

D. D. 아짜리야 박사는 중인도에서 의사로 오래 개업하여 성공을 거둔 뒤 만년을 영적인 탐구에 바치기로 결심했다. 그는 인도 전역을 여행하면서 이런저런 사원과 아쉬람을 방문했으나 자신이 찾던 평안을 발견하지 못하다가 띠루반나말라이로 왔다. 그는 즉시 '여기가 집이다'라고 느꼈고, 아쉬람 의사로서 그곳에 정착했다.

다른 사람들이 전에 그랬듯이, 얼마 후 그도 자신의 내면에서 아무 진보를 보지 못하자 실의에 빠져 삼매지 앞에서 울었다. "제가 구하는 평안을 베풀어주지 않으시려면, 왜 저를 여기 오게 하셨습니까, 바가반?"

그날 밤 그는 꿈에서 바가반이 당신의 침상에 앉아 계신 것을 보고 다가가서 당신 앞에 무릎을 꿇었다. 바가반은 그의 숙인 머리를 당신의 두 손 안에 감싸쥐고 무엇을 슬퍼하느냐고 물었다. 그런 다음 그의 하소연에 대한 답변으로, 당신이 생전에 다른 헌신자들에게 하시던 것과 거의 비슷하게 이렇게 대답했다. "자네가 진보하지 않고 있다는 것은 사실이 아니지. 그것을 아는 것은 나지 자네가 아니네."

아짜리야 박사는 간절히 호소했다. "그러나 저는 지금, 금생에 깨달음을 얻어야 합니다! 왜 기다려야 합니까? 왜 그리 느리게 가야 합니까?"

그러자 스리 바가반이 웃었다. "그것이 자네의 운명(prarabdhakarma-발현업)이지."

스리 바가반의 생전에 당신을 한 번도 본 적이 없는 사람이 꿈속에서 들은 이 답변들은, 당신이 생전에 하셨을 바로 그런 답변이었다. 그전과 마찬가지로, 그를 안심시켜준 것은 그 말씀이라기보다 당신의 보살핌이 갖는 그 형언할 수 없는 매력이었다.

다른 사람들도 찾아올 것이다. 북인도의 유명한 여류성자인 아난다 마이 마(Ananda Mayi Ma)는 삼매지 앞에 와서, 그녀를 위해 마련한 귀빈석을 마다하고 이렇게 말했다. "왜 이 야단입니까? 저는 제 **아버지께** 경의를 표하러 왔으니 다른 사람들과 같이 바닥에 앉아도 됩니다." 남인도의 한 여류성자는 그녀 자신과 생존해 있는 다른 성자들에 대해 딸레야르칸 부인이 묻자 이렇게 대답했다. "**그분은 해이셨고 우리는 그 햇살입니다.**" 그리스도의 이야기가 십자가에서 끝나지 않았듯이, 바가반의 이야기도 끝나지 않는다. 사실 바가반이 지상에 가져온 것은 새로운 종교가 아니라, 이 영적인 암흑의 시대에 어느 나라와 종교를 막론하고 그것을 이해하고 열망하는 사람들을 위한, 하나의 새로운 희망, 하나의 새로운 길이었다. 그것은 당신 육신의 생애 동안만을 위한 것이 아니었다. 당신의 죽음과 더불어 그 인도가 끝날지 모른다고 두려워한 사람들에게 당신은 단호히 이렇게 대답했던 것이다. "여러분은 몸에 너무 많은 중요성을 부여합니다." 그때처럼 지금도, 당신은 누구든지 당신께 다가오는 사람을 인도해 주고, 누구든지 당신께 순복하는 사람을 떠받쳐 준다. 찾는 사람 모두에게, 당신은 여기에 있다.

라마나 마하르쉬 연보年譜

1879 (0세)	12월 30일 새벽 1시, 남인도 타밀나두 주의 띠루쭐리에서 아버지 순다람 아이야르와 어머니 알라감말의 둘째 아들로 출생.
1891(12세)	띠루쭐리에서 초등학교 5학년을 마치고, 형에 이어 딘디걸의 큰숙부 숩바이어 댁으로 가서 6학년에 입학. 나중에 숙부를 따라 마두라이로 이사하여 스콧스 중학교를 다님.
1892(13세)	2월 18일, 아버지 순다람 아이야르가 병으로 세상을 떠남.
1895(16세)	마두라이에서 미국선교단 고등학교를 다님. 11월에 한 친척에게서 '아루나찰라'에 대한 설명을 들음.
1896(17세)	7월 17일, 숙부댁 2층 방에서 '죽음의 체험'을 하며 진아를 깨달음. 8월 29일 마두라이를 떠나 9월 1일 아루나찰라에 도착, 큰 사원에 들어감. 이후 약 6개월간 사원 경내를 여기저기 옮겨다니며 계속 삼매에 듦. 이 무렵부터 '브라마나 스와미'로 불리기 시작함.
1897(18세)	2월, 읍내의 구루무르땀 사원으로 옮겨감. 빨라니스와미가 찾아와 이후 21년간 시자로서 곁에 머무름.
1898(19세)	5월, 인근의 망고 과수원으로 옮겨감. 큰숙부가 죽고, 8월에 작은숙부 넬리압빠이어가 '스와미'의 소재 확인차 방문. 그 직후 읍내의 아루나기리나타르 사원에서 한 달가량 머무르고, 큰 사원의 어느 탑과 협죽도 정원에 잠시 머무른 뒤, 9월에 빠발라꾼루 사원으로 옮겨감. 12월, 어머니가 형과 함께 찾아와 집으로 돌아가자고 여러 날 설득했으나 실패하고 돌아감.
1899(20세)	2월, 아루나찰라 동남쪽 사면의 비루팍샤 산굴로 이주(인근의 다른 산굴들에서도 단기간 체류), 1916년까지 이곳을 주된 거처로 하면서, 여름에는 인근의 망고나무 산굴에서 머무르기도 함.
1900~2(21~3세)	감비람 세샤이야르의 질문에 글로 답변함(→『자기탐구』).
1902(23세)	시바쁘라까삼 삘라이의 질문에 글로 답변함(→『나는 누구인가?』). 남동생 나가순다람이 스와미를 처음 찾아옴.

1903~4(24~5세)	『분별정보』의 타밀어 번역에 착수(나중에 중단).
1905(26세)	산 위에서 반얀나무를 찾다가 말벌들에 다리를 쏘임. 전염병이 돌아, 6개월간 빠짜이암만 사원에 머무름.
1907(28세)	가나빠띠 무니가 세 번째로 찾아와 가르침을 청하고, 그 직후 당신을 '바가반 스리 라마나 마하르쉬'로 부르기 시작. 에짬말이 옴.
1908(29세)	1~3월, 빠짜이암만 사원에 머무름. 이때부터 이발사 숩바라얀이 매달 보름날 바가반의 머리를 깎아드림(28년간). 『분별정보』 번역을 끝냄. 『능지소지분별』을 번역. 『탐구의 바다』를 발췌 요약함.
1910(31세)	「구루 찬가」, 「하스따말라까 송찬」을 타밀어로 번역함.
1910~11(31~2세)	사띠야망갈람의 벤까따라마아이어가 와서 5일간 머무르며 「스리 라마나 다섯 찬가」를 지음.
1911(32세)	최초의 서양인 제자 험프리스가 찾아옴.
1912(33세)	아루나찰라 기슭 거북바위 근처에서 두 번째 죽음의 체험을 함. 헌신자들이 바가반의 자얀띠(탄신일)를 처음으로 경축함.
1913(34세)	「문자혼인화만」을 지음.
1914(35세)	띠루빠띠를 순례하고 찾아온 어머니가 병이 나자 어머니를 위해서 아루나찰라에 기도하는 시를 지음. 「8연시」, 「11연시」를 지음.
1915(36세)	어머니가 같이 살러 옴. 어머니를 위해 「압빨람의 노래」를 지음.
1916(37세)	스깐다쉬람으로 옮겨감.
1917(38세)	가나빠띠 무니가 제자들과 함께 며칠간 질문함(→『스리 라마나 기타』). 가나빠띠 무니의 요청으로 「아루나찰라 5보송」을 산스크리트어로 지음(1922년에 타밀어로 번역). 동생 나가순다람이 살러 옴.
1918(39세)	나떼사 무달리아르(사두 나따나난다)와 무나갈라 벤까따라마이아가 처음 찾아옴. 나가순다람이 출가, '니란자나난다 스와미'로 불림.
1920(41세)	꾼주스와미가 옴.
1922(43세)	5월 19일, 어머니가 대삼매에 듦. 스와미 람다스가 찾아옴. 12월 중순, 어머니 삼매지로 이주했고, 이후 라마나스라맘이 발전함.
1923(44세)	『나는 누구인가?』(타밀어판)가 출간됨. 비스와나타 스와미가 오고, 무루가나르도 처음 아쉬람에 옴.
1924(45세)	아쉬람에 몇 명의 도둑이 들었고, 그 중 한 명이 바가반을 때림.
1925(46세)	험프리스의 『바가반의 삶과 가르침에 대한 견문』이 처음 출간됨.
1926(47세)	구 회당이 완공되어 여기서 일상적으로 거주함(1947년까지). 산 오른돌이를 그만둠. 암소 락슈미가 처음 아쉬람에 옴.
1927(48세)	무루가나르의 요청에 따라 「가르침의 핵심」과 「진아지」를 지음.
1928(49세)	무루가나르의 요청에 「실재사십송」을 지음. 안나말라이 스와미가 옴.

1929(50세)	1월, 세샤드리 스와미의 매장식에 참석.
1931(52세)	숫다난다 바라띠의 타밀어판 전기 『라마나 비자얌』과 B. V. 나라싱하스와미의 영어판 전기 『진아 깨달음』이 출간됨. 타밀어판 『저작전집』과 『자기탐구』가 출간됨. 폴 브런튼이 처음 옴.
1932(53세)	무나갈라 벤까따라마이아가 아쉬람에 정주.
1933(54세)	「싸르와 냐놋따람」을 타밀어로 번역. G. V. 숩바라마이야가 옴.
1934(55세)	폴 브런튼의 『비밀 인도에서의 탐색』이 출간됨.
1935(56세)	무나갈라 벤까따라마이아가 일기를 기록하기 시작함(→『라마나 마하르쉬와의 대담』). 영국인 그랜트 더프와 에번스 웬츠, 그리고 스와미 요가난다가 방문함. 채드윅 소령이 옴.
1936(57세)	S. S. 코헨이 옴. 11월, 뻬루말 스와미가 아쉬람을 상대로 제기한 소송과 관련, 아쉬람에서 법원의 증인신문을 받음.
1938(59세)	아쉬람의 새 식당과 주방 건물이 완공됨. 아쉬람 내에 우체국이 생김. 인도국민회의의 라젠드라 쁘라사드와 잠날랄 바자지, 그리고 영국 작가 서머싯 몸이 방문함.
1939(60세)	어머니사원 건축공사가 시작됨. 『영적인 가르침』, 『스리 라마나 릴라』(텔루구어 전기), 『진어화만』, 『마하르쉬의 복음』이 출간됨.
1940(61세)	G. V. 숩바라마이야의 요청으로 「바가바드 기타 요지」를 선별하고, 그것을 타밀어, 말라얄람어, 텔루구어로 옮김.
1941(62세)	수리 나감마가 옴.
1944(65세)	개에게 쫓기는 다람쥐를 구하다가 넘어져 빗장뼈가 골절됨.
1945(66세)	신 회당의 초석을 놓음. 사두 옴과 아서 오즈본이 처음 옴. 데바라자 무달리아르가 일기를 쓰기 시작(→『바가반과 함께한 나날』). 수리 나감마가 편지를 쓰기 시작(→『라마나스라맘에서 보낸 편지』).
1946(67세)	9월 1일, 바가반의 아루나찰라 도래(Advent) 50주년 기념식 거행. 50주년 기념당이 건립됨(1947년부터 이곳에서 기거함).
1947(68세)	「진아 5연시」를 텔루구어로 짓고, 타밀어와 말라얄람어로 번역함.
1948(69세)	샹까라의 「진아각지송」을 타밀어로 번역함. 6월 18일, 암소 락슈미가 대삼매에 듦. (아서 오즈본이 마드라스로 이주.)
1949(70세)	2월, 왼팔에 난 작은 혹을 수술함. 3월 14~18, 어머니사원과 신 회당의 관수식(개원식)을 거행(14일, 신 회당으로 거처를 옮김). 3월 27일, 재발한 종양을 두 번째로 수술. 4월, 종양이 육종(피부암)으로 판명되어 24일 라듐 치료를 받음. 8월 7일, 세 번째 수술. 12월 19일, 네 번째이자 마지막 수술을 받음.
1950(71세)	4월 14일 저녁 8시 47분, 바가반이 대삼매에 듦.

용어 해설

경전(*Sastra*) : 힌두 경전들은 몇 가지 부류가 있지만, 베다를 뜻하는 *Sruti* 다음으로 행위·기예·학문·통치 등을 규정하는 문헌적 규범들을 *Sastra*라고 한다.

관수식灌水式(*Kumbhabhishekam*) : 사원이나 정사의 낙성식. 항아리에 물을 담아 올라가서 건물 꼭대기에 붓는다.

길(*Marga*) : 영적인 탐구에서의 노선 혹은 접근 방식. 세 가지 주요한 길이 있으니, 지知의 길(*Gnana-marga*), 헌신의 길(*bhakti-marga*), 행위의 길(*karma-marga*)이 있다. 지知의 길은 영적인 지知 또는 이해를 통한 접근법이고, 헌신의 길은 사랑과 헌신을 통한 접근법이며, 행위의 길은 조화롭고 집착이 없는 행위를 통한 접근법이다. 세 길은 서로 배타적이지 않다. 결국 하나로 합쳐지고 같은 목표에 이르지만, 출발점과 실천방법은 서로 다르다.

까비야깐타(*Kavyakanta*) : 말이 곧 시詩와 같은 사람. 탁월한 즉흥시 작가.

깔리유가(*Kali-Yuga*) : 암흑시대. 기원전 3101년의 쿠루크세트라(Kurukshetra) 전투와 함께, 즉 『바가바드 기타』에 기록된 스리 크리슈나의 가르침과 더불어 시작되고, 지금도 진행되는 시대라고 한다('유가' 항을 보라).

나따라자(*Nataraja*) : 시바의 한 이름. 우주의 창조와 파괴라는 우주적 춤을 추는 시바.

다끄쉬나무르띠(*Dakshinamurti*) : 옛날에 침묵 속에서 가르치는 청년의 모습으로 나타난 시바. 따라서 그는 침묵의 가르침을 중시했던 스리 바가반과도 연관된다.

다르마(*Dharma*) : 삶 속에서 자신이 맡은 역할. 계층이나 직업 여하에 따라 각자의 다르마는 서로 다르지만, 그들이 한데 어우러져 하나의 조화로운 세계를 이룬다. 그래서 다르마는 사회 질서 또는 규범을 뜻하기도 한다.

대삼매大三昧(*Mahasamadhi*) : 진아에 흡수되는 궁극적이고 완전한 삼매. 위대한 성자의 죽음을 뜻하는 말로 사용되지만, 완전한 깨달음을 얻은 진인은 육신을 가지고 있는 동안에도 이미 대삼매에 들어 있으며, 육신의 죽음은 그에게 본질적으로 아무 차이가 없다.

대중공양大衆供養(Bhiksha) : 스승이나 출가수행자들에게 음식을 공양하는 것. 여기서는 헌신자가 아쉬람의 전 대중에게 음식을 공양하는 것이다.

도道(Tao) : 중국에서 도道는 길[수행]과 목표[절대자] 둘 다를 의미한다.

도감都監(Sarvadhikari) : 라마나스라맘의 행정 책임자였던 니란자나난다 스와미가 스스로 자신에게 붙인 직책명. 문자적으로는 '일체를 관장하는 자'라는 뜻이다.

도띠(Dhoti) : 남인도 남자들이 허리에 둘러 치마처럼 발목까지 늘어뜨려 입는 흰색 면포.

따빠스(Tapas) : 따빠스. 고행(명상). 자세한 설명은 64쪽 참조.

루드라(Rudra) : 자신을 우렁차게 선포하는 신으로서의 시바의 이름.

리쉬(Rishi) : 선인仙人. 현자(Sage). 문자적으로는 '보는 자'.

링감(Lingam) : 시바나 절대자를 상징하는, 윗면이 둥근 돌기둥.

마뜨루부떼스와라(Matrubhuteswara) : 어머니의 형상을 한 신[이스와라].

마우나(Mouna) : 침묵. 묵언수행을 하는 사람의 '묵언'을 가리키기도 한다.

마우니(Mouni) : 묵언자. 묵언의 맹세를 한 사람.

마울비(Maulvi) : 이슬람 교리와 법률을 공부한 무슬림 학자. 힌두의 빤디뜨에 해당한다.

마하르쉬(Maharshi) : 큰 진인(Maha Rishi). 깨달음에 이르는 새로운 길을 연 사람에게 사용된다. 흔히 '마하리쉬'로도 읽는다.

만따빰(Mantapam) : 벽이 없이 기둥과 천장만 있는 석조 회당.

만트라(Mantra) : 염송(japa)에 사용되는 신성한 어구. 진언眞言.

만트라 명상(Mantradhyana) : 염송을 하여 들어가거나 염송으로 뒷받침하는 명상.

명지明知(Vijnana) : 진아에 대한 지知인 동시에 외부 세계에 대한 지知인 특수한 지知.

무니(Muni) : 성자. 진인.

무상삼매無相三昧(Nirvikalpa samādhi) : 인간적 기능이 정지된 무아경의 상태.

무욕(Vairagya) : 외부의 대상들에 대한 욕망이 없는 것. 무집착.

무지無知(Ajnana) : '지知(jnana)의 부족 혹은 부재.' 자신의 진정한 성품이 진아임을 깨닫지 못한 범부의 상태.

바가반(Bhagavan) : 신. 이 책에서는 스리 라마나의 호칭이다.

발현업發現業(Prarabdhakarma) : '업/행위' 항 참조.

베다(Vedas) : 고대의 리쉬들에게 계시되었다고 하는 가장 오래된 힌두 경전. 바가반의 가르침에서는 특히 우파니샤드를 의미한다.

본연삼매本然三昧(Sahaja Samadhi) : 무아경이나 황홀경을 요하지 않으면서도 인간적 기능들을 완전히 구사할 수 있는 지속적인 삼매. 진인의 상태.

브라만(Brahman) : 힌두교에서 궁극의 절대자. 이것을 '무엇이다'라고 규정할 수 없으므로, 흔히 '무엇이 아니고, 무엇이 아니다(neti, neti)'라는 부정의 방식으로 묘사된다. 브라만이 현현하는 첫 단계는 인격신 이스와라이다.

브라민(Brahmin) : 인도의 카스트에서 브라만 계급의 사람.

비슈누(Vishnu) : 힌두 3신의 하나. 우주의 유지주維持主.

비이기적 업(nishkamyakarma) : 결과에 집착하지 않는 행위, 즉 에고성이 없는 행위.

비이원론非二元論(Advaita) : 영靈과 별개로 존재하는 것은 아무것도 없으며, 일체가 영이 취하고 있는 형상이라는 교의敎義.

비짜라/자기탐구(vichara) : 스리 바가반이 가르친 '나는 누구인가?'의 탐구 수행. 자기탐구의 갖춘 단어는 Atma-vichara이지만, vichara만으로도 같은 의미를 갖는다.

빠라마뜨만(Paramatman) : 지고아, 곧 지고의 진아. 실은 Atma라는 말 자체가 종종 이런 의미로 사용되며, 바가반도 그렇게 썼다.

빠라야나(parayanam) : 베다 등의 찬송. 라마나스라맘에서는 바가반의 저작들을 주된 내용으로 하는 한 타밀어 빠라야나가 중심이고, 베다 찬송은 브라민 사제들과 베다학당 생도들이 맡는다.

빤디뜨(pandit) : 힌두 경전, 교리 및 법률을 배운 학자. 'pundit'로 표기하기도 한다.

뿌라나(Purana) : 힌두 경전의 한 부류로, 상징적 의미를 내포한 신화적인 이야기를 많이 담고 있다.

뿌루샤(Purusha) : 쁘라끄리띠(Prakriti-原質)와 대비되는 측면에서의 영靈.

쁘라나(prana) : 숨 혹은 생명 기운(vital force).

쁘라사드(prasadam) : 은사물恩賜物. 스승이 은총을 전달하는 물건으로서 주는 것. 특히 스승에게 공양한 음식물의 일부를 공양자를 포함한 헌신자들에게 나누어 준 것.

사두(sadhu) : 정확히는 수행의 목표를 성취한 사람(깨달은 자)을 뜻하지만, 집과 재산을 버린 출가자 일반에 대해서도 사용된다.

사뜨(Sat) : 순수한 존재(Pure Being).

사뜨-찌뜨-아난다(Sat-Chit-Ananda) : 존재-의식-지복. 진아 깨달음의 상태는 순수한 존재이고, 순수한 의식이며, 또한 순수한 지복의 상태임을 나타낸다.

산굴山窟(cave) : 수행자가 살기 위해 산이나 바위에 의지하여 지은 작은 가옥.

산 오른돌이(giripradakshina) : giri는 산, pradakshina는 시계 방향으로 성지를 도는 것이다. 그래서 산 오른돌이는 아루나찰라를 도는 것을 말한다.

산야신(sanyasin) : 영적인 추구를 위해 가정·재산·계급 및 모든 집착을 포기한 자. 산야신의 포기는 확정적이지만, 사두는 언제든 가정으로 돌아갈 수 있다. 산야신은 황색 가사를 입고, 사두는 흰색 도띠(*dhoti*)를 입는다.

삼매三昧(*samadhi*) : 영靈이 진아에 몰입된 것. 황홀경 상태에서 인간적 기능들이 정지된 채 몰입될 수도 있고, 그렇지 않을 수도 있다.

또한 *samadhi*는 '죽음'의 미화어로도 쓰이고, '삼매지三昧地', 곧 성자의 무덤을 뜻하기도 한다. 일반인의 무덤을 칭할 때도 있다.

상습常習(*sankalpas*) : 타고난 습성, 욕망 및 야망.

샤하다(*Shahada*) : 이슬람 경전 구절인 *La ilaha ill' Allah*, 즉 '하느님(God) 외에는 어떠한 신(god)도 없다'는 뜻의 말.

샥띠(*Sakti*) : 신의 한 측면 혹은 원리로서의 힘, 에너지 또는 활동. 힌두 신화에서 샥띠는 신의 아내로서의 에너지 혹은 활동으로 나타난다.

샴부(*Sambhu*) : 시바의 한 이름. 아낌없이 베푸는 시바.

성수지聖水池(*tirtha*) : 신성한 저수지. 종교적 목적에도 사용되지만, 일반적 용도로도 널리 쓰인다.

수미산須彌山(Mount Meru) : 힌두 신화에서 우주의 영적인 중심인 산. 바가반은 아루나찰라가 수미산이라고 확언하였다.

수행(*sadhana*) : 영적인 추구, 혹은 그 구체적인 방법이나 수단(수행법).

수행자(*sadhaka*) : 영적인 공부인 혹은 구도자.

순수성/비순수성(*sattvic/unsattvic*) : 힌두 철학에서 우주는 세 가지 성질(*gunas*), 즉 순수성(*sattva*), 활동성(*rajas*), 나태성(*tamas*)의 조합에 의해 생겨나고 유지된다. 순수성은 영적인 추구와 깨달음을 향하는 경향이며, 그것을 돕는 식품은 순수성 식품, 그 외에 활동성이나 나태성을 조장하는 식품은 비순수성 식품이다.

스리(Sri) : '축복받은, 혹은 복된'. 현대에는 이것이 영어의 'Mr.'에 거의 상당하는 호칭으로 종종 사용되지만, 진정한 의미에서는 여전히 **성자**에게 붙이는 것이다.

스승(Guru) : 영적인 안내자 혹은 스승. 그 의미의 여러 층차는 221-2쪽을 참조하라.

스와미(*swami*) : 신 또는 주主를 뜻하는 말이지만, 영적인 스승 혹은 교사를 뜻하기도 한다. 때로는 단순한 존칭으로도 쓰인다.

스와루빠(*swarupa*) : 진정한 형상. 실상實相.

시바(Siva) : 단순한 이론적 의미에서의 시바는 인격신 이스와라의 한 측면(우주의 파괴주)으로 간주될 수 있다. 그러나 그의 헌신자들에게는 시바가 인간의 영이 갇혀 있는 감옥의 벽을 파괴하는 자, 곧 에고와, 인간과 이스와라라는 이원성과, 모든 한계를 파괴하고 **절대적 존재**, 즉 완전한 **지**知와 순수한 **지복**만 남게 하는 자이다. 따라서 시바는 이스와라와 모든 신들과 모든 세계를 자신 안에 하나의

용어 해설 313

꿈으로서 포함하는 절대자이다.

시바교도(Saivite) : 힌두교의 두 주요 분파는 시바교(Saivism)와 비슈누교(Vaishnavism)이며, 각기 시바와 비슈누의 관점을 대표한다. 이것은 비이원론과 이원론의 차이에 상응하고, 지知의 길과 헌신의 길 간의 차이에도 상응한다.

시바 스와루빠(Siva swarupa) : 시바의 형상. 우주는 고유의 실재성이 없고 시바가 취한 형상으로서만 존재한다는 의미에서, 때때로 우주를 칭하는 말.

싯다(Siddha) : 성취자. 진아 깨달음을 성취한 사람을 뜻할 수도 있지만, 깨달음 여부와 관계없이, 초자연적 능력을 가진 사람을 뜻하는 말로도 쓰인다.

싯다 뿌루샤(Siddha Purusha) : 성취존자成就尊者. 영적인 깨달음 여부와 관계없이, 초자연적 능력을 가지고 있는 현자.

싯디(siddhi) : 초자연적 능력. 신통력.

아뜨마 스와루빠(Atmaswarupa) : 진아의 형상. 우주는 고유의 실체가 없고 진아의 나툼으로서만 존재한다는 의미에서, 우주를 가리키는 용어이기도 하다.

아뜨만(Atma/Atman) : 진아 혹은 영靈.

아루나찰레스와르(Arunachaleswar) : 아루나찰라의 형상을 한 신. 아루나찰라와 이스와라가 결합된 형태의 단어이다.

아루드라 다르샨(Arudra Darshan) : 시바 친견의 날(14쪽 참조). 시바의 탄생별은 아루드라이다. 시바는 이날, 빠딴잘리, 비야그라빠다 등의 사람들에게 친견을 베풀었다. 스리 바가반은 이날 밤 새벽 1시 뿌나르바수(Punarvasu) 별, 즉 아루드라 바로 옆에 있는 별 아래서 태어났다. 두 별은 쌍둥이자리에 속한다.

아쉬람(ashram) : 진인이나 스승의 주위에 성장하는 기구체 혹은 집단 거주지.

아유르베다(Ayurveda) : 전통적인 힌두 의학 체계의 하나.

업業/행위(karma) : 업業은 인간이 인과법칙에 따라 스스로 만드는 운명이다. 세 가지 업, 즉 금생에 발현되게 되어 있는 발현업發現業(prarabdha), 아직 발현되지 않고 쌓여 있는 누적업累積業(sanjitha), 금생에 축적되어 누적업에 부가되는 미래업未來業(agamya)이 있다(제10장 첫째 문단 참조). 업의 법칙은 예정설과 인과론의 두 이론을 결합한다. 왜냐하면 인간의 현재 행위가 그의 미래 상태를 야기 혹은 예정하기 때문이다.

　　　Karma는 행위(action)를 의미하기도 한다. 또 때로는 구원에 이르는 하나의 길(marga)로서의 의식儀式 행위들을 뜻하기도 한다.

염송念誦(japa) : 신의 이름이나 진언을 계속 반복하여 염하는 것. 신의 이름을 염하는 것은 명호염송, 진언을 염하는 것은 진언염송이다.

엽반葉盤(leaf-plate) : 아쉬람 등에서 식사할 때 음식을 받아놓는 나뭇잎. 통상 바나나 잎을 쓰지만, 예전에는 작은 나뭇잎들을 여러 장 붙여 실로 꿰어서 쓰기도 했다.

예공禮供(puja) : 의식상으로 하는 예배. 예공을 전담하는 사람이 pujari이다.

옴(OM) : 우주를 유지하는 창조음創造音의 바탕을 나타내는 최고의 진언. AUM의 세 글자로 표기하지만 '옴'으로 발음한다.

요가(Yoga) : 문자적으로는 '합일(Union)'. 이원성의 관점에서 출발하는 간접적 접근 방법('길' 항 참조). 전문적인 수단에 의해 인간의 잠재 능력을 개발하고, 최종적으로는 신과의 합일을 성취하려는 목표를 가지고 있다.

요기(Yogi) : 요가의 길을 따르는 자, 혹은 그에 달통한 자.

우빠데사(upadesa) : 스승이 한 제자에게 주는 가르침 또는 인도引導.

원습原習(vasanas) : 전생의 행위로 인해 형성된 습성이나 경향성. 습기習氣.

유가(Yuga) : 시대. 힌두교에 따르면 우주 주기(manvantara)에 사띠야 유가(Satya Yuga), 드와빠라 유가(Dwapara Yuga), 뜨레따 유가(Treta Yuga), 깔리 유가(Kali Yuga)의 네 가지가 있다. 각 시대의 길이는 4, 3, 2, 1의 비율이다.

윤회(samsara) : 나고 죽음의 끝없는 순환. 또한 인도에서는 세간연世間緣, 곧 제반 인연에 얽혀서 사는 인간적 삶을 뜻하기도 한다.

은총(anugraham) : 진인이 베푸는 영적인 기운 혹은 깨달음의 에너지.

의식(Chit) : 절대자의 지知의 측면. 이것은 무한하고 순수한 의식이며, 순수한 존재와 동일한 것이다. 바가반은 이것을 'arive'(의식, 자각)라는 타밀어 단어로 지칭했다.

이스와라(Iswara) : 힌두교에서 최고의 인격신이며, 시바교에서는 시바와 동일시된다.

자얀띠(Jayanthi) : 신이나 스승의 탄신일. 원래는 '승리'라는 뜻이다.

전수傳授(diksha) : 스승이 제자에게 개별적으로 은총이나 은총이 수반된 수행 방편을 베푸는 것(initiation). 최초의 전수는 '입문入門'이라고도 한다.

정사精舍(math) : 개인이 건립한 힌두 사원 혹은 암자.

조식調息(pranayama) : 호흡 제어. 호흡을 조절하거나 멈추는 것.

지知(Jnana) : 신적인 지혜 또는 이해. 영적인 깨달음. 발음은 'gnana'(냐나)에 가깝다.

지복至福(Ananda) : 진아를 체험하고 있을 때의 지극한 행복감.

지知의 길(Jnana-marga) : 이것은 직관적인 지知 혹은 영적인 이해에 기초한 지知라는 의미이다('길' 항 참조).

진인眞人(Jnani) : 참된 지知를 깨달은 지자知者. 이 말은 지知의 길을 따르는 사람(지知 수행자)를 뜻하는 말로도 사용되지만, 정확한 의미에서는 완전한 깨달음을 성취하여 모든 이원성의 환幻에서 벗어난 해탈자(Mukta)를 뜻한다.

차크라(chakra) : 요가와 탄트라의 길('길' 항 참조)에서는 사람의 척추 아래 잠복해 있는 영력靈力[쿤달리니]을 일깨워 그것을 몸 안에 있는 일련의 영적인 중심, 즉 차크라를 통해 올라가게 한다. 각 차크라는 쿤달리니가 거기에 도달했을 때 성취되는 영적인 발전 단계를 나타낸다.

참스승(Sadguru) : 제한적 의미의 스승과 구별되는, 신적인 힘을 가진 스승. 211쪽 참조.

청정심淸淨心(Suddha Manas) : 정화된 순수한 마음. 번뇌가 없는 마음.

친견親見(darshan) : 문자적으로, '봄[見]'. 성자를 '친견한다'는 것은 정확히는 성자가 '친견을 베푸는' 것이다. 성자가 헌신자를 '바라보아 주는 것(친견)'은 일정한 영적 에너지, 곧 은총을 베푸는 행위이다.

친존親存(presence) : 성자나 스승이 계신 곳. 또는 그의 육신 없이도 느끼는 그의 현존.

침묵 전수(mouna diksha) : 스승이 말없이 제자에게 전해주는 은총. 예컨대 스승은 멀리 떨어진 곳에 있는 제자에게도 은총을 보내줄 수 있다.

크리슈나(Krishna) : 『바가바드 기타』의 가르침을 설하는 신인 스승(Divine Teacher).

타자성他者性(bheda) : 자신을 신과는 다른 사람으로 보는 관념.

태초의 스승(Adi-Guru) : 다끄쉬나무르띠 또는 샹까라짜리야의 별칭.

팔분심법八分心法(ashtavadhana) : 동시에 8가지 일에 주의를 기울일 수 있는 능력.

평등성(samatva) : 모든 것을 영靈의 나툼으로 보면서, 똑같은 배려로써 만물을 평등하게 대하는 것.

해탈(moksha/mukti) : 진아와의 동일성을 깨달아 모든 무지와 이원성에서 해방되는 것. 반면에 구원(salvation)이라는 말은 일반적으로 어떤 정화된 영혼이 신이 계신 곳에서 구원을 받는다는 이원적 의미로 사용된다.

해탈자(mukta) : 이승의 삶에서 해탈을 성취한 사람을 생전해탈자(Jivanmukta), 즉 '살아 있는 동안 해탈한 자'라고 한다.

행위의 길(Karma-marga) : 조화롭고 집착 없는 행위를 통해 신에게 다가가는 방법. 『바가바드 기타』에서 말하듯이, 자기 행위의 결과에 집착함이 없는 행위를 통해 신에게 다가가는 것이다. 예전에는 이것이 의식儀式 행위를 수반하곤 했다.

헌신(bhakti) : 신에 대한 신애信愛.

헌신의 길(Bhakti-marga) : 사랑과 헌신으로 신에게 다가가는 방법.

헌신자(bhakta) : 특정한 신이나 스승을 믿고 따르는 사람. 또한 헌신의 길을 걷는 사람(헌신가)을 뜻하기도 한다.

화신(avatar) : 신의 한 화현. 힌두교에서는 비슈누의 화현을 가리킬 때가 많다. 라마와 크리슈나가 각기 비슈누의 7번째, 8번째 화신이라고 한다.

옮긴이의 말

20세기의 놀라운 기적 중의 하나는 물질문명의 비약적 발전 속에서도 인류의 영적인 진보를 위한 탁월한 가르침들이 전 세계적으로 파급되었다는 것이다. 특히 지난 세기의 전반은 서구 열강의 제3세계에 대한 가혹한 식민 통치의 질곡과 사상 유례 없이 참혹했던 두 번의 세계 대전, 극단적 무신론인 공산주의의 정치적 현실화, 그리고 이러한 상황 속에서 심화된 건조한 지성주의적 세계관으로 인해 인류가 정신적 혼돈 속에서 많은 고통과 희생을 감수해야 했던 시대였다. 그러나 이 시기에 인도에서는 라마나 마하르쉬라는 위대한 스승이, 비할 바 없이 탁월한 가르침으로 인류의 영혼을 정화하고 있었다. 그는 영성과 깨달음의 땅인 인도가 지난 1천 년간 배출한 영적 스승들 중에서 단연 두드러지며, 샹까라로 대표되는 비이원적 베단타의 전통을 **자기탐구**와 **진아 깨달음**이라는 명료한 개념으로 요약했다. 그의 가르침은 온갖 철학과 사상, 종교와 신념 체계들을 가로질러 보편적인 개념으로 사람들의 심장을 관통한다.

스리 라마나 마하르쉬에게서 우리가 발견하는 것은, 막연한 이념으로 인식되던 **진리**가 하나의 구현 가능한 실재로서 제시되고 있다는 사실이다. 그것은 궁극의 존재인 **신**이 우리가 경험할 수 있는 구체적 현실로서 등장했다는 것을 의미한다. 왜냐하면 **진리**가 본시 모든 결함을 넘어선 완전성과 시공의 한계를 초월한 영원성을 뜻한다면, 그것은 **신**과 동의어

일 수밖에 없고, 라마나 마하르쉬는 신으로서, 신에 대해, 신인 '우리'에게 말하고 있기 때문이다. 그의 가르침은 우리의 참된 성품이 시공을 초월한 영원하고 순수한 진아이며, 우리가 '나는 누구인가?'라는 의문을 가지고 자신의 내면을 탐구하면, 우리의 그 본질, 곧 진아로서의 신을 깨닫는다는 것이다. 그러면서 그는 존재-의식-지복인 그 신이 어떻게 구체적인 인간 속에서 구현될 수 있는지를 보여주었다. 그것은 한 인간으로서의 '나'의 본래면목, **궁극적 진리**의 실상에 관한 소식이고, 종교적 도그마를 벗어나 참으로 생사에서 해탈할 수 있게 하는 진정한 복음이었다.

이 책은 영국인 제자가 쓴 그의 스승 마하르쉬의 이야기지만, 힌두 전통의 개념과 관행, 그리고 라마나 마하르쉬의 삶과 가르침이 갖는 의미를 정확히 이해하고 쓴 훌륭한 전기라고 할 수 있다. 저자는 옥스퍼드 대학에서 공부했으나, **궁극적 진리**를 향한 갈망으로 인해 외국을 전전하며 나름대로 영적인 탐구를 하다가 1945년에야 **아루나찰라**로 가서 마하르쉬를 친견했다. 그는 마하르쉬 곁에 상당 기간 머무르면서 그에게 완전히 귀의했고, 그의 가르침을 실천하면서 여생을 살았다. 특히 비교종교학의 측면에서 모든 종교적 가르침이 결국 동일한 **진리**를 향하고 있음을 **진아**의 관점에서 거듭 확인하곤 했다. 이런 관점은 마하르쉬의 일생을 일정한 역사적 관점 속에서 기술한 이 책에서도 드러나고 있다.

저자는 라마나 마하르쉬에 대한 기존의 전기 자료와 어록들을 활용하는 한편, 자신이 직접 보고 들은 여러 가지 정보와 자신의 수행을 통해 느끼고 체험한 바를 종합하여, 이 **진인**의 독특한 삶의 궤적과 가르침이 갖는 영적인 의미를 일관된 시선으로 조명한다. 이를 통해 라마나 마하르쉬라는 영적 스승의 존재는 생생한 실재감을 가지고 우리에게 다가온다. 무엇보다도 저자는, 힌두적 개념으로 표현된 마하르쉬의 가르침이 갖는 초超종교적 보편성과, 전통에 기반하면서도 전통을 뛰어넘는 그 가르침의 현대성을 잘 포착하고 있다. 그는 또한 라마나 마하르쉬가 인도에 국한되지 않는 전 인류의 스승임을 이해했다. 왜냐하면 스리 라마나는 모든 면에서 지고의 진리를 완전히 깨달은 분이며, 그것을 침묵 속에서 전수하는 최고 수준의 스승인 동시에, 방문객이나 헌신자들의 질문에 답변하고 사람들을 영적으로 인도하는 데 있어 놀라운 지혜를 발휘한 살아 있는 신 혹은 참스승이었기 때문이다. 아울러 그는 마하르쉬가 제시한 자기탐구 수행법이 종교나 종파 또는 승속을 막론하고 현 시대에 적합한 가장 직접적이고 뛰어난 행법임을 확신했다. 그것은 '나는 누구인가?'의 이 탐구법이 힌두 전통에서 말하는 '지知의 길'이면서도 '헌신의 길'과 '행위의 길'을 아우르고 있고, 종교적 의식이나 좌선 명상 같은 외적인 형식을 떠나 모든 상황, 모든 활동 속에서 드러나지 않게 닦을 수 있는 내적 자각의 행법이기 때문이다. 자기탐구가 '내가 있다'는 자각을 견지하면서 '나는 누구인가?'를 탐구한다는 점에서, 선불교에서 말하는 묵조선과 화두선의 요소들을 겸비하고 있다는 것도 주목할 만하다.

저자는 이 책에서 잡다한 사실들을 평면적으로 나열하지 않고 대표적인 사례들을 그 내적 의미와 함께 제시함으로써 스리 라마나의 삶에 대한 하나의 분명한 이미지를 구축하는 데 성공했다. 책의 앞쪽 절반 이상은 1931년에 나온 영어판 전기인 나라싱하 스와미의 『진아 깨달음』에 많은 부분을 의존하고 있으나, 그 이후의 많은 이야기들, 특히 마하르쉬가 사람들을 가르치는 공개적이고도 미묘한 방식, 그의 신체적 질병과 입적에도 불구하고 지속되는 친존 등은 본서에서 비로소 제대로 묘사되었다. 1954년 런던에서 처음 간행된 이 책은 이후 많은 사람들을 아루나찰라로 이끌었고, 그들이 궁극의 진리를 찾아 진아탐구의 길로 나서도록 도

왔다. 라마나스라맘에서는 1997년에 이 책을 처음 냈는데, 근년에는 각 장별로 사진도 넣고 있다. 우리의 이 개정판은 완전히 새로운 번역과 함께 최근 사진들을 포함한 더 많은 사진을 엄선하여 곳곳에 수록했다. 책 말미의 '라마나 마하르쉬 연보'는 원서에 없으나 바가반의 생애를 일별할 수 있게 정리·보완한 것이고, '용어 해설'은 저자가 쓴 것을 토대로 우리 독자들의 필요에 맞게 내용을 전반적으로 수정·개편한 것이다.

깨달은 **스승** 한 분이 전 우주를 정화한다는 말은 전혀 과장이 아니며, 인류를 포함한 뭇 존재들의 고통 자체도 이런 스승들이 발하는 강력한 영적 에너지(즉, 은총)에 의해 늘 경감되고 있다고 우리는 믿는다. 왜냐하면 **참스승**은 인간이 성취할 수 있는 궁극을 성취하여 전 우주와 하나가 된 존재이며, 따라서 무한한 **사랑**이자 **자비**이기 때문이다. 또한 진인들이 구현하는 **진리**는 궁극의 **침묵**이자 **평안**이며, **은총**으로서 늘 빛을 발하고 있다. 참스승들의 이런 **은총**이야말로 인간을 생사윤회의 고통에서 해방하여 해탈의 지복으로 나아가게 하는 진정한 힘인 것이다. 그것은 사실 순수한 **의식**이자 순수한 **존재**인 우리 내면의 **진아**로부터 흘러나오며, 한 시대의 **스승**으로 나타난 신적 존재들은 이 **진아**의 진리로 우리가 깨어나도록 이끄는 횃불과도 같다. 그래서 우리는 자신의 **진아**에 대한 탐구가 **진리탐구**의 정도正道이며, 모든 종교적 수행의 핵심이라는 것을 이해한다. 우리가 자신의 참된 성품인 **진아**를 깨달으면 위없는 **진리**를 알게 되고 해탈을 성취하기 때문이다. 그것이 바로 라마나 마하르쉬의 삶과 가르침이 더없이 분명하게 보여준 '**진아지의 길**'이다. 이 길을 만나는 것은 진리를 갈구하는 많은 영혼들에게 큰 기쁨이 될 것이다.

2018년 12월, 옮긴이 씀